本丛书为云南大学
"双一流"建设民族学一流学科建设项目成果

编委会

主　任：林文勋

副主任：何　明　关　凯　赵春盛　李志农　李晓斌

委　员（按姓氏笔划为序）：

马居里　马翀炜　马雪峰　马腾岳　王文光

王越平　牛　阁　龙晓燕　朱　敏　朱凌飞

庄孔韶　李永祥　李伟华　李丽双　何　俊

张　亮　张　赟　张海超　张锦鹏　陈庆德

陈学礼　周建新　郑　宇　赵海娟　高志英

谢夏珩

云南大学民族学与社会学研究生研究成果文库

机遇与挑战
社会工作组织和机构的发展

马居里 主编

教育部人文社会科学重点研究基地
云南大学西南边疆少数民族研究中心文库

学苑出版社

图书在版编目（CIP）数据

机遇与挑战：社会工作组织和机构的发展/马居里主编.—北京：学苑出版社，2020.6

ISBN 978-7-5077-5957-0

Ⅰ.①机… Ⅱ.①马… Ⅲ.①社会工作-中国-文集 Ⅳ.①D632-53

中国版本图书馆 CIP 数据核字（2020）第 102581 号

责任编辑：战葆红
出版发行：学苑出版社
社　　址：北京市丰台区南方庄2号院1号楼　100079
网　　址：www.book001.com
电子信箱：xueyuan@public.bta.net.cn
销售电话：010-67675512、67678944、67601101（邮购）
印 刷 厂：河北赛文印刷有限公司
开本尺寸：710×1000　1/16
印　　张：20
字　　数：320千字
版　　次：2020年8月北京第1版
印　　次：2020年8月北京第1次印刷
定　　价：78.00元

总序

故家乔木 薪火相传

何 明

培养高素质创新型人才，是教育的最高境界与理想追求，是人类社会可持续发展的动力和保障。

云南大学的民族学、人类学和社会学的人才培养和学科建设始于20世纪30年代末。1938年，吴文藻先生应熊庆来校长之邀来到云南大学创办社会学系，进行社会学、民族学和人类学的人才培养和学术研究，不仅汇聚了费孝通、许烺光、陶云逵、林耀华、杨堃、江应樑等一批享誉世界的学术精英，创作了《乡土中国》《生育制度》《云南三村》《祖荫下》《昆厂劳工》《个旧女工》《芒市边民的摆》等一批学术经典，而且培养出田汝康、张之毅、刘尧汉等一批综合素质高、创新能力强的优秀人才。60年代初开始培养中国民族史研究生。在80年代初国家恢复重建学位制度过程中，云南大学成为全国最早培养中国民族史硕士研究生和博士研究生的高校。随着国家学科体系和研究生培养体系的不断完善，云南大学先后获准设立民族学、社会学、人类学的硕士学位授权和博士学位授权以及社会工作专业硕士学位授权，为民族学、人类学和社会学的教学和研究以及社会各界培养了一大批优秀人才。

2017年国家启动"双一流"建设，云南大学荣膺"双一流"建设高校，民族学学科进入"一流学科"建设行列。作为"一流学科"建设重中之重的目标和任务，民族学、社会学和创新人才培养被推到前所未有高度。根据国内外形势的变化、国家重大战略、地方重大需求、民族学学科创新人才成长规律，确立围绕铸牢中华民族共同体意识和构建人类命运共同体"两个共同体"的人才培养目标，坚持"立维护民族团结之德，树促进民族团结之才"的人才培养理念，实施"校园＋田野＋语言（周边国家语言／少数民族语言）＋应用技术（影像技术／信息技术）"的"四维"人才培养模式，全方位提升学生的综合素养、知识层次和创新能力。

本套丛书呈现的是云南大学民族学和社会学研究生在导师汲引忘疲指导下完成的部分成果，从中可以窥见楚楚不凡之一角，希望他们及其同学堪当船骥之托，传承并创新云南大学民族学和社会学的优良传统，成长为国家乃至人类文明建设大厦的栋梁。

2020年4月22日午夜
草于白沙河畔寓所

目 录

序……马居里/1

非营利组织与政府的互动关系
　　——以东莞市A社区服务发展促进中心为例……魏龙群/1
　导　论/3
　一、社会工作组织在东莞市的发展/8
　二、政府与A社区服务发展促进中心的互动/14
　三、对政府与社会工作机构关系的反思与建议/29

从社会角色理论看企业社会工作者角色定位
　　——以东莞市X机构企业社会工作者为例……罗　芸/35
　导　论/37
　一、企业社会工作者角色规范分析/43
　二、企业社会工作者的角色困境/51
　三、企业社会工作者角色调适的建议/66
　结　语/76

社会服务机构进入城中村社区途径探讨
——以昆明市 X 机构为例……张燕云/79

  绪　论/81

  一、X 社会服务机构进入社区的途径/84

  二、X 社会服务机构进入社区途径影响因素分析/90

  三、X 机构进入社区的效果评估/98

  四、进入途径存在的问题/106

  五、结论与讨论/115

  结　语/123

社会工作行政视角下 NGO 的员工发展研究
——以昆明市 W 机构为例……周晓梅/125

  绪　论/127

  一、W 机构的人力资源管理/130

  二、W 机构的员工面临的困境/144

  三、社会工作行政视角下 NGO 员工内源动力培育/154

  结　语/165

昆明市 X 康复托养服务中心的转型与
　　　服务拓展研究……何亚玲/169

  绪　论/171

  一、X 会所的发展历程及其转型/176

  二、X 会所转型的评估/193

  三、社会工作机构转型与服务拓展的反思/222

  结　语/230

"三社联动"在社区治理中的成效与困境研究
　　——以昆明市 G 社区为例……肖　雅/233
　绪　论/235
　一、G 社区实施"三社联动"的过程/244
　二、G 社区"三社联动"社区治理取得的成效/261
　三、G 社区"三社联动"在社区治理中所面临的困境与思考/268
　结　语/294

序

　　市场机制和国家机制是第二次世界大战后全球社会经济发展中运用的主要的制度工具和组织工具。但全球发展的经验和教训表明，这两种制度工具都有其局限性。市场受利润驱动，存在市场失灵的问题；政府有其不愿做和不能做好的事情，存在政府失灵的问题。在人们为市场失灵和政府失灵的问题所困扰的情况下，非政府组织（NGO）应运而生，为社会经济的发展提供了一种新的机制。非政府组织主要从事社会公益性活动，实行非强制、非等级和非利润取向的网络型体制，并以新的面貌、新的方式通过新的机制在市场与政府之外的领域开展活动。非政府组织中的社会工作组织和机构把各类弱势社会群体带入经济、社会和政治发展的主流；帮助穷人和基层民众，维护他们的利益，进而促进整个社会乃至全人类的共同利益；支持和依靠民众，促进民众的自我管理和自主运用资源，推动决策的分散化和增强民众的力量，提升社区和民众的自决权；致力于发展社会中介机构，帮助民众了解政府的政策和计划；致力于环境、裁军等全球性问题的解决。

　　作为社会发展领域的新的重要角色，社会工作组织和机构已在很大程度上得到了国际社会和各个国家的承认。第 52 届联合国大会上，时任秘书长安南阐述了影响当前全球发展的八大因素，其中前五大因素依次是：冷战结束后全球政治经济格局的重组；世界经济的全球化；信息技术革命；生态环境的保护；跨国性非政府组织的迅速发展，以及非政府组织的作用越来越大。作为非政府组织重要组成部分之一的社会工作组织和机构被视为影响当前全球发展的第五大因素，显示出其对当今和未来全球发展的重要意义。

一

　　社会工作组织和机构是非政府组织的重要组成部分，是在政府机关的指导下，负责社会行政事务的执行机关，其所从事的工作主要与社会福利事业紧密联系，是社会行政政策的理解者和履行者，社会行政通过它得以具体推行。同时，它又对社会行政的各个环节具有检测作用。这些组织和机构根据国家与政府相关的立法、政策，结合自身的实际能力开展社会服务，体现国家和政府的政治倾向。它们能够直接为民众提供各种层次的服务，满足民众的需求，弥补国家和社会服务的不足，通过向社会提供服务创造经济价值，丰富和完善社会经济的内涵，并成为社会经济发展的新的领域。同时通过其在社会中所开展的一系列服务活动，改造人们的价值理念，树立新的社会风尚，通过所开展的活动丰富人们的文化生活。

　　自2003年全国首个民间社会工作机构成立以来，社会工作机构的培育与发展已进入深层次的研究阶段，学者们从不同的视角展开了相关研究。已有研究多集中于发达地区的成熟经验总结和理论归纳，疏于中西部地区带有区域性特点的研究。中国的社会工作机构呈现出高度的多元化和差异性，发展环境与发达国家和地区有所不同，社会工作机构的成熟度也存在较大的差距。

机遇与挑战　社会工作组织和机构的发展

对于社会工作机构的研究，很多时候要涉及国外社会工作机构，研究主要集中于英、美两国，因为这两个国家不仅是最早开始发展社工机构的地方，社工机构在数量上也是最多的，其机构发展水平也相对较高。罗竖元、李萍的《推进社会工作者职业化：美国经验及其启示》介绍了美国社工机构的管理模式——类企业化模式。[1] 余建华的《社会工作服务：美国经验及其对中国的启示》中指出，应该根据案主的收入水平，按低、中、高三个档次对社工机构进行区分，不同档次的社工机构为不同收入水平的案主提供不同层次的服务。[2] 学者们从国外社会工作机构的运行模式与专业服务中得到我国社会工作机构发展的启发。

目前，中国学者对社工机构的研究与日俱增，大多数学者集中于研究社会工作机构的类型、管理、服务模式、专业性、本土化发展、项目评估、嵌入性发展、与政府关系等方面，还有一些是对社会工作服务类型转型和机构性质转型方面的研究，这方面的研究较前者少。

机构类型研究方面，刘永明分析了甘肃省公益基金会支持型、政府与企业合作服务型和政府购买服务型三种类型的社会工作机构的发展机制。他发现，中国西部地区社会工作机构由民间力量推动成立，不同于发达地区由政府强力推进的路径。社会工作机构作为一个法人组织，其行动目标对外要与政府治理目标一致，对内要有持续发展的方向，越是接近政府的治理需求和治理目标，越容易获得政府资助。同时，社会工作机构的服务需求、服务提供、服务过程监督、服务质量评估等程序越严谨，越容易获得政府和公众的认可。[3]

---

[1] 罗竖元、李萍：《推进社会工作者职业化：美国经验及其启示》，《继续教育研究》，2010 年第 3 期。

[2] 余建华：《社会工作服务：美国经验及其对中国的启示》，《社会工作（学术版）》，2011 年第 6 期。

[3] 刘永明：《社会工作机构的类型与发展研究——以甘肃省社会工作机构为例》，《兰州学刊》，2015 年第 1 期。

机构运作及与政府关系方面，刘小霞、徐永祥通过研究社会工作机构的运作模式，认为社会工作机构在处理好与政府关系的基础上，应进入体制化的运转轨道。[1] 闻英在《官办社会工作机构的状况及发展策略》中以郑州绿城社会工作服务站为例，对官办社工机构在运行过程中产生的问题进行了分析，并给出了相关建议对策。[2] 彭善民在《上海社会工作机构发展实况及反思》中从社会运作、政府运作及政社合作运营三种类型出发，阐述了上海现阶段社会工作机构的运行模式。[3] 刘继同、黄川栗、李师坪研究了社会工作与社区公共服务的问题，也论述了国家、市场与非政府组织的关系，并强调了非政府组织社区服务的重要性。政府原有回应和解决社会问题的传统行政方式已无法完全满足变迁的社区需要，迫切需要新型社区型NGO及社会工作方法，需要国家在政府与NGO的"无形竞争"中提高及时回应社会问题的组织敏感性和解决社会问题的制度能力，进而推动政府机构职能和角色转变，增进社会福利。[4、5]

朱健刚、李森等学者研究了社会工作机构的生存和发展，其中，朱健刚将迅速转型的社会空间和社会工作在社会公平正义方面的使命作为转型社会工作的两个必需条件。[6] 张钟汝和范明林等从法团主义

---

[1] 刘小霞、徐永祥：《社会工作专业化、职业化的有益探索——上海乐群社工服务社个案分析》，《华东理工大学学报（社会科学版）》，2004年第3期。

[2] 闻英：《官办社会工作机构的状况及发展策略》，《郑州轻工业学院学报（社会科学版）》，2009年第5期。

[3] 彭善民：《上海社会工作机构发展实况及反思》，《上海社会科学》，2010年第2期。

[4] 刘继同：《社区型NGO与城市社区服务转型——北京新街口街道社区服务中心的个案研究》，《上海城市管理职业技术学院学报》，2007年第5期。

[5] 李师坪：《社区社会工作与社区组织体系建构研究——以深圳市南山区为例》，学位论文，吉林大学，2012年4月。

[6] 朱健刚：《嵌入中的专业社会工作与街区权力关系——对一个政府购买服务项目的个案分析》，《社会学研究》，2013年第1期。

理论出发分析了 NGO 与政府的互动模式及其发展趋势。[1,2] 李森调查了社会工作机构成立之后的问题后发现，机构在成为社会工作机构之后，存在合法性身份的获得、政府对机构专业性的要求不严、社会工作机构定位的外向性、机构未来规划的扩大化和机构对社会工作专业性的认识偏差五个方面的问题。李森认为社会工作机构纷纷成立的狂热风潮，其实质是社会服务机构对生存资源的追逐，专业化发展被放到比较次要的位置。并从生存与专业化两个维度分析得出生存是机构需要解决的首要问题，机构在生存都无法保障的情况之下，是不可能将更多的精力投入到将自身的服务进行专业化发展的事务上的。[3]

社会工作机构嵌入式发展也是社会工作专业讨论的重心，王思斌在《中国社会工作的嵌入性发展》中从波兰尼和格拉诺维特的嵌入概念出发对中国社会工作的嵌入性发展进行了考察，指出了社会工作嵌入性发展的过程、特征和影响因素，讨论了社会工作的嵌入格局及其变化，并从社会建设的角度对这种嵌入性发展进行分析，指出我国的专业社会工作会从政府主导下的专业弱自主性嵌入向政府—专业合作下深度嵌入发展。[4] 彭善民、李太斌研究了社会工作机构内部运作或管理，讨论了社会工作机构的运行机制和管理制度等。[5,6]

我国正处于社会转型的探索时期，社会问题的复杂性不言而喻。社会工作组织和机构提供的社会服务分担了社会公共服务职责，探索

---

[1] 范明林、程金：《核心组织的架空：强政府下社团运作分析——对 H 市 Y 社团的个案研究》，《社会》，2007 年第 5 期。
[2] 张钟汝、范明林、王拓涵：《国家法团主义视域下政府与非政府组织的互动关系研究》，《社会》，2009 年第 4 期。
[3] 李森：《从社会工作机构的成立看本土性社会工作的发展——以 G 省首批成立的社会工作机构为例》，兰州：兰州大学，2014 年 4 月。
[4] 王思斌：《中国社会工作的嵌入性发展》，《社会科学战线》，2012 年第 2 期。
[5] 彭善民：《政府主导型社会工作 NGO 与灾后重建》，《社会科学》，2009 年第 2 期。
[6] 李太斌：《上海社会工作机构的实践与探索分析》，《中国青年政治学院学报》，2006 年第 1 期。

和研究社会工作组织和机构的发展,促使社会工作组织和机构在参与社会公共服务中提高自身的服务质量和竞争力,对中国社会工作的发展具有较强的现实意义。

二

  云南大学的社会工作教学与研究长期以来立足专业化的实务，对学生的培养也以实务研究为主，本文集就是云南大学社会工作专业硕士点学生近年来对社会工作组织和机构开展实务工作进行研究后较为优秀的成果集成。

  全书共收录6篇硕士论文，从政府购买机构服务、企业社会工作、社会工作组织和机构的内源力提升、社会工作组织和机构的业务拓展与转型、社会组织参与社区服务和建设几个视角入手，围绕社会工作组织和机构在当下的处境，从理论上和实践中探讨社会工作组织和机构发展的问题。

  《非营利组织与政府的互动关系——以东莞市A社区服务发展促进中心为例》指出，社会工作机构是非营利组织机构的一个具体类别，它有非营利组织的共性，也有其特殊性。随着我国经济的快速发展和社会改革的不断深化，社会环境也渐渐地发生了变化。单一的社会服务无法满足人民群众的需求。这时，作为构建社会主义和谐社会的重要的专业力量，社会工作服务机构应运而生。特别是在沿海发达城市，社会工作越来越专业化与职业化，社会工作服务机构的发展也逐渐步入正轨。东莞社会工作行业通过几年的探索、发展，已初步形成了自己的风格。对于其他城市社会工作行业的发展也是很有借鉴意义的。在这里，非营利组织与政府间的关系可归纳为以下三个层面：一是管制层面。政府作为一个社会中的整体部门，非营利组织是在政府的法制下运作的，政府的各种政策、制度、法律与措施都会影响非营利组织的集体生命、个别发展方向、经营思维和活动内容。二是财务层面。政府对非营利组织提供经费上的赞助。三是服务输送层面。政府部门通过补助或者委托方式，将本身的公共服务的职能转移给了非营利组织。

《从社会角色理论看企业社会工作者角色定位——以东莞市 X 机构企业社会工作者为例》认为企业社会工作是社会工作发展的新兴领域。该文围绕企业、员工、社工机构多重要求之下的企业社会工作者的角色扮演过程，通过实地观察访谈和相关文献阅读，特别是近 4 个月在东莞 X 社工机构的实习，对机构企业社会工作者、机构管理人员和实习点企业管理人员及员工的访谈，探讨企业社会工作者面临角色失调困境下的角色定位。由于不同的立场，社工机构、服务企业和员工对企业社会工作者的要求各有不同。总的来看，企业社工角色扮演的行为规范可概括为在遵守社会工作者基本守则基础上满足企业这一特殊环境中的要求。同时，通过对 X 机构企业社工在具体工作情境中与不同主体互动的分析，发现企业社工角色扮演中存在角色不清、角色差距、角色冲突、角色紧张等角色失调现象，而导致角色失调的有企业社工自身的原因，也有外在支持的原因。文章认为个体能力不足，社工因远离机构而"原子化"，企业支持的缺失和员工认知的不足与偏差是主要原因。文章最后针对如何让企业社工调适自己的角色，提出从自我调适和外在环境调适两方面进行尝试，在企业社工通过形成正确角色认知、进行有效角色学习和自觉角色构建提升自身能力的同时，加强外在支持，社工机构从心理和专业上给予社工更多支持，企业和员工给予企业社会更多的理解和支持，为企业社工创造一个更加和谐、宽容的氛围，以帮助企业社工定位自己承担的角色，推进工作的顺利进行。

《社会服务机构进入城中村社区途径探讨——以昆明市 X 机构为例》认为城中村社区工作的复杂性与特殊性是社会服务机构介入城中村的一大难点。社会工作者在介入过程中需要面对诸多复杂困难的社区问题，还可能面临拥有资源与社区期待不对等的情况。正因为如此，城中村社区工作的研究具有重要意义，而与以往注重研究城中村社会工作介入过程与效果不同，该文通过研究社会服务机构在进入城中村阶段的途径选择、影响因素以及进入阶段产生的问题，发现社会服务机构在进入社区途径选择方面主要受到社区资本模式、本土化社会工作模式以及服务机构自身一些客观因素的影响。而在这些因素影响下，服务机构在进入阶段产生了带有问题倾向性及对社区资源过分依赖的问题。同时，该文还探讨了参与式发展模式对于社会服务机构在进入社区阶段的参考借鉴意义，对比一般学者对参与式发展模式的实证研究，X 机构的参与式发展模式仍只是一种浅层次、不全面的社区参与。因此，应该研究探讨并分析参与式发展模式的应用对于解决 X 机构在进入社区阶段呈现出的问题的参考意义，提出在机构进入社区阶段，在参与式模式指导下，必须注意合作单位、社区居民角色的转变，由被动接受转向主动承担；机构在进入过程中注意引导者的角色定位，注重赋权与增能，提升社区居民的参与积极性；参与式发展的多元化要求也提示机构在进入社区过程中应注重社区的多元化发展，制定多元化发展服务项目。

党的十八届三中全会提出创新社会治理，这对 NGO 的发展来说是一个很好的契机和鼓励。《社会工作行政视角下 NGO 的员工发展研究——以昆明市 W 机构为例》认为社会工作行政是社会工作的间接工作方法，其中的内容涉及人事的管理，就 NGO 来说，关注员工的发展是其发展的一个核心议题。员工是机构的内源发展动力，在面临外界社会环境的考验之时，不断地提高员工间的默契、凝聚团队精神，关注员工的全人发展是机构快速成长的必要举措。作者在进入W机构实习时发现：一是员工间的互动沟通不太顺畅；二是员工间的工作协调和配合存在诸多问题；三是员工与领导间的沟通和工作思路上存在差异，两者的互动存在强制性和服从性；四是机构与合作伙伴的关系处于亚健康状态，对于机构提供服务的伙伴，机构过多干涉合作伙伴的一些工作想法；五是员工对于工作的自我效能感和成就感偏低；六是员工的专业服务理论知识缺乏，理论和实践脱节，专业自信心不足；七是员工的社会关系支持网络单一。就以上的观察，作者以个人专业背景展开对W机构员工发展的初探，建议以社会工作理念来探索和分析机构员工面临的问题：一是调整机构员工的管理模式，以民主集中和体系组织的形式展开管理，以员工为本、全人发展的理念关注员工发展；二是加强对员工专业技巧的训练和督导，加强社会工作专业服务理论和专业社会工作技能学习，明确员工角色定位，建立员工督导制度；三是重视加强机构正式员工与非正式员工的合作，特别需要关注非正式员工的发展，促进员工间的互动学习，信任员工的合作效果。

　　社会的快速发展加大了我国社会管理的难度。《昆明市X康复托养服务中心的转型与服务拓展研究》一文认为，社会工作机构对于缓解社会冲突、解决社会问题，可以起到一定程度的替代的作用。最近几年，国务院办公厅、中央组织部和民政部都发文促进民办社会工作机构的发展，并对政府购买服务做出了相关规定。与此同时，社会工作机构也开始面临"成长期的烦恼"。社工机构人才高比例流失、社工机构资源整合薄弱等一系列问题，都使社会工作机构的发展陷入困境。新的社会服务类型的引入能够帮助X中心暂时或长期地生存，从而由资源依赖型社会组织转化为自筹资金、独立发展的社会组织。作为一种多服务类型共存的社会工作机构，每个服务类型都有其自身的优势，可以较好地规避社会工作机构因服务类型单一所面临的尴尬局面。本文通过对昆明 X 康复托养服务中心（以下简称 X 中心）的服务转型与服务拓展的研究，探讨社会工作机构服务转型的方式，以及增加服务内容的可能性和范式。通过文献法、问卷调查法、参与观察法及访谈法展开研究，在对 X 中心的发展历程和转型分析的基础上，对 X 中心服务转型进行相应的评估，对社会工作机构服务转型和服务拓展加以反思，得出如下结论：社会工作机构可根据自身所处场域的价值观和运行逻辑，加强自身系统或类型间的沟通，通过增加自身的复杂性来减少环境对系统各功能自我运作的影响和干扰，达到发展的目的。

改革开放 40 多年来，我国在社会经济发展上取得了显著成就，经济体制改革确立了社会主义市场经济体制，实现了资源配置方式的转变。然而，经济体制改革在取得巨大成就的同时，一系列的社会问题也伴随而生。鉴于此，经济体制改革需要结合行政管理体制改革和社会管理体制改革，兼顾效率与公平，让社会得以全面和谐发展。行政管理体制改革重点在于转变政府职能，在当下这个社会转型处于快速推进的时期，政府职能转变的重心聚焦在社会治理和公共服务上，从而使社会治理体制改革和公共服务体制改革得到深入推进。我国城市基层社会的治理体制由单位制变成社区制，社区制又经历了"社区服务""社区建设"与"社区治理"三个阶段。作为一种社会管理机制的"社区治理"，在经过一段时间的实践探索后，得到社会各界的广泛认可，在社区建设中的地位也越来越高。不过，在这个过程中，其也凸显出不少问题。《"三社联动"在社区治理中的成效与困境研究——以昆明市 G 社区为例》一文认为，"三社联动"作为一种基层社会治理新模式，具有实践先行、政府主导的特点，一被提出就吸引了很多目光，随后各地方的社区纷纷开始本土的探索实践。该文以"三社联动"机制运用于社区治理的成效和困境为方向，结合自身在昆明市 G 社区社工站进行专业实习中，与社区居民、居委会工作人员、社会组织、社区志愿者等多个社区治理主体的交往沟通经历，通过陈述G社区"三社联动"实践的具体内容，从社区公共服务、多方联动及外界影响力三个方面说明G社区运用"三社联动"机制在促进社区治理上取得了一定的成效，也从治理主体之间建立关系和提升社区公共服务质量水平这两个大方向上阐述了项目运行中遭遇的困境。并在对困境进行分析和反思的基础上，从国家政府、社区、社会组织和社会工作者几个角度，对提高G社区"三社联动"实践成效提出了一些建议。

当前中国的社会工作组织和机构还处在一个可以称为弱体期和困难期的特殊状态之下。弱体表现在它们无论在组织规模、活动能力还是社会工作组织和机构的基本属性等方面都存在先天不足，同时社会工作组织和机构的发展所必要的法律制度、社会支持、文化背景和经济基础等方面，相对来说还不健全。困难表现在中国社会工作组织和机构在获取资源、协调关系、发挥作用等方面都不存在明显优势。但是，在改革开放的形势下，中国社会工作组织和机构已经形成一个由各种形式的社会工作组织和机构组成的非营利部门。尽管它们还很不成熟，其内在机制和外部环境都存在许多问题，但它们的逐步发展及其作用的发挥，必然会对中国正在经历的社会变革产生积极和重大的影响。

马居里
2020年3月

非营利组织与政府的互动关系
——以东莞市 A 社区服务发展促进中心为例

作　　者：魏龙群
指导教师：马居里

导 论

（一）选题的背景及研究的意义

随着全球化的发展，越来越多的文化交织在一起。受全球化的影响，大量的非营利组织在我国发展并扩大，成为与政府合作的一个组织体系，也帮助政府解决了不少的社会问题。从四川汶川地震，到青海玉树地震，再到云南彝良地震，非营利组织都在抗震救灾中扮演了极其重要的角色。

社会工作机构，正是非营利组织机构的一个具体类别，它有非营利组织的共性，也有其特殊性。随着我国经济的快速发展和我国社会改革的不断深化，社会环境也渐渐地发生了变化。广大人民群众越来越觉得政府提供的社会服务无法满足他们的全部需求。这时，作为构建社会主义和谐社会的重要的专业力量，社会工作服务机构应运而生了。特别是在沿海发达城市，社会工作越来越专业化与职业化，社会工作服务机构的发展也逐渐步入正轨。

如何看待、发展非营利组织与政府之间的互动关系，也就随着社会工作服务机构的发展而越来越紧迫。

东莞社会工作行业通过几年的探索、发展，已初步形成了自己的风格，对于其他城市社会工作行业的发展也是很有借鉴意义的。

在本文中，笔者尝试用资源依赖理论、交换理论的视角，采取观察法、访谈法及文献分析法等来分析东莞市政府与政府积极推动发展起来的非营利社会工作机构之间的关系。一直以来，非营利组织在西方社会中扮演着多重的角色。一方面作为案主、捐赠者或义工，将个人整合到由社区所赞助的活动当中，代表一种植根于公共意识中的社区、志愿主义、公民互赖与邻里互助等形象，同时透过公民参与，创造出跨阶级的政治链接，有助于社会凝聚力的形成。另一方面则在政府公权力与强制性的公共政策之外给民众提供另一种选择。非营利组织是社会价值、社会需求与政治、经济环境互动之下的产物；与此同时，它们也透过本身的各种行动体现回报社会的价值、需求。在现代社会中，非营利组织进一步扮演政府与民众之间的中介角色，它的任务是集合民意进行政策倡导，成为重建社区共同责任的纽带，淡化为市场所增强的过度个人主义与福利阶层化现象，补救政府对民众需求缺乏回应力以及无法顾及歧义多元需求的弱点，给民众提供多样的另类选择，从而扮演凸显社会问题、倡导新理念与新政策、输送公共服务与实现公共目的、引导社会变迁的角色。

整体而言，非营利组织与政府间的关系可归纳为以下三个层面：一是管制层面。政府作为一个社会中的整体部门，非营利组织是在政府的法制下运作的，政府的各种政策、制度、法律与措施都会影响非营利组织的集体生命、个别发展方向、经营思维和活动内容。二是财务层面。政府对非营利组织提供经费上的赞助。三是服务输送层面。政府部门通过补助或者委托方式，将本身的公共服务的职能转移给了非营利组织。几乎每一个非营利组织都会在不同的时间点、不同的公共事务上与政府部门至少涉入上述三种层面关系的一种，以下分别就管制层面与服务输送层面深入探讨非营利组织与政府的互动关系。在管制层面，笔者认为，我国对于非政府组织的法律与制度设计对非营利组织的治理产生了正面的导向与提升作用，但是也有可能存在过度的规矩压缩了公民社会应有的独立自主的空间的问题。在服务输送层面，笔者借政府与非营利组织双方的"买卖"来分析双方在合作中所获得的效益与所付出的代价。

同时，本文在上述研究的基础上，对东莞市在本土化社会工作的发展方面提出一些具有可行性及可操作性的思路和建议。

（二）核心概念的界定

1. 非营利组织[1]

非营利组织是指不是以营利为目的的组织，它的目标通常是支持或处理个人关心或者公众关注的议题或事件。非营利组织的运作并不是为了产生利益，这一点通常被视为这类组织的主要特性。

2. 社会工作服务机构

社会工作服务机构是某个地域范围内，运用专业的社会工作理论与方法，为碰到困难而又暂时解决不了的个人、家庭、社区，以恢复其正常的社会功能为目的而提供社会服务的非营利组织。

3. 市场利基模型[2]

市场利基模型是指在契约、市场与政府相继失灵之下，非营利组织因特别适合提供某些特定财货与服务给特定的困难群体的特性，从而在市场里占有一定的利基，从补充性、后备性转变成服务供应的主流。

1　黄波、吴乐珍、古小华主编：《非营利组织管理》，北京：中国经济出版社，2008年。
2　刘淑琼：《竞争？选择？论台湾社会服务契约委托之市场理性》，《东吴社会工作学报》，2008年第18期，第67-104页。

4. 交易模型[1]

交易模型是指非营利组织和政府之间在公共服务的供应与购买上存在资源的交换关系，且双方在此"买卖"中都可以通过付出成本获得若干收益。

5. 非营利组织与政府互动关系的含义

所谓互动关系，就是指在我们生活的社会当中，个人与个人之间，个人与组织之间，组织与组织之间发生的彼此依赖的一种行为过程。它是个动态的过程，而在本文提到的非营利组织与政府之间的互动关系，指的就是两个组织之间的互动，两个组织是独立的个体，但两者又是彼此关联的，如两者在职能上是互相弥补、互相监督、互相影响、互相促进、共同发展的关系。一方面，政府与非营利组织之间的互动使两者都得到发展。例如，政府为非营利组织的发展提供了政策上的支持，使非营利组织发展得越来越快，而非营利组织的发展也在一定程度上帮助政府深化体制改革。另一方面，两者之间相互监督、相互帮助，政府给予非营利组织资金、政策等方面的扶持，非营利组织也积极地参与社会公共事务，协助政府解决社会问题。

赵黎青认为，政府与非营利组织的关系可划分为四类：竞争与冲突关系；相互独立关系；依赖关系；合作伙伴关系。[2]

①竞争与冲突关系，指的是政府与非营利组织之间是相互制衡的，因为非营利组织是政府系统外的组织，两者在提供服务的时候，会出现优胜劣汰的局面。这个关系在中国不是主要关系。

②相互独立关系，指两者之间在职责、权利、职能等方面都是相互独立、互不牵扯的。

---

[1] 刘淑琼：《竞争？选择？论台湾社会服务契约委托之市场理性》，《东吴社会工作学报》，2008年第18期，第67-104页。

[2] 赵黎青：《非政府组织与可持续发展》，北京：经济科学出版社，1998年，第112页。

③依赖关系，在中国主要是指非营利组织单方面对政府的依赖，政府为非营利组织提供资金、政策的支持，所以非营利组织就面临两难境地：一方面想保持组织的独立性，另一方面无法脱离政府的扶持。非官非民的尴尬地位，是我国当前非营利组织机构面临的主要困难。

④合作伙伴关系，指政府与非营利组织之间虽然是相互独立的，但是由于依赖关系的存在，两者在社会公共事务上又会相互合作，相互弥补对方的不足，共同为人民群众谋福利。

一、社会工作组织在东莞市的发展

（一）东莞市政府对社会工作组织的政策支持

东莞社会工作组织通过几年的探索、发展，已初步形成了自己的风格。首先，东莞市政府对社会工作机构的发展提供了一系列强有力的政策支持，并对社会工作人才进行了新的定位，将其纳入政府招调的技能型人才进行管理。在民间组织建设上，东莞采取行政不干涉、定期考核、财政支持的手段进行扶持，同时还建立了较完善的督导发展机制，为东莞的社会工作本土化发展奠定了基础。

东莞在推行社会工作发展的过程中，结合市场经济的竞争机制，对社会工作制度的推行方式进行了改进，以保证其推行与中国的体制改革接轨。

在我国完成体制转型之前，政府在各项社会政策的制定和执行中发挥着核心和主导作用。政府主导现在还是社会服务发展的一个主要动力。东莞市政府对社会工作组织的政策支持体现在以下三个方面。

1. 政府为社会工作正名

东莞市政府专门出台了一系列文件，将"社会工作"定性为专业技术性职业，将社会工作人才纳入专业技术型人才，并按政府调入人才方式进行管理，规定社会工作者须通过国家职业资格考试执证上岗，专门制定社会工作人才的教育培训制度、聘任考核制度、绩效薪酬管理制度、晋升激励制度等条例。职业制度以政府文件的形式得到官方认可，具有较好的效力。

2. 施行社会工作组织登记制度

东莞的社会工作组织被确定为"民办非企业"进行法人登记，社会工作组织与政府之间无行政隶属关系，具有与政府平等对话的权利。同时，东莞市民政局及各镇、区政府下设社会事务办承担社工组织的注册登记和监管职能，这让社工组织与各行业协会、民间团体一样具有明确的政策定位。在社会工作组织登记制度下，作为政府外包服务监督者的民政部门，每年组织专家对各社会工作组织进行评估考核，监督其规范运作。

3. 社会工作服务进行民间运作

社会工作服务的岗位由政府提供，但职能的行使和服务的开展由社会工作机构来决定与开展。政府给社会工作机构自行开展服务的空间，社会工作服务绩效由机构、用人单位和政府三方评定。政府充当服务购买方、监督者、考评者角色，不对社会工作进行行政干预。政府采用招投标的形式进行社会服务购买，每项服务由数家机构公开竞标，通过引入竞争机制促进各机构不断提升服务质量和管理水平。通过组织考核、评估，督促其规范运作，实现优胜劣汰。

（二）东莞市政府对社会工作专业人才的政策关注

东莞将社会工作人才定性为政府紧缺的技能型人才，将社会工作作为一项技能型职业在全市推广，通过政策倾斜促进专业社会工作人才的引入。在薪酬待遇方面，为社会工作者划定了职称标准和工资底线，也为社会工作者描绘了行业内部薪酬上升空间，给予社会工作者收入上的保障。这些待遇的明确，表明了政府对社会工作人才的尊重，也增强了全国各地方高校的专业社会工作毕业生投身东莞社工行业的信心，为社会工作专业化奠定了坚实基础。

社会工作在我国开展的一大阻碍是用人单位不知如何使用社会工作者。在社会工作者的正确使用这一问题上，东莞也费了一番心思。为解决这一问题，东莞专门召集区、街道一级的民政主管人员进行培训，对他们进行专业的社会工作教育，并为将来与社会工作者合作的行政人员具体讲解社会工作的工作领域和工作方法，同时申明社会工作者使用上的有所为与有所不为。

（三）东莞市政府对民间组织建设的政策支持

1. 政府不干涉机构的服务

在民间组织的建设上，东莞市政府进行了明确的指引。在归属关系上，政府与民间组织划清界限：政府与民间组织为平等非隶属关系，政府不干预民间组织的管理和运作。这就使各社会工作组织脱离了繁缛的行政约束，能放开手脚进行探索发展。在项目管理和社会工作服务提供方面，由各民间组织掌握主动权，政府不干预民间组织的具体服务过程，但会对社会工作的服务过程和效果进行监督与考评，并每年对每个机构进行资格审查，以确保每项社会工作服务的质量。同时，政府优化对民间组织的政策环境，并负责对民间组织进行培训，保障民间组织和一线社会工作者能得到理论学习和技能提升的机会，让东莞的社会工作保持一个良性的发展。

2. 政府对社会工作机构服务的考核

在社会工作服务的工作考评上，东莞主要从三个角度出发，对社会工作的服务评估设定了多个维度。

政府方考评从投入产出比例角度出发,遵循三个原则,重点考察经济投入、工作效率、服务效果。具体说就是将社会工作的工作量化,考核社会工作者的工作量完成情况,以政府在服务购买合约上规定的工作量为标准,通过机构上交的工作总结报告对社会工作者的工作情况进行考核。

从社会工作专业性角度出发的考评,也遵循三个原则:重点考察工作问题诊断、服务设计、服务发展。这项考核,由政府聘请的督导进行,通过对社会工作者每周一次的述职,跟进社会工作者工作的进度和专业化程序,由扮演权威角色的督导给予评估。

从服务对象满意度出发,直接将社会工作效果——用人单位对社会工作服务的满意程度作为考核内容,对社会工作的服务质量进行评估。

另外,从宏观角度,政府根据年鉴数据对照比较社会工作服务的社会效应,是一种历史宏观角度的考核。

3. 民间财政纳入政府预算

首先,政府针对特定的社会服务范围进行服务购买。将社会服务的政府责任层级定在区(县)一级,由区(县)一级政府承担相应经费,市级财政通过转移支付方式予以专项补助。而对于政府的服务购买经费,则纳入政府预算开支,通过招标制度进行统一管理。其次,政府放权社会工作机构进行资金使用支配,只对资金的使用进行预算审核和使用结果的监督。这些举措大大减轻了社会工作机构的财务负担,为社会工作服务的开展提供了物质保障。

4. 督导及督导本土化机制的规划

东莞市政府推行社会工作服务之初,为了保证社会工作服务的专业性,高薪从香港聘请资深社会工作师为东莞社会工作者进行专业督导,保证每个社会工作机构的每名社会工作者每周都能接受督导。

（四）东莞市 A 社区服务发展促进中心

东莞市 A 社区服务发展促进中心成立于 2011 年 7 月 7 日，是东莞市以社会工作专业理念管理、以社会工作专业人才植入的公益组织，是为了积极响应和贯彻中央、省、市关于构建社会主义和谐社会，加强社区综合服务发展建设，提高社区服务整体水平，促进东莞市社会的和谐与稳定，推进居民生活幸福感，由热心人士黄红斌先生创办，经东莞市民政局培育扶持、民间组织管理局注册批准，向政府和社会提供社区综合服务与社会工作专业服务的民间非营利性专业机构。这个是 A 的简介，A 也是笔者此次论文的实习机构。这个机构从名称上来看，不难看出是以社区工作为主的专业机构，从实习的两个月看来，确实如此，基本上都是在社区层面上的工作。东莞市 A 社区服务发展促进中心生存与发展的动力主要有两个：一是东莞市民政局的培育扶持，二是以东莞市民政局作为买方的东莞市社区综合服务中心运营服务项目的竞投。

第一个动力，在这里不做详细的说明，因为从上面就可以看出，东莞市政府对专业社会组织的发展给予政策上的扶持，为这些组织保驾护航。

第二个动力，对东莞市社区综合服务中心运营服务项目的竞投。在这里笔者觉得有必要介绍社区综合服务中心的由来。根据《关于落实 2011 年市政府十件实事和主要工作任务的通知》（东府〔2011〕16 号）的要求，为抓好东莞市社区综合服务中心示范点建设，进一步提高社区服务整体水平，制定了一系列政策文件，来规范建设、管理社区综合服务中心。其中重要的一点就是政府主导、多方参与。这些社区综合服务中心建设经费由市、镇（街道）、社区（村）三级负担。2011 年，市财政安排 4050 万元，作为社区综合服务中心建设专项经费,以后的经费投入额度根据实际再行确定。各镇(街道)要将社区综合服务中心建设经费纳入财政预算,设立专项资金。被纳入示范点的社区(村)也要设立专项资金,用于社区综合服务中心建设。市财政设立的专项资金用于资助20个市社区综合服务中心示范点建设。主要用于社区综合服务中心功能室装修、购买服务设备、购买社会组织运营服务及组织实施工作经费四个方面。服务功能室装修和购买服务设备经费由市、镇(街道)、社区(村)三级负担;购买社会组织运营服务经费由市全额资助一年,一年后由镇(街道)和社区(村)自行解决;组织实施工作经费由市、镇(街道)各自承担。镇街另设的示范点建设经费自行解决。在市财政安排的4050万元当中,用于购买社会组织运营服务这一项就安排了1400万元。购买社会组织运营经费包括社会组织工作人员经费、日常办公经费、组织社区服务活动经费及社区综合服务中心维护费等。市财政对每个社区综合服务中心的运营经费资助上限为70万元,具体按社区实际开展综合服务和考核情况,在限额内据实列支。购买社会组织运营服务由市民政局按照政府采购的有关规定统一组织政府采购。确定负责运营各示范点的社会组织后,市资助的资金按季度拨付到社会组织账户,经绩效评估合格后,全额拨付购买服务费用。社区自主运营的,社区应征询社区居民意见,制订详细运营方案上报市民政局,经市民政局审核后,资助经费先拨50%,余下的50%年底考核合格后一次性下拨。因此东莞市民政局委托第三方招标机构来主持竞投,具体竞投的过程,与本文的关系不大,不做详述。在东莞市2012年首批20个社区综合服务中心示范点中,笔者实习的这家机构获得了5个社区综合服务中心的运营权。这就是机构与政府联系的过程,这个过程尤为重要,所以笔者说对社区综合服务中心服务项目的竞投是机构生存和发展的动力。这个过程主导着机构与政府的关系,也为本文的分析提供了有力的依据。

二、政府与 A 社区服务发展促进中心的互动

（一）政府与 A 机构管制层面的互动

政府作为社会中的整体部门，非营利组织是在政府的法制框架下运作的，政府的政策、制度、法律与措施都会影响非营利组织的生存、发展的方向、运营服务的思维和提供服务活动的内容。A 机构就是处在这个名义上独立，但是现实又得依照政府的要求来指导自己的运营的境地。

现在无论是政府层面还是非营利组织层面，基本上都认为非营利组织应在政府所架构的制度环境中诞生、存续、繁荣甚至死亡。一个社会非营利组织的数量、发挥什么功能，都与这个国家的法律法规有很大的关联性。政府可以用法律的完善提升非营利组织的公信度与治理能力，但也有可能因为政府的立法及管理制度，在政策的倡导层面与财务层面以及社会认可层面使非营利组织备受压力，从而影响非营利组织的稳定、民主、繁荣。因此，怎样制定法律法规，政府对非营利组织抱什么样的态度，还是比较关键的。没有了政府的支持，中国现有非营利组织的生存方式是非常值得担忧的。举个例子来说，××社会工作服务机构，它是带有社会工作专业特色的非营利组织，这个机构的运作，大部分是靠政府出资的，只有非常少量或者是没有社会捐赠。正是因为有了政策，民政部需要大量地购买专业社会工作的社

服务，才促使社会工作服务机构大量产生。政府运用法律的完善提升非营利组织的公信度，还是以××社会工作服务机构来说，如果政府不支持、不鼓励、不宣传，机构莫名其妙就出现，就开展服务，被民众拒绝的比例相对来说是比较高的。

在笔者实习的这个城市的很多社会组织就是这样发展起来的。东莞市政府放宽了社会工作组织登记制度，出台了各种政策与措施，来鼓励非营利组织的创办，特别是对专业社会工作背景下的组织，东莞市政府给予了高度的支持。自从中共十六届六中全会做出要建设一支规模宏大、结构合理、素质优良的社会工作人才队伍的战略部署，以及国家有关部委提出到2020年要在全国基本建成社会工作制度以来，东莞市政府为了适应经济发展的要求，把建立社会工作制度、加快社会工作发展作为当前和今后一段时期建设文明东莞、和谐东莞的一项全局性战略任务。这就是给东莞整个专业社会工作行业的鼓励。A机构也不例外，它乘着政策的东风创建起来了，并且在全市进行20个社区综合服务中心服务项目的竞投中获得运营权，这不得不说是政府的功劳，也不得不说政府影响着A机构的生存。

A机构全称叫东莞市A社区服务发展促进中心，主要工作方向就是社区，这和政府的决策是有关系的。早在A机构成立之前的不长时间，东莞市政府就宣布要在全市建立20个社区综合服务中心的示范点，这对A机构以后的发展方向起到了决定性作用。A机构作为5个社区综合服务中心的运营方，对社区需要开展什么服务都是依照东莞市政府的相关文件来制定的，并根据东莞市政府每年一次的社区综合服务中心的运营服务评估标准（表1）来开展服务，建立人事、财务等制度。这也决定着机构的发展方向。例如，机构需要做什么、服务需要优先给哪个群体、哪些是常规性的服务、要做多少次专业社会工作小组、举办多少次大型社区活动等类似这样的硬性标准很多，这无疑就限定了A机构运营的思维与服务的内容。

表1 社区综合服务中心的运营服务评估标准

一级指标		二级指标		三级指标	满分	自评分	得分理由	依据附件编号
1.服务队伍建设	20	1.1服务队伍人员构成	5	1.1.1 工作人员数量	1			
				1.1.2 专兼职人员比例	2			
				1.1.3 服务人员构成与职位需求的匹配度	2			
		1.2服务队伍人员素质	5	1.2.1 专职工作人员学历	2			
				1.2.2 专职工作人员相关工作经历	1			
				1.2.3 专职工作人员获得相应专业资质情况	1			
				1.2.4 专职工作人员接受相应教育培训情况	1			
		1.3服务队伍人员稳定性	2	1.3.1 工作人员离职率	1			
				1.3.2 工作人员调动情况	1			
		1.4社区服务队伍建设	3	1.4.1 协助建立社区服务队伍数量	2			
				1.4.2 协助建立社区社会组织数量	1			
		1.5志愿者队伍建设	5	1.5.1 开展志愿者服务活动次数	1			
				1.5.2 发动志愿者参与人次	2			
				1.5.3 协助社区登记注册社区志愿者人数	2			

资料来源：《东莞市社区综合服务中心示范点运营管理办法》通知（2012）。

续表

一级指标	二级指标		三级指标	满分	自评分	得分理由	依据附件编号
2. 社会组织运营 20	2.1 日常运作管理制度建设	10	2.1.1 社区综合服务中心运作管理架构	2			
			2.1.2 工作人员岗位安排	1			
			2.1.3 岗位职责制定	1			
			2.1.4 人力资源管理制度	2			
			2.1.5 中心场地管理制度	1			
			2.1.6 档案管理制度	1			
			2.1.7 志愿者管理制度	1			
			2.1.8 接受公众监督评议制度	1			
	2.2 日常运营与管理	5	2.2.1 工作人员出勤情况	1			
			2.2.2 社会组织与社区的沟通合作情况	1			
			2.2.3 社会组织对社区服务中心工作监管情况	3			
	2.3 服务管理制度	5	2.3.1 服务管理制度建立	1			
			2.3.2 服务管理制度执行	1			
			2.3.3 服务档案管理情况	1			
			2.3.4 服务数据定期汇总统计	1			
			2.3.5 督导培训制度	1			
3. 服务内容安排 15	3.1 社区需求调查	3	3.1.1 社区总体需求调查	1			
			3.1.2 分领域需求调查	1			
			3.1.3 需求调查报告的撰写情况	1			
	3.2 服务计划制订	5	3.2.1 根据社区总体需求设计的年度工作计划	3			
			3.2.2 阶段性工作计划的制订	1			
			3.2.3 工作计划与社区需求的相符度	1			
	3.3 服务内容设置	7	3.3.1 服务内容设置的合理性	3			
			3.3.2 服务内容设置对服务对象需求的满足情况	1			
			3.3.3 服务内容设置的专业性	2			
			3.3.4 服务内容设计的创新性	1			

续表

一级指标	二级指标		三级指标	满分	自评分	得分理由	依据附件编号
4. 服务开展成效 30	4.1 协议任务达成情况	4	4.1.1 协议工作量完成情况	2			
			4.1.2 任务目标实现程度	2			
	4.2 群众参与情况	7	4.2.1 群众参与率	4			
			4.2.2 群众知晓率	3			
	4.3 服务对象满意度	2	4.3.1 服务对象满意度	2			
	4.4 社会评价	11	4.4.1 社区管理者评价	5			
			4.4.2 社会公众评价	5			
			4.4.3 公共媒体评价	1			
	4.5 服务研究产出	2	4.5.1 完成研究报告或操作手册数量	1			
			4.5.2 公开发表研究成果	1			
	4.6 内部服务成效测评	4	4.6.1 内部服务成效测评机制建立	1			
			4.6.2 服务成效测评工具和方法	2			
			4.6.3 内部服务成效测评执行情况	1			
5. 建设投入与管理 15	5.1 财务管理制度	5	5.1.1 财务管理制度制定	3			
			5.1.2 财务管理制度执行	2			
	5.2 政府资助款项使用	4	5.2.1 年度预决算情况	1			
			5.2.2 财政拨款专款专用	2			
			5.2.3 日常财务运作会计资料齐全规范	1			
	5.3 社会筹资能力	2	5.3.1 政府资助外的社会筹资情况	1			
			5.3.2 筹集资金使用情况	1			
	5.4 整体财务健康状况	4	5.4.1 收支平衡	2			
			5.4.2 总体评价	2			
总分合计							

（二）政府与 A 机构财务层面的互动

政府与 A 机构财务层面，是最好理解的层面。在我国，大部分的非营利组织都是依托政府的支持。上面也提到，A 机构生存的一个主要原因就是获得以每个社区为单位、最高上限 70 万元的社会组织运营服务经费。在这个层面，A 机构对政府是完全的依赖关系。

（三）政府与 A 机构在公共服务输送层面的互动

前文阐述的政府与非营利组织的各种关系中，由政府资助非营利组织承担起输送服务责任者的功能，并且也受到了高度的重视。19 世纪 80 年代，随着政府的态度从福利国家主义转移到福利多元主义，公共服务的输送也开始了转移，政府从公共服务的生产主体角色撤退，将服务供应的职能转给了非营利组织，政府则从供应者摇身一变成了购买者，这样一变，代表着非营利组织与政府的关系也会发生变化。现今中国的做法，也正是体现了服务供给的主体的改变，大力发展社会工作人才队伍建设，鼓励社会工作服务机构的创办，在政策及资金上给予机构很大的支持。

政府与非营利组织之间福利职责上的分工，基本上反映了其独特的历史与社会政治脉络。史密斯和格伦伯格归纳在服务输送的供给与需求模型下，非营利组织涉入政府公共服务生产的现象，可进一步以"市场利基模型"和"交易模型"来深入解析。"市场利基模型"是指在契约、市场与政府相继失灵之下，非营利组织因特别适合提供某些特定财货与服务给特定的困难群体的特性，从而在市场里占有一定的利基，从补充性、后备性转变成服务供应的主流，使非营利组织在现代公共管理中确立了必要性与不可或缺的地位，这也就成为许多国家大规模地引进非营利组织提供服务的主要原因。"交易模型"是指非营利组织与政府之间在公共服务的供应与购买上存在资源的交换关系，且双方在此"买卖"中都可以通过付出成本获得若干收益。政府的资源包括：对非营利组织的资金投入（以奖励、补助、项目委托等形式）；办公场所办公设备等硬件设施、信息与技术的支持；核准设立非营利组织及其活动的许可权；减（免）税政策；政治上的支持、非营利组织的正当性认定等。非营利组织的资源包括：公信力、服务的收入、整合资源的能力、公共服务的生产与输送、专业知识等。笔者比较认同"交易模型"这个模式对于解释政府与非营利组织的辩证关系更有意义。在这里体现的是政府与非营利组织的合作、监督关系，两者之间互为协调，弥补对方的不足。

1. 交易模型下的效益

该模型说明双方之间的互动关系是建立在相互交换对己方生产与发展而言重要的资源之上。

（1）政府获得的效益

对政府来说，从委托的非营利组织中获得的效益，最实质的就是由非营利组织所提供的服务，包括服务的数量、质量以及及时对需求服务的回应。这一系列的指标和政府提供的服务相比，都上升了很多。非营利组织在政府的委托下，所提供的服务的种类与数量都比政府提供的多，有效地在短时间内避开了行政部门缺乏效率与僵化的弱点，快速回应社会新兴的问题与需求，让民众享受到了更多的福利服务。例如，广州的启创社会工作服务中心，它向民众提供了家庭及社区综合服务、家庭治疗中心、青少年社区支援服务、外来务工子弟支援服务、留守儿童服务、驻校及校外支援服务、医疗与康复服务、社区戒毒康复服务等涵盖不同年龄、不同群体的各种领域的服务，这要是政府来做的话，需要的人力、物力、财力是很难估量的。还有一个就是政府可以在提供相同服务的非营利组织里面引入竞争机制,这样就可以很好地控制成本,收获高质量的专业服务,最终使民众受益,这对改善政府与民众之间的关系也是非常有效的。

反观东莞市政府与A机构,政府以项目的形式购买专业的社会工作服务,是以投标的方式进行的。这样就形成了机构与机构的竞争,这对于政府和广大社区居民来说,是非常愿意见到的。因为有竞争,就会有对比,有对比就有选择的余地。政府帮助社区居民选择最优质的社会服务,让居民享受最好的服务,这对于构建幸福、和谐的社区是非常有必要的。在这里,笔者就选取A机构下面一个社区综合服务中心——B社区综合服务中心来具体说明政府的收获。

B社区位于东莞市南城区南部,地处四环路与莞长公路交界的三角腹地,地理位置优越,交通十分便利,有东四、东六、东七、东八及环城路等多条公路贯穿其间。社区总面积约1.8平方公里,建成区面积约0.8平方公里。全区只有一个自然村,辖区内有约50家企业。常住人口1183人,新莞人3000多人。截至2011年5月,社区内90岁以上老人有5人,65岁以上老人有92人,60岁以上老人共计139人,老年人口占社区常住总人口的11.8%,是典型的老龄化社区。

B社区的特征可归结为以下几个方面:村落结构单一,只有一个自然村;人口总量较少,其中老人所占比例较大;社区内工厂聚集,进而导致新莞人数量及比重较大;社区残疾人数量极少。

如果直接讲政府的收获,这样显得苍白无力。如果通过社区内居民、社区的基层组织居委会、民政局的工作人员来讲,就会显得有理有据了。为此笔者针对这三类群体做了访谈,以便能更好、更真实地收集意见。从访谈中得出了以下内容:民政局工作人员肯定了B社区综合服务中心的建设,在年度评估中,B社区综合服务中心被评为"四星级社区综合服务中心",对整个东莞市社区综合服务中心的全面铺开具有借鉴意义。毕竟属于首批示范点,一切都还不完善,但在摸索的道路上取得这样的成绩，也算是给政府交了一份合格的答卷。社区的基层组织居委会则表示：有了专业的社会工作人员，整合了社区的资源，丰富了社区居民的文体生活、社区文化，帮助新莞人融入当地文化，降低了不同文化群体之间的冲突，增强了社区居民的凝聚力。B社区综合服务中心提供的服务和组织的活动得到居委会的高度肯定，居委会书记曾这样评价B社区综合服务中心的团队："以前我们社区要搞各种类型的晚会很头疼，既花钱又愁没人参加，现在就不一样了，如果我们现在搞晚会，就像跟路人借个火那么容易。"这个评价在居委会层面算是很高了。在社区居民的口中社工渐渐被认识、被肯定。社工进入社区，并不是一帆风顺，中间有太多的挫折和苦恼，但一切都成为过去。社会工作者在B社区综合服务中心主要面向社区的老人、家庭妇女、入学儿童、志愿者队伍提供服务。每个群体都和社会工作者结下了深厚的"友谊"，老人们愿意走四层楼梯来参加社会工作者的小组活动，这对于年轻人来说，也许不算什么，但对于老人来说，这就是挑战，他们可能每走几步楼梯就需要休息一下的。社区的家庭妇女一起在舞蹈中成长，社工的服务、活动，只要有需要，随叫随到。对社区的入学儿童，社会工作者为其量身打造的"四点半学堂"、各种小组，让他们成长、进步起来，不仅他们说好，连学校的老师都赞扬社会工作者。社区的志愿者与他们共同成长、进步，为他们搭建平台，彼此感谢。就是这么简单的小事，在政府的宏观规划中来看，不值一提，但是正是由于这些无数的小事，使社区逐渐发生了改变，短期成效比招商引资这些大项目低得太多，长远考虑却是前途无量。这就是政府的长远投资与收获。

（2）非营利组织获得的效益

首先，对大部分的非营利组织而言，政府的财政资助对非营利组织实现自己的目标与发展繁荣是至关重要的，也可以说这是政府所能提供的最实在的资源。其次，非营利组织因接受了政府的资助，所以两者之间的互动就变得更加频繁，虽然在交往中会有摩擦甚至是冲突，但是非营利组织也可以在这个过程中增值（管理的经验）。最后，非营利组织在此交易的关系中，可以得到另外一个效益就是政治的支持，还有政府的认可（也就是正当、合法）。尤其是提供服务的组织机构，如社会工作服务机构，在现在的中国，社会工作的专业服务的评价标准都是模糊的、难以测量的，主要是通过政府购买服务，以项目运作的方式运行，当项目结束时，政府会针对项目做评估。评估结果的好坏，就影响着机构的知名度、公信力等，因此非营利组织与政府的这种交易关系显得格外的重要。打开深圳首家社会工作机构鹏星社会工作服务社的网页，很多是关于政府的行政人员到此参观交流的画面，这样频繁的互动对机构本身是很有利的。

对于 A 机构而言，获得了政府的经费支持，让机构得以生存，满足了最基本的需求，才会有更好的前景，发展壮大就再也不是梦想。合法的身份，让工作者开展服务时光明正大，居民的信任度也高了许多，工作者的工作才能有群众基础，工作才能延续下去，机构才能长远地发展下去。

2. 交易模型下的成本

（1）政府要付出的成本

政府在购买服务的交易关系中要承担三种成本：一是雇主角色压力成本；二是政治压力成本；三是税收压力成本。下面就来对这三种成本一一进行阐述。

①雇主角色。买卖的双方是有契约存在的，本质上就是雇主—受雇的关系，双方的利益是不一样的。在这种雇佣关系下，受雇者倾向组织机构的自利，经常抱着投机取巧的态度来办事。而雇主的目标则是规范地管理非营利组织。但是作为一个雇主，政府是很难有效地进行管理的，其主要原因是，政府对每一个非营利组织的了解都是模糊

的，因此很难监督。监督是需要人力、物力、财力的，如果雇主真的想落实监督，无形中就增加了自己的成本。另外，在雇佣制度下，接受服务的民众与政府的距离是遥远而间接的，基于上述两点雇主与受雇者很难达成理念相同、利益一致。因为出发点不一样，所以想要达成"多方共赢"实在是难上加难。

政府发展社会组织的初衷，是感觉在经济快速发展的今天，对社会问题的处理在人力、物力、财力等方面感到不足。社会组织刚好弥补了这一缺陷，在这个层面上，可以说是帮助了政府。但是政府对于购买服务这个新事物也存在很多问题。非营利组织为了自己的利益，不惜得罪政府，敷衍政府，造成了政府更多的浪费，并且制造更多的麻烦。如果政府想亲自监督这些社会组织，则造成行政成本提高、政府负担过重。东莞市也存在这种情况，有些机构为了能够获得竞投资格，不惜欺骗政府，租借机构外社会工作资格证。这种行为给政府增加了麻烦，浪费了资源。

②政治压力。非营利组织注重服务，但不表示它可以摆脱政治因素的介入。政府将社会服务交给民间来生产、提供，在支付完购买的费用以及监督所花费的成本之外，还是需要政治成本的。有部分非营利组织靠着本身的政治关系，往往过度地夸大组织的影响力。其实在这种雇佣关系中，每一次的购买都会给公共部门造成政治压力，打击了公务员的自尊与士气，削弱了公共部门的职能与国家的自主性。

③税收压力。上面已经讲到，政府向非营利组织购买社会服务，民众与政府距离更加遥远，这样会导致民众认定这些服务是由非营利组织提供的，将功劳给予服务的生产者（非营利组织），因此民众会质疑政府的税收是否做到了"取之于民，用之于民"。

（2）非营利组织要付出的成本

在讲非营利组织的成本之前，笔者看到有些学者是从"组织自主性"这个角度来分析组织需要投入的成本的。所谓组织自主性，就是指组织在自己的目标的设定、内部资源的配置与使用、案主需求的认定、方案的规划执行与评估、人事管理、与其他组织间的关系等方面都是具有自我导向的权力。如果不重视保持组织自主性，慢慢地，组织被侵蚀，会成为政府资助的副产品。在中国，政府组织对社会工作机构的结构性强嵌入有以下两个方面：首先是工作站的设置及管理，其次是政府闲置干部的安插。这些虽然多见于社会工作服务机构，但也是非营利组织的普遍现象。现在很多学者都指出非营利组织对政府财务的过度依赖，使得非营利组织与那些行政机关并没有多大的区别。政府向非营利组织购买的社会服务规模不断扩大，对非营利组织来说，虽然有利于其扩大服务区域、服务内容，提升它的社会形象与公信力，但是相对地，非营利组织就要迎合政府的管理方式、政府的要求、政府的意愿，这样就忽视了民众，使组织使命目标扭曲、组织角色变迁、组织结构变革。

（四）东莞市政府与 A 机构的互动关系的总结

以上这些情况都是东莞市非营利组织与政府或多或少会存在的问题，笔者在这里或许可以为这些问题的存在找原因、找借口，一切都是由于刚起步，还不成熟，以后会更好。经过上述的分析，笔者认为我国政府与非营利组织的互动关系，必然是在合作的前提下，不断地发展，衍生出诸如竞争、独立、依赖。它们之间必然是在管制层面、财务层面、公共服务输送层面的其中任一种或多种层面下进行互动。这个关系是我国政府与非营利组织之间的关系，而且是这两个组织的普遍关系，所以，东莞市政府与 A 机构同样存在这种关系。

笔者在 A 机构实习期间，与其他社会工作机构也有一些沟通和交流，这也给笔者的研究探索提供了更多的资料。社会工作机构在当前政治体制、社会体制下，都和政府有莫大的关联。社会工作机构在提供服务或者日常管理运作中怎样才能避免政府的介入呢？通过文献分析法与访谈法，笔者得出以下两种社会工作机构与政府之间自主性的区别。

第一种社会工作机构自愿放弃自主性，成为一个政府主导的机构。在东莞，主要是通过岗位社工还有社区综合服务中心的形式来购买服务。现举例说明一下政府购买服务的流程。

1. 确定投标社区项目

表 2　社区项目

项目包号	产品或服务名称	数量	服务期限
A	社区综合服务中心运营服务	2个社区	自合同签订之日起算服务一年

2. 确定项目的需求标准

表 3　项目需求标准

项目包号	试点社区	试点地址及场地状况	试点区域服务对象现状	项目需求标准	备注
××	××	在原社区活动中心大楼的基础之上进行改造，总面积2000平方米	社区总面积有20多平方公里，下辖27个居民小组，本地人口5400多人，新莞人6万多人	需开展的服务项目包括建立棋艺室、社区图书馆、老年人日间照料室、体育健身室、书画室、舞蹈室、工艺小作坊、青少年活动室等功能室，服务重点定位：老年人服务、健身娱乐、兴趣班三大方面	

续表

项目包号	试点社区	试点地址及场地状况	试点区域服务对象现状	项目需求标准	备注
××	××	在原社区活动中心大楼服务功能的基础之上，进行重新规划，规划总面积2000平方米	占地面积2.86平方公里，总人口2300多人，其中本地人970多人，新莞人1300多人	需开展的服务项目包括建立社区图书馆、体育健身室、老年人日间照料室、青少年活动室、棋艺室、家政服务室、书画室、舞蹈室等功能室，服务重点：青少年服务、老年人服务、女性服务、社区服务、残疾人服务五大方面	

通过这两个表可以清晰地看出，每一个社会工作机构在进行投标时，都事先知道自己进入社区综合服务中心需要做什么，这里就有政府的影子在，这是政府想做的。这一点，无论是自愿放弃自主性的社会工作机构，还是非自愿放弃自主性的社会工作机构都会碰到，这是作为承接政府购买服务项目必须做的事情。那么自愿放弃自主性的机构，它特殊在哪儿？这就要从机构成立的初衷来分析。珠三角城市，随着政府不断购买服务，越来越多的社会工作机构出现了，其目的不同。如果成立的初衷是向着政府购买服务的钱去的（这里向着政府的钱去指的是谋取私利），在这样的情况下，它的自主性就不必讨论了，它只需要做好政府招标时规定的内容，完成评估的指标，政府的行政性任务一概承接。这是它的生存之道，它后续的发展就显得不那么重要。这种机构应该取缔，这是对政府的欺骗、对民众的欺骗。从当前来看，这种机构只是少数。

第二种社会工作机构非自愿放弃自主性，指的是真正服务政府、服务民众，而主动地去开发服务、规划机构未来的发展等。无论是自愿放弃自主性，还是非自愿放弃自主性都会面对政府对于项目设定的内容与指标，这个是任何一家机构都无法避免的。对于新生的社会工作机构来说，这也是尤为重要的平台。机构为了更好地服务民众，在政府的扶持下，除了完成政府指标，还要探索更优质的服务，这是机构自主性的体现之一，也是机构的使命，还是机构成立并发展的机构文化，这些都指引着机构的发展。在这样的情况下，提升自己机构的服务水平、专业能力，健全机构管理体制等就尤为重要，这些都可以让机构在政府的扶持下，自主地操作，非但不受政府的管制，而且能更好地发展机构。机构发展了，政府在选择服务输送机构时，就可以择优录取，这无疑就解决了机构发展的持续性问题。

如何加强机构的造血功能，在上面讲的只是针对政府项目的购买。还有一个是对于基金会提供项目的购买，如我们正在准备申请的友成基金会的项目，它重点支持的领域是有中国特色的公民素质教育，农村和城市社区建设与可持续发展、支持社会创新模式，为弱势群体赋权及融入社会创造机会。项目扶持的资金有三个档次：10万元、5万元、2万元。类似这样的项目有很多，如果社会工作机构走上这样一条路，对政府的依赖就会减弱一点，也有利于机构的自主发展。

最后一个就是政府购买的岗位社工，就是购买社工提供的专业服务，东莞市政府根据服务领域、服务对象的特征，将专业服务分为民政、教育、团委、妇联、残联、禁毒、司法、卫生、新莞人、企业工会、社区11个服务领域。人数及服务内容由各镇街、市直属机关上报市民政局，由市民政局委托社会工作机构的社工专业人员上岗提供服务。在这样的情况下，机构就可以获得该岗位社工薪酬的一定比例作为社会工作机构管理、专业知识能力培训、专业督导等费用。这既是政府与社会工作机构之间的一种互动，也是社会工作机构生存与发展的动力。

三、对政府与社会工作机构关系的反思与建议

社会工作机构在起步阶段,往往会碰到许多问题,政策、制度等的完善,并不是一蹴而就的,而是需要大量的实践来探索、来完善。这种问题在东莞市的社会工作机构也是存在的,政府虽然大力支持发展社会工作专业队伍,明确了两者之间的关系,但是对两者之间关系的"度"的把握还需不断探索。

(一)东莞市社会工作机构面临的困境

1. 社会工作机构的权力

东莞的社会工作机构多以政府购买的服务性岗位作为工作重点,若将社会服务看作一件商品,则政府与社会工作机构之间就是买卖合作关系,这种关系很像房屋开发商与建筑施工队的关系——政府提出社会服务开发任务,交由不同的社会工作机构进行自主施工,施工队需要在规定的时间以及预算的要求之下按设计图纸进行社会服务这一工程的施工。施工队出售的不单是施工的人力资源,还有如何进行施工的自主知识产权。这里面就涉及一个问题,那就是作为社会工作机构,需要在这种合作的关系中有相对充分的自主权,才能真正地开展长时有效的社会服务。虽然说两者之间存在的是合作买卖的关系,但

是社会工作机构还是受到政府的影响，政府通常也会介入。A机构下面有5个社区综合服务中心，笔者长期所在的这个社区有时会接到一些政府的"任务"，此时就不得不放下手中的事情，去满足政府的需求。而笔者所知晓的其他社区服务中心，除了"任务"外，还兼顾社区居委会的行政性工作，甚至隔三岔五地会接待政府的参观，严重地影响了社区综合服务中心的正常运作。所以说政府的影子是无处不在的，主要看是强势还是弱势。

2. 社会工作服务的问责归属

在东莞，大多数人尽管通过各种宣传渠道了解了社工，但是却不明了社工和义工的区别，这是一个一直困扰社工的问题。但是当我们反思社工和义工的界限的时候，除了抽象的专业性、可见的工资，就再难以找出具体的区别了。那么，社工的问责制度就显得极其重要，或者说，这是区分职业与非职业的一个标志。在东莞，义工服务不必专门进行问责，因为义工服务有纯奉献性和非专业性两大特点；而社工，不论是机构还是单个的社工，其工作的每一个环节都应该接受各方的监督问责，这是对一个职业的专业化的保障。

3. 社会工作机构的获利

受到"非营利组织"这一概念的影响和制约，社工行业提出"利益获取"是会遭到诸多质疑的。然而，在东莞这样一个市场经济体制完善的城市，脱离了"利益获取"的组织是很难保障其竞争力和生存力的。当然，对于社会工作这一行业来说，所谓的"利益"并不是指"盈利"，而是指社会工作机构如何能获得自身成长所需的支持。一个社会工作机构的成长，需要有固定的有优势的服务领域和服务项目，需要有自己的服务实体参与社会竞争，需要募集足够的社会资源来帮助扩充和深化自己的服务。那么，东莞的社会工作机构如何能够从小转大，由依托政府转为依托社会需求？这个成长的过程单靠现在的政府岗位购买是很难实现的，那么社会工作机构是走"游击队"式的依托项目服务的发展模式，还是走发展固定实体化服务的"阵地战"成长道路，抑或是通过其他的方式实现自身的成长？这个问题总有一天会成为东莞社工行业共同的话题。而社会工作机构的成长，有一个核心问题需要单独进行讨论，那就是如何留住人才。这就需要讨论如何保障东莞社工的"利益"。一个完善的行业系统，需要有一个完善的人力资源管理模式，让人才能通过地位、声望和待遇三个方面看到自身在行业中的成长。将人才的问题具体化，就是让不同工作年限和不同工作能力的社工在工资、福利待遇、行业话语权等方面有一个正确的定位。而这样的人力资源成本投入，是建立在社会工作机构有足够的物质来源的基础之上的，如何能争取到社会资源支持，以及如何争取社会对投入的认可，都需要有相应的政策对各社会工作组织进行指引。

（二）建议

1. 宏观层面——政府

中国的社会工作事业，在党的十六大召开后，蓬勃地发展起来，越来越得到政府的支持，一系列政策文件的制定，为社会工作事业的发展打造了一个良好的"土壤"环境，让社会工作事业生根发芽。经过这几年的发展，一些发达的沿海城市纷纷对社会工作事业的发展出谋献计，有的是行政层面的建言献策，有的是社会工作实务层面的实际行动，这都对社会工作事业的发展起到了积极的影响作用。所以继续在国家层面推广社会工作，在国家社会建设体制改革上，要肯定社会工作这个专业、职业。这是我国社会工作的生存之本。社会工作专业服务是做人的工作，这个专业短时间的成效并不明显，如果政府追求的是快变化、快变量，一个政策的出台，马上就要看到成效，这对于社会工作来说是很困难的；所以，政府要理解、包容和支持。这就需要政府与社会工作机构协同发展，一路同行，共同见证这个专业的魅力。政府不能过度参与和主导社会工作机构的发展。参与过多，强势主导，就减少了社会工作机构自主发展的机会，政府与社会工作机构应该是伙伴关系，而不是上下级隶属关系。

2. 中观层面——社会工作行业

政策环境有了，政府的资金投入也有了，社会工作的发展出现了井喷的态势。越来越多的社会工作机构涌现出来，这对于整个行业来说，发展太快了，快得足以制造很多新问题，这就不利于整个行业的发展。第一，社会工作行业要处理好与政府之间的关系，两者需合作、协同，社会工作机构不应隶属于政府。第二，社会工作行业需要保持专业化，核心就是需要具备专业的色彩与特征，如果没有了这些，那么社会工作专业就没有了专业优势，也就没有了社会工作以后的发展。第三，社会工作专业的本土化探索，可以借鉴西方发达国家与我国台湾、澳门、香港地区的丰富的实务经验，为社会工作的本土化建设添砖加瓦。第四，社会工作行业必须得有创新，如政府提倡社会管理创新、群众工作创新等，这对于社会工作行业来说既是挑战，也是机遇。政府为人民服务的工作在社会工作的创新下完成了，让群众都享有优质的服务，这就等于帮了政府一个大忙，能更加赢得政府与群众的认同。第五，社会工作行业需要自律，如不能有克扣社工工资、欺骗政府项目等情况，社会工作不能断送在自身的问题上。

3. 微观层面——A 社区服务发展促进中心

就笔者实习的这个机构来说，笔者看到了机构的不足，也访谈了机构半数的员工，因此在这里也提出一些建议，尝试解决机构可持续发展的问题。

第一，机构的品牌建设。机构的品牌没有建立起来，就很难在求职大军里淘到专业的社会工作者。这也就造成第二个问题。

第二，专业化能力不足。开展服务一年多了，专业化的服务体现很单薄。谈到这里，就发现机构的扩张太快，导致工作人员严重不足，加上较高的社工流失率，所以怎样降低机构的人员流动率，也就成了机构的首要任务。笔者也访谈了多名工作人员，得出以下几点。

①收入。收入是一方面，但这一方面表现得不是很强烈。因为大部分的工作人员都是应届毕业生，对于现在的薪酬待遇还算满意。

②机构发展的方向。工作人员都会在自己的现时需要和以后发展的方向之间作出选择，如果机构给不了员工这个东西，离开是迟早的事。

③专业的督导。督导很关键，特别对于刚出校门的大学生来说，自己实务的能力基本为零，在学校学的也只是社会工作相关的理论，怎么来提供专业的服务，他们会茫然不知所措。而且在实务工作中也会碰到很多问题，没有督导的专业疏导，极大可能就会失去工作的自信心与积极性。

④机构的知名度。机构的知名度低，在同类机构间与同工交流时，会有一种"自卑"，没有交谈的自信。

第三，社会工作专业督导，在机构设置督导顾问小组。

第四，机构的管理人员必须懂社会工作。

第五，机构内部通过培训、参观等方式进行再学习。

（三）反思

通过考察社会工作组织现在东莞的发展，以及 A 机构与政府之间关系的互动，可以看到政府的介入在慢慢地减少，政府已经转变了执政观念，由"大政府，小社会"转变为"小政府，大社会"。这是未来政府需要继续发展并深化的方向，这也给社会工作机构的发展提供了生长的"肥料"。正因为此才产生了那么多的机构，才有专家学者去重视两者之间关系的价值。在这一方面，笔者觉得无论如何，社会工作机构都要有一颗感恩的心，社会工作机构要竭力去帮助政府，去回馈政府、回馈社会，提供优质的服务去满足需求并最终解决社会问题。如果能这样想的话，政府与社会工作机构就是在协同合作的基础上，真正地为民众谋福利。政府扶持、培育社会工作机构，是为了解决政府无法兼顾解决的难题。对于社会工作机构来讲，有了这个"难题"，才能生存发展起来。在起步阶段，社会工作机构切忌浮躁，当前无论政府怎样看待社会工作机构，社会工作机构唯一的目的就是为民众提供专业的社会工作服务。等服务做好了，达到预期效果了，社会工作机构自然就成为政府重视的对象了。这个观点在交易模型下的效率那里也讲得很明显，只要政府获得的利益大于它付出的成本，政府的支持会是源源不断的，这样也就解决了社会工作机构发展的延续性问题。

从社会角色理论看企业社会工作者角色定位

——以东莞市 X 机构企业社会工作者为例

作　者：罗　芸
指导教师：马居里

导 论

(一) 研究背景

改革开放后,中国沿海地区实行外向型发展战略,诸多中国港台、外资企业向中国内地转移,中国成为"世界工厂"。全球工业化在中国逐步推进,大量中西部劳动力涌入企业密集的东部沿海地区,为经济增长做出巨大贡献,但也出现了许多问题,盲目逐利而不顾员工利益便是其中之一。为保护自己的合法权益,员工发起抵抗运动,更有员工采取暴力冲突、自杀等形式,深圳富士康"十三连跳"事件就是其中的极端体现。由此,企业管理者意识到改善员工福利、有效进行员工压力管理的必要性,为企业社会工作的发展带来契机。

笔者被东莞 X 社工服务机构企业社会工作部门派驻到 L 集团实习时发现,该驻点虽然作为东莞市试点单位发展已久,但存在许多突出问题。企业社会工作作为一个新生事物,契合该领域的价值观与规范尚未建立,只能就社会工作者通用的专业守则和价值观开展服务,但企业是一个特殊领域,常常面对企业与员工的冲突,二者对社工的不同期待,使社工经常处于"两难困境"。并且,无论是参与其中的企业社会工作者,还是服务对象即企业领导层与企业员工,包括公众对企业社会工作都了解甚少,这集中表现在参与其中的个体的角色互动上。经过近 4 个月的实习,笔者发现企业社会工作在开展服务过程中,社工与企业管理层和员工的互动，总是混乱的多、有序的少，矛盾的多、和谐的少，形式的多、有效的少。

面对企业管理和员工权益的冲突，面对专业学习和实际工作的矛盾，企业社会工作者常迷惑于自己的角色与价值所在，极易出现角色失调现象。因此，了解企业社工经常出现的角色失调现象，澄清企业社会工作者的角色期待并探讨其角色定位，促进企业社会工作者角色失调问题的解决，不仅有利于企业社会工作者在矛盾和冲突的工作处境中理清思路、自我成长，还能夯实企业社会工作发展基础，促进我国企业社会工作的专业化、职业化。

（二）研究目的及研究意义

1. 研究目的

社会工作的专业要求、社工机构的要求和服务对象（企业和员工）的要求为企业社会工作者的角色扮演搭建了一个框架，这个框架就是企业社工角色扮演的舞台。社会角色的扮演并非一帆风顺，多方面的要求集中于企业社工这一个角色之上让其角色扮演更加困难。本文希望通过展现企业社会工作者角色扮演过程中互动各方对该角色的要求和企业社工角色扮演的现状，发现企业社工角色扮演失调的具体表现和原因，探析其角色失调的解决路径。

2. 研究意义

（1）理论意义

本文试图通过对企业社会工作者角色失调和角色困境这一问题的研究，充实现有企业社会工作的理论体系，从而对企业社会工作的相关研究有所帮助和启示。

（2）现实意义

国内的企业社会工作尚处于发展阶段，存在许多不足。分析企业社会工作者在矛盾和冲突的工作处境中的角色失调现象，探寻企业社会工作者的角色调适与角色重构有助于促进企业社工自身能力的提高、企业社会工作服务质量的提升和企业社会工作服务的改善，促使企业社会工作为有需要的服务对象提供更切合需要的服务，促进企业社会工作的发展。

（三）研究地点、研究对象及概念

1. 研究地点介绍

东莞市 X 社会工作服务中心成立于 2009 年 7 月，自 2011 年起已经开始提供企业社会工作服务，并承接东莞首批企业领域社工服务试点工作。2011 年 5 月至 6 月，该机构共有 9 名专职社工服务于企业领域，分别派驻到 3 家公司开展专业的社工服务。经过 1 年的服务，企业社会工作得到了企业的认可，2012 年 3 月，其中两家公司以 1∶1 的方式购买企业社会工作服务，笔者实习的 L 公司便是其中之一；2012 年 4 月，东莞市总工会开始统筹企业社会工作服务，企业社工开始系统地面向工会、工业园和社区等不同层面开展企业社会工作服务，探索企业社会工作的社区发展模式，如先后派驻 2 名社工入驻某工会在社区内为员工提供专业服务；2012 年 8 月有一新企业主动联系 X 机构购买了 2 个企业社工岗位；2013 年 10 月，有 2 名社工派驻东莞莞城科技园。截至 2014 年 1 月，东莞市 X 社会工作服务中心有面向企业的社工 11 名，其中有 3 名社工为企业自主购买。除专业社会工作机构的支持外，东莞市民政局还为企业社工配备了资深的香港专业督导，保障企业社工的专业成长及服务成效。

X 机构企业社会工作服务经过近 3 年的探索和实践，形成以驻厂服务为主体、以企业社区化为发展方向、以项目化运作为目标、具有自我特色的东莞企业社会工作服务模式。主要服务内容分为八个方面：

协助企业员工发展（新员工启导、离职员工咨询和在厂员工服务）；支援员工生涯发展和生涯规划（情绪心理、家庭、工作生活困难）；推广志愿者服务和服务精神；丰富员工文娱生活，增强员工参与意识；配合厂方处理突发事件和联系相关服务与资源；推广社工的专业服务，让员工及其家人在需要的时候更善于应用；应厂方和员工需求，提供适合的专业社工服务（例如，参与企业文化建设，提升员工满意度等）；其他，包括企业社工的社区化发展等。

L公司是一家以我国香港为总部，东莞市为研发、制造基地，印尼为生产中心，美国及我国香港为专业营销的大型跨国集团上市公司。该企业拥有员工3000多名，以生产遥控电子塑胶玩具及数码电子玩具为主，产品远销欧、美、日等100多个发达国家和地区。L公司是东莞市最早自行购买社工的企业。目前L公司采取1∶1的企业社工购买模式，社工站有2名企业社工，其中1名由政府购买，1名由企业购买。2011年5月3日，东莞市X社会工作服务中心的3名社工正式进驻L公司，社工站正式成立。

L公司社工服务站目前工作主要围绕"健康"的理念展开，从协助企业员工发展（新员工启导、离职员工咨询和在厂员工服务）；丰富员工文娱生活，增强员工参与意识；推广社工的专业服务，让员工及其家人在需要的时候更善于应用；应厂方和员工需求，提供适合的专业社工服务（参与企业人力资源管理，提升员工的满意度）四方面工作提供服务。

2. 研究对象界定

本文的研究对象是东莞市X社工机构由政府和企业购买并派驻到企业为其提供服务的企业社会工作者。他们远离机构，在企业工作，受到机构规定和企业要求的双重制约。企业出于对企业形象的考虑，对社会工作者持戒备心理，有时甚至出于某种目的出现扰乱、反对社会工作者为员工提供服务的现象。但企业社会工作者出于自身的专业责任和社工机构的规定,不能因为企业的戒备便放弃提供服务,所以企业社工需要在企业、员工和机构之间寻求协调和平衡。在处理与员工权益、工作环境、劳动条件或组织管理相关的问题时,他们所承担的伦理责任常常会出现两难困境,导致陷入角色不清、角色紧张、角色冲突等角色失调的困境。

3. 相关概念界定

(1) 企业社会工作

企业社会工作关注的是企业内的问题。企业社会工作不仅是为员工提供工作适应与发展方面的服务,以满足其经济利益和生活的需求;它也为企业及其管理层提供服务,通过发展企业的人性化管理,使它在发展工作福利的过程中提高员工的工作积极性,提高生产效率,满足企业发展的需要。[1]

(2) 企业社会工作者

企业社会工作者是指在企业内从事专业社会工作的社会工作者,从其隶属的组织而言,企业社会工作者一般可分为企业内社会工作者、NGO 组织中的企业社会工作者和政府部门的企业社会工作者。[2] 本研究主要指 NGO 组织派驻到企业工作的企业社会工作者,他们按照机构的要求工作,同时开展服务的过程也受到企业管理层的监管,服务方案会因企业管理层的需要而修改,提供服务时遇到的困难和问题比其他两种类型的企业社工要多一些。

(3) 社会角色

"社会角色"一词由美国人类学家林顿于 1936 年在他所著的《人的研究》中首先提出。在书中,他明确将社会角色与人在社会中所处

---

[1] 钱宁:《工业社会工作》,北京:高等教育出版社,2009 年,第 5 页。
[2] 钱宁:《工业社会工作》,北京:高等教育出版社,2009 年,第 253 页。

的位置联系在一起。现在一般认为社会角色是由一定的社会地位所决定的、符合一定的社会期望的行为模式,是人的多种社会属性或社会关系的反映。[1] 本研究主要指 NGO 驻派到企业的社工在工作和服务开展过程中由该角色行为规范及其所处位置决定的社会角色。

---

[1] 胡荣:《社会学概论》,北京:高等教育出版社,2009 年,第 127 页。

一、企业社会工作者角色规范分析

　　工业化的发展和激烈的竞争需要企业社会工作者为员工缓解工作压力，大量的农民工需要企业社会工作者维护他们的权利，过度竞争的市场环境和已经偏离的竞争观念需要企业社会工作者积极倡导企业的社会责任……随着经济的发展，企业对于社会工作者的需要愈发强烈，社会工作者在企业中的重要性也愈发明显。企业社工要做好，角色规范必不可少。角色规范作为社会角色必须遵守的行为准则，能够协调角色互动中的各种关系和活动，也为社会成员提供了社会角色扮演和行为模式的评价标准。规范性是社会角色的基本特征之一，也是形成社会角色的基本要素。在开展工作的过程中，面对不同的利益相关方，这些专业角色的行为规范不仅包括作为一名社会工作者所需要遵循的规范，还包括社工开展工作过程中不同的利益相关方的要求。企业与员工之间的"夹心饼干"，社工机构与驻点企业的交流媒介，专业理念与实际工作的碰撞和协调……特殊的处境使企业社工经常迷惑于自己的专业角色，以至于不知如何更好地开展工作。

　　为了使企业社工更准确地定位自己的专业角色，笔者从社会工作者守则出发，通过访谈实习所在社工机构负责人、驻点企业相关负责人和企业普通员工，了解他们对企业社工的认识和要求，分析企业社会工作者角色扮演的行为规范。

（一）社会工作者守则对企业社工角色扮演的要求

企业社工在中国内地的发展尚处于起步期，并没有专门的守则或规章对企业社工的行为进行规范，即使是中国台湾、香港地区，或者美国的社工守则中也没有将企业社工单独列出，只是对社会工作者基本的伦理、价值和行为规范进行要求。当然，社工守则并非一成不变，它会根据历史背景和工作环境的不同提出不同的要求。因此，本文以各地的社会工作者守则为基础，结合企业社会工作领域的特殊性，从行业规范的角度分析社工守则对企业社工角色扮演过程中的要求。

"伦理来源于价值并且与价值保持一致。伦理是操作层面的价值，是把价值转变为行动的行为守则。"[1] 社会工作的专业伦理源于社会工作的基本价值，并将这些价值落实到伦理守则之上，企业社工亦是如此。从企业社工的特殊处境和哲学理论基础出发，企业社工角色扮演过程中在伦理道德方面的要求主要有以下几点。

1. 社会工作专业基本守则要求

企业社会工作作为社会工作的一个领域，企业社会工作者必然要遵守作为一名社工应遵守的伦理守则，主要包括对于服务对象的责任，对同工、机构、专业和社会等的道德责任。对服务对象的道德责任主要是对案主负责，遵循保密原则，保证案主知情自决权和其他合法权利等；对于同工应做到尊重、公正和礼貌，同时，当与同工的案主相处时，应本着专业谨慎的态度；对于所在的工作机构，社工应信守机构守则；对于社会工作专业，社工应遵守并提高专业价值、道德、知识和使命，并致力于将社会工作普及于一般大众，在实务上承担起认

---

[1] 王思斌主编：《社会工作综合能力（中级）》，北京：中国社会出版社，2010年，第51页。

定、发展和充分运用知识的责任；对于社会，社会工作者应致力于增进社会的一般福祉，促进社会公平正义。[1]

2. 企业社会工作独特的伦理守则和道德要求

（1）员工利益优先

对案主负责、案主利益至上是社会工作者的首要任务，当面对企业与员工双重案主时，处理好对待员工与对待企业二者的顺序便成为企业社工必须解决的伦理难题。社会工作追求社会的公平正义，员工利益优先正是社工追求公平正义的体现。但是，员工利益优先并非要忽视企业和其他利益相关群体的利益。在强调员工利益优先的同时，企业社工需要对各利益相关方进行分析，并通过工作的开展获取企业支持，使后续工作得到保证。若是丧失了企业的支持，社工的工作便无法开展，员工利益优先更是无从谈起。

（2）服务开展需要得到企业同意

企业社工在企业内开展工作必须有企业授权，这关乎对企业相关规章的遵守和对企业管理人员的尊重。服务开展要想得到企业同意，就需要企业社工与企业管理者进行有效沟通，取得他们的理解和信任。如果没有企业的支持和协助，企业内资源和网络无法利用，企业社工提供的服务很难达到预期效果。[2]

（二）社工机构对企业社工角色扮演的要求

企业社工作为社工机构的一员，虽然被派驻到不同的企业开展服务，但依然要遵循所在机构的规定和要求。

第一，遵守社工机构的相关规章守则，准时保质保量完成机构规

1　《美国社会工作人员守则》，《社会工作》，2004 年第 2 期。
2　钱宁：《工业社会工作》，北京：高等教育出版社，2009 年，第 54 页。

定或个人计划的个案、小组和活动指标，及时完成个案、小组和活动的相关文书工作。

第二，企业社工应努力提升自我专业水平，做到理论知识与实际工作的良好衔接。

第三，企业社工被派驻到企业工作，应与派驻企业相互理解和信任，以利于工作的开展，社工也需要充分发挥机构与企业的联络员的桥梁纽带作用，让机构管理人员与企业能够及时了解双方的想法和对工作的计划。

第四，企业社工在工作中不能只是按照机构的规定开展服务，应学会根据工作环境的变化适当调整工作计划，同时鼓励社工在专业实践中发现机构管理的不足和漏洞，并及时反馈给机构相关负责人，健全机构管理体系，完善管理理念和管理方法。

（三）服务对象对企业社工角色扮演的要求

在企业社会工作的服务体系中，其服务对象系统主要由员工或职工群体和企业或组织两大类组成，企业社工在强调公平公正时，不仅要维护员工的利益，也要考虑企业的利益和需要。企业社工站在员工立场为他们争取权利或福利的同时，也要支持和帮助企业不断改善员工工作环境，协调企业与员工的劳动关系，增加员工对企业的归属感和认同感，逐步引导员工关注企业的生产、经营和效益，促进企业发展。[1] 因此，员工和企业组成的服务对象系统对企业社会工作者角色扮演的要求对于分析企业社工所处的角色情境有着极其重要的意义。

1. 企业或组织对企业社会工作者的要求
（1）遵守企业规章制度
企业社工虽然不属于企业的员工，但作为机构派驻到企业的人员，

---

[1] 钱宁：《工业社会工作》，北京：高等教育出版社，2009年，第36页。

也必须遵守企业的规章制度。在提供服务或开展活动前，社工需要向企业管理人员提交计划书，以便于资源的合理分配，保证企业的正常工作。

> 有什么要求？社工服务是我们购买的，但社工不算我们企业内的员工，我们要求也不多，主要把本职工作做好。还有就是你们要遵守机构的规定，但终究是在企业里面上班，我们公司某些方面的规定也是要遵守的。比如你们搞活动这些最好还是先给我们看看计划书，我们觉得可以了再办。[1]
>
> 你们经常要回机构开会、培训可以理解，但还是希望你们不要因为这些影响上班时间，如果可以，最好在周末去，如果实在无法协调，还是要保证留一个人在办公室值班，但请假之前都应该先告诉我们。[2]

（2）成本与收益

企业社工在开展服务过程中需要利用企业的资金和资源，加上企业购买社工服务的资金，企业管理者希望社工能够有针对性地多开展服务，并且希望看到相当数量的成功案例和明显的服务成效。

> 企业花了钱当然希望能够看到效果，不可能每年花×万元购买社工就是让你们在办公室坐着。有些工作企业需要你们帮忙，同时，你们也可以自己开展活动，只要是有利于员工、企业的，我们都是会同意的。[3]
>
> 社工在开展工作我们还是可以看到的，但是效果没有我们想

---

1 摘自编号 207 访谈记录。
2 摘自编号 207 访谈记录。
3 摘自编号 206 访谈记录。

象的好，企业希望你们可以开展一些比较典型、突出的活动把整个效果搞出来，把你们社工专业的东西表现出来，如果只是搞搞游戏什么的，我们自己也可以的，就不需要专门花钱请社工了。[1]

(3) 维护企业形象

企业作为社会这个大整体的一部分，被社会大众关注，它的每一个举动都会影响社会对它的评价，而这个评价又会影响企业的利益。作为致力于实现自身利益最大化的经济组织，企业不能孤立地存在于社会中，社会舆论的评价直接影响企业的发展。品牌形象良好的企业受到消费者的青睐和欢迎，而声誉不良的企业则受到市场的排斥。

现在社会上对于企业的形象和声誉非常关注，偶尔一点负面新闻都会引起很大反响，但有时很多事情传出去和媒体报道的都只是部分，不全面，容易引起大家的误读。比如你们看见的是保安或者负责人因为某员工吸烟要求他离职，你们觉得这不合理，也不符合规定，但你们也可能并不知道这个员工已经多次在工作区内抽烟，并屡教不改，开除他也是不得已而为之。所以我们希望你们不要擅自把看到或者听到的一些东西传播出去，因为这些内容的真实性和完整性有待考量，也容易被群众和新闻媒体误解。[2]

出于维护自身形象的考虑，企业对于机构派驻的社工的"外人"身份始终不能完全放心，社工身处企业之中，若是对于自身了解到的信息发表了不当言论则很容易对企业的形象造成影响。对此，企业社

---

1 摘自编号 207 访谈记录。
2 摘自编号 205 访谈记录。

工在工作中应遵守保密原则，尤其是针对个人隐私或者企业敏感话题，应努力维护企业社会形象。

2. 员工对企业社会工作者的要求

（1）帮助解决个人或家庭问题

企业内很多员工都是孤身一人到外地务工或者一家人背井离乡，工作和生活中会遇到许多问题和困难，很多时候面对困难不知道应该如何解决。社工可以开展一些集体活动帮助员工丰富生活，帮助员工结交新的伙伴。

> 我刚退伍，从家里到东莞找工作，企业待遇挺好的，只是一个人在这工作感觉有点孤单。之前有参加过你们开的一些活动，希望可以多开几次，我们一个人的也可以多认识一些朋友，省得天天一个人。[1]

员工有需要或者有问题时倾向于向社工求助，希望社工可以协助或者帮助他们解决，这时候社工可以根据他们不同的需要采取不同的方式提供帮助。例如，对于心情抑郁的可以与之进行交流，严重的可开展个案；对于希望开活动或者结交朋友的也可以通过小组、游园会等活动满足其需要。

（2）促进员工与企业管理人员的沟通

企业严格的上下级管理机制使得员工与管理人员的沟通极为困难，加之中下层管理者对于员工的想法和建议基本不上报给高层管理者。

> 工作的时候拉长是不会管我们有什么建议的，食堂倒是有几个意见箱，但投了也没什么用。之前社工跟我说有什么事情可以

---

[1] 摘自编号305访谈记录。

向她们反映，她们会帮忙解决。听着还是挺有用的，上次有个小女孩烫伤了，就是她们帮忙的。希望她们可以继续帮忙，我们出了问题或者有什么意见也希望她们可以帮忙和厂里领导说说，平常我们说了也没什么用。[1]

在严格的上下级管制下，企业社工便成为员工与企业管理者之间相互沟通的纽带，企业希望通过社工了解一线员工的想法，员工也希望通过社工向管理者传达自己的意见建议，双方思想的沟通交流也有利于企业与员工劳动关系的协调。

（四）小结

角色规范为角色扮演者搭建了角色扮演的基本框架，而角色扮演过程中涉及的社工行为守则，机构、企业和服务对象的要求就是这个基本框架的内容，本部分从这三方面出发，分析企业社工角色扮演需要遵守的规范和掌握的技能。首先，鉴于我国内地现今的企业社工没有完善的领域规范，在遵守社会工作者守则基础上，从领域特殊性和实际工作出发，在角色扮演中以员工利益优先、得到企业同意开展服务成为对企业社工的独特要求。其次，作为机构派驻的岗位社工，企业社会工作者无疑需要遵守机构的要求，包括行政方面、专业方面等的要求。最后，企业和员工作为社工的服务对象，帮助其排忧解困，满足其需要，也是企业社工的职责。

---

[1] 摘自编号302访谈记录。

二、企业社会工作者的角色困境

社会学中,社会角色指与人们身处的某种社会地位或者身份相一致的一整套权利和义务的规范与行为模式,它是社会对具有特定身份的人的行为期望,是构成社会群体或社会组织的基础。[1] 社会角色的扮演并非一帆风顺,在角色扮演过程中有很多困境阻碍着角色扮演的正常进行,极易导致角色扮演的失调现象,造成社会角色扮演者的角色困境。[2]

本文将企业社会工作的角色情境定义为企业社会工作者、企业、员工和社工机构角色之间互动的情境。刚刚起步的企业社工没有稳定的角色定位、社会地位,也没有相对固定的角色规范,一切尚处于摸索之中,处于角色互动情境中的企业社工在互动过程中不可避免地存在许多问题,东莞 X 社工服务机构的企业社工亦是如此。尽管他们在不断地学习角色规则、角色扮演,但在具体的工作过程中还是容易陷入角色困境,出现诸多角色失调现象。

(一) 企业社会工作者角色困境表现

1. 企业社会工作者角色不清

角色不清是指角色的扮演者或者社会大众对于该角色的行为标准

1　刘永芳:《社会心理学》,上海:上海社会科学出版社,2004 年,第 42-48 页。
2　胡荣:《社会学概论》,北京:高等教育出版社,2009 年,第 130 页。

不够清楚,从而不了解某一角色的角色矛盾现象。社会文化的急剧变迁、新生事物的产生和社会制度体系的变革,使社会大众和角色扮演者面对急速变换的角色规则和不断出现的新角色茫然无措,不知道应该做什么、不该做什么。这种对于变化的不适应,使大众和角色扮演者面对新的角色要求束手无策。[1] 企业社会工作作为当今的新生事物,在我国才刚刚起步,无论企业社会工作者、企业、员工还是社会大众对企业社工这一角色的认识都不够清晰。不仅企业和员工对于企业社工的理解不同,在X机构派驻企业社工的不同企业对企业社工也都有自己的理解,因此购买企业社工服务的不同企业都有自己的工作开展方式。

企业社会工作者在开展工作时普遍感觉到自己在提供服务时由于"名不正、言不顺"的身份带来的有心无力。对很多企业而言,社工的存在并非必要,有些企业认识到缓解员工压力的重要性,便采取在企业内设置心理咨询师的方式。另外有些企业即使设置了社工岗,却是将社工作为企业体系内一部分,因此社工属于企业内部人员。但是X机构派驻到企业的社工却并非如此,他们在角色身份上要面对比企业自设岗位的社工更多的困境。

首先,企业社工对自己承担的角色没有清晰的理解和认识。

> 虽然说学的是社工专业,但根本没有学过和企业社工相关的知识,来了之后也不知道自己要做什么,就跟着老社工做事,完成一些固定的活动,有时候企业要我们做什么我们就照着做,很少有自己的想法。[2]

其实,包括笔者在内的很多企业社工都经常自问"我是谁",出

---

[1] 胡荣:《社会学概论》,北京:高等教育出版社,2009年,第132页。
[2] 摘自编号108访谈记录。

现对自己和企业社工这个群体的理解不清和定位模糊的角色困惑。

其次，企业对于企业社会工作者这个专业角色也缺乏了解。先不说不同企业对企业社工不同角度的定位，专业社工、企业管理者、行政人员等，很多企业管理者对于社会工作和社会工作者的理解就有偏差。

> 你们社工就是做慈善的，你们只要告诉群众你们是社工，大家听见你们的身份也会比较配合调查工作，而且你们可以以社工的名义，将这次调查说成是慈善公益活动。[1]

同时，作为服务对象的企业员工对于企业社会工作者这个角色的理解也各有不同。笔者派驻企业虽然 2011 年已经设立了社工站，但直至 2013 年笔者实习期间，仍有许多员工不知道社工的存在，也不知道企业社工是做什么的。有些员工经过社工的介绍和宣传，对社工有了一些了解，知道可以向社工反映问题，社工能够协助解决，但在潜意识里还是将社工当作企业派来监督他们工作和生活的"监督员"，对社工心存防备。

2. 企业社会工作者的角色差距

社会角色的扮演以角色承担者对该角色的理解、领悟为前提，但在实际扮演过程中，角色承担者会出现与所承担的角色之间存在差距的状况，在角色承担过程中行为、品质达不到角色规范，妨碍角色承担者进入角色。[2] 企业社会工作者作为企业领域的专业助人者，需要能够熟练运用各种社工技巧和社工方法，并能将这些技巧和方法合理

---

[1] 摘自编号 207 访谈记录。

[2] 吴忠明、谢志强：《社会学理论与方法》，北京：中共中央党校出版社，2003 年，第 25 页。

地运用在不同情境中。X 机构的企业社工要么是社工专业出身，要么不是专业出身但拥有两年以上的社工工作经验，这就容易存在一个问题：许多专业出身但刚参加工作的社工空有理论知识而不知如何运用，而拥有工作经验却非专业出身的社工着急于自身专业知识的缺乏。

> 我学过企业社工方面的知识，但课堂上听的和实际做起来还是有差别的，而且有时候开展服务的时候根本想不到那么多。我自己在这方面是新手，驻点另外一个社工也没有经验，我们只能自己慢慢摸索。[1]

这种专业素质、能力和水平的缺乏直接导致了一些企业社工表现出来的角色与理想的角色模式的差距，使工作和服务容易浮于表面，不能完全达到企业、员工、机构和企业社工自身对企业社工的职业期望和社会认同。

3. 企业社会工作者的角色冲突

角色冲突是指角色承担者在角色扮演过程中出现的行为和心理上的不适应、不协调的状态，这种不协调和不适应使角色承担者在社会角色的互动中，出现角色间或角色内部的矛盾、抵触与对立，影响了角色扮演的顺利进行。[2] 可能因为占有一定地位的个体和与其不相符的社会期望发生冲突，也可能因为角色承担者无法执行对社会角色所要求的行为规范引发冲突。[3] 角色冲突的强度主要取决于社会角色之间的共性与社会角色自身的限定性，社会角色之间的共性与角色冲突的发生成反比，即角色间的共性越大，发生角色冲突的可能就越小，

---

[1] 摘自编号103访谈记录。
[2] 郑杭生：《社会学概论新修（精编版）》，北京：中国人民大学出版社，2009年，第122页。
[3] 全国13所高等院校编：《社会心理学》，天津：南开大学出版社，2008年，第135页。

反之，角色冲突发生的可能越大，社会角色自身的限定性与角色冲突的发生概率成正比，对社会角色规定得越严格，限定性越大，该社会角色的承担者就越难偏离这些角色，也就越少出现角色冲突，反之亦然。[1] 在企业社会工作的领域，角色规定参照社工守则，不够清晰细致，角色限定性小，加之面对的服务对象中企业和员工之间的差异较大，因此角色冲突普遍存在。

（1）企业和员工不同期望和要求引发的角色冲突

面对企业和员工对立的角色期望与行为要求，角色冲突在所难免，而由此产生的角色冲突也是企业社工角色扮演过程中最主要和最常见的角色冲突。对企业社工来说，企业管理者和员工是每天都在进行互动的对象，二者对社工有一些相似的行为期望和要求，但更多的是不一致甚至矛盾、对立的要求，而企业社工的角色注定其需要常常处在二者矛盾的冲突点上。面对员工与企业的冲突，社工要对双方的期望进行分析和权衡，根据自己理解的角色扮演的要求处理问题。

面对冲突，一般情况下，社工倾向于将矛盾的焦点转移到自己身上，希望在斡旋的过程中尽量满足双方的要求。此时，企业管理者与员工的利益相互对立，企业管理者则认为社工由企业购买，是企业与员工利益的协调者、企业管理的协助者，甚至应该是企业利益的维护者，帮助企业预防与员工的矛盾，一旦矛盾爆发，社工也应该站在企业的立场解决问题。而员工认为企业社工类似于为员工争取权益的工会工作者，是员工利益的维护者，从而要求企业社工为维护员工的最大利益与企业管理者"斗争"。因此，社工期望的双方利益的协调很难实现，这时的社工就像"风箱里的老鼠——两头受气"，很难将事情处理得让企业和员工双方都满意。特别是当出现安全、死亡等事件时，企业社工很难得到企业的授权处理这些事情，能做的只是和员工

---

[1] 宋雅婷：《社区矫正中的社会角色研究——以 HZ 区社区矫正为例》，硕士学位论文，华中师范大学，2012 年。

沟通,安抚他们的情绪。

面对员工或家属提出的更高的要求,社工需要向企业管理者反映,但不一定能得到员工期望的反馈。因此,有些员工或家属在出现问题而社工无法协助解决时,原本的期望得不到满足,便会寻找发泄口,不能反抗企业管理层,一直与员工或家属沟通的企业社工自然而然成为发泄对象。

(2) 企业社工承担企业行政工作与社工本职工作间的角色冲突

除去作为社工的本职工作,企业社工还需要承担企业交代的许多行政性工作。笔者实习期间,与 X 机构派驻到 A 企业的社工一起工作数月,这段时间里,每一名社工不仅访谈、个案、小组、活动等社工的本职工作要进行,企业交代的各种行政性工作也需完成。社工企业管理层觉得你们社工不用生产,每天坐在办公室,这些人力资源或其他部门无暇顾及的行政性的工作由你们完成也是应该的。在访谈过程中,不少社工认为,自己在工作过程中或多或少地在从事企业职员的工作,而且和社工本身的工作有所冲突。这种冲突表现为时间和精力被企业行政事务挤占,并且在面对企业管理者急需看到社工工作成效时为追求一时的效果只注意短期、易见效的工作,如举办休闲活动、专题讲座等,却忽略了和员工信任关系的建立或者一些长期整体的规划发展方案。

笔者实习期间,曾有整整一个月的时间,企业每隔几天就需要迎接来自不同地方的参观者,作为企业重要的一部分,社工每天都需要整理材料或按照管理者要求开展活动以应对不同客户的要求。在那段时间中,驻企业社工都曾抱怨过时间和精力无法分配。

每天都在准备迎接客户和迎接客户中度过,企业通知客户来到社工办公室时间也只是个大概,为了等他们,我们不能离开办公室，这样哪有时间做访谈、做个案啊？[1]

4. 企业社会工作者的角色紧张

当角色扮演者同时承担多个社会角色时，面对不同的角色要求，个人在时间和精力的分配上就容易发生矛盾，产生角色紧张。[2] 企业社会工作者不仅承担了机构规定的工作指标和文书任务，还要承担企业分派的诸多行政性工作，其工作内容包含员工协助、关系协调、人力资源等各方面，工作过程中还要协调来自机构、企业和员工的不同需求。面对这样高强度的工作，时间和精力分配紧张，沉重的心理压力极易造成企业社工在扮演角色过程中的角色紧张。同时，角色冲突也容易导致社工角色紧张，角色扮演过程中顾此失彼，使角色承担者感到心理和行为上的不适应、不协调。

> 每天有一大堆行政文书和表格要填，特别是年末年初的时候，当年的年度总结，之后的年度计划，年度计划的填写还要求得特别细，有些东西根本没想过，企业人力资源的离职方面也由我们负责，有时候忙起来每天8小时就是不停地写文书。好不容易下班了，晚上还要搞活动。我现在都不知道要怎么安排自己的生活了，难得休息一天，只想好好休息，厂里离市区本来就远，就更不愿出门。[3]

此外，除去工作，一些企业社工同时需要扮演家庭中的特定角色，或是配偶，或是父母，或是其他。企业社工不同于8小时制工作的职业，企业员工上班时，社工需要完成文书、行政或者活动筹备任务，

1　摘自编号108访谈记录。
2　胡荣：《社会学概论》，北京：高等教育出版社，2009年，第132页。
3　摘自编号105访谈记录。

员工下班了,他们要趁着员工休息时间开展活动提供服务。

> 企业旺季时,员工每天早上7点就上班了,晚上10点或者11点才能下班,中午和下午难得一小时的休息时间,即使淡季也是晚上八九点下班,我们的活动只能安排在员工下班后开展,这样早8点晚10点多才能下班,每天工作时间完全超出了正常工作时间。[1]

企业社工经常在正常工作时间以外,面对所承担的不同社会角色出现角色紧张的现象,工作与生活无法协调。

(二)企业社会工作者角色失调原因探析

角色承担者要扮演好某一社会角色,需要与社会的长期互动,社会结构与社会文化规定了社会角色的方向,同时角色承担者在社会结构和文化中发挥主观能动作用扮演某一角色。要想将某一社会角色成功扮演,不仅需要能使角色承担者充分发挥的舞台,确认社会角色有效性的社会基础、配合角色承担者的道具和布景、台前幕后的协调,还需要角色承担者对角色的合理期望,拥有足够的角色领悟和长久的角色实践。本小节从社会角色扮演的各个环节出发,深入分析企业社会工作者角色互动过程中角色失调的原因。

1. 企业社工个人能力不足

企业社会工作者作为角色承担者和服务提供者,其自身能力会直接影响角色扮演的效果。角色扮演是一个动态过程,而个人能力会对这个过程中包括角色期待、角色领悟和角色实践每一个环节都造成

---

1 摘自编号101访谈记录。

影响。

　　首先，企业社工理论知识或相关经验的不足。企业社会工作者相关知识储备不足，实务经验不足，或者理论与实践不能很好地结合。社会工作的专业性是社工区别于其他志愿服务的特点之一。社工不仅需要掌握社工必备的知识技能，还需要了解与开展服务相关的知识，如职业生涯规划指导、女性健康教育、新员工及离职员工相关流程和服务等。

> 之前开过一期职业生涯规划小组，办得还不错，企业领导也给予了肯定，希望可以继续开展类似活动，就又办了一期。虽然是根据书上和机构培训的知识做的，但还是不太熟悉，也感觉自己还是不够专业，后面这期小组实际人数与小组设计有较大差距，加上我对于继续开展这类小组缺乏内容上的把握与思路，没能新增一些内容，员工的反响也不太好。其实我也不太清楚两次差距为什么会这么大，可能是因为对社工这个专业的了解不够，只是照搬书上内容，不懂得根据实际情况做一些变动。[1]

　　知识的欠缺不仅不利于服务的开展，还易影响社工的自信心，引发对自己能否胜任角色的怀疑。

> 前段时间我们做了一个关于东莞社保知识的宣传活动，希望通过发放宣传单让员工了解医疗保险、养老保险、工伤保险等内容。因为担心自己的知识不够，也有提前学习一些知识，可是到开展活动那天，面对大哥大姐稍微专业一点的问题，我们还是不知道要怎么回答。活动结束后觉得很沮丧，本来开宣传活动是想丰富员工的知识，结果我们自己都不清楚，这样的活动也没有达

1　摘自编号109访谈记录。

到我们预期的效果。1

其次,企业社工与企业各部门和企业外相关组织的合作、资源链接等社会交际能力有待加强。

> 我们点开展的服务主要集中在丰富员工休闲生活、增加新员工对企业的适应方面,偶尔也和企业人力资源部、生产部门及营销部门等合作搞一些活动,但都是他们主动提出的,我们这边很少主动和他们合作,一方面是担心他们不同意我们的计划,另一方面也不知道怎么和他们沟通。有时候我们也想和企业外的一些组织联合开活动,但一直都没什么联系,我们也不知道怎么联系他们,所以一些计划就搁置或者直接不办了。2

与企业内外部部门组织的交际和资源链接有益于社工开展服务,充分利用现有资源,多组织的加入能使活动产生更大影响,关系层面的缺失不利于社工服务的开展和角色扮演。

2. 企业社工远离机构,被"原子化""孤立化"

企业社工在企业工作,除去必要的会议和培训,社工很少回到机构,很容易造成社工与机构关系疏远,形成一种被"原子化""孤立化"的可能。

> 我入职差不多半年了,平常工作都是在企业,除去特殊情况,每个月就月底回机构交报销单,另外偶尔有培训或者开会才回机构。企业这边管得比较严,一般都是我们两个社工轮换着回去,

---

1 摘自编号 111 访谈记录。
2 摘自编号 106 访谈记录。

因为要保证社工办公室一定有人。难得回次机构就忙着各种事务,和同工之间没什么交流。[1]

有时候我们在企业这边遇到什么难处和委屈也没有地方说,不可能受了什么委屈就专门请假跑去机构找人倾诉,而且大家都分在不同点上,平常想要碰见太难了。还好每个月有一次督导,有些问题能和督导说说,他也会开导我。只是每次督导时间都很紧张,要说专业要聊计划,舒缓压力这些只能是很短时间,等督导走了,自己再想想,虽然会好一些,但还是有不舒服的,弄得工作的时候也不安心,很容易想东想西。[2]

社工与机构的管理者缺乏必要交流,远离机构又极易产生没有依靠的孤独感,督导也只是每月一次,当企业社工面对职业困境、伦理困惑时,找不到依靠和倾诉对象,容易给自己压力,影响情绪,直接导致了社工的各种角色失调。

3. 企业支持力度小,社工角色扮演舞台搭建存在缺失

企业购买社工服务除了政策支持,更重要的是考虑到企业的整体利益,希望社工通过为员工服务,降低员工流失率,维护企业的和谐与稳定。企业的出发点实际上是希望社工通过直接为员工服务达到间接为企业服务的目的。但是由于企业对社工的不了解,虽然很希望社工发挥作用,却很少为社工提供支持,只是希望社工依靠自己的力量把工作做好,没有意识到社工开展服务是一个互动的过程,既需要自身的投入,也需要企业和员工的理解支持。

办公室的打印机坏了已经半年多了,每次向企业反映都没有

---

1 摘自编号104访谈记录。
2 摘自编号110访谈记录。

回应,去人力资源部打印需要得到管理人员的同意,有时候他们不在,我们就没办法用,给工作造成了很多不便,特别是在文书方面。[1]

一直以来我们都是在图书馆开活动,图书馆有音响、投影等设备,比较方便,员工也喜欢自己点歌唱。后来企业把音响、话筒等设备搬走了,再后来投影也没有了,我们开活动就只能用喊的,人一多就听不清。加上没有设备,员工也不经常来。[2]

企业不提供开展活动需要的资源,社工在企业内的服务便很难开展,即使开展了,效果也很难达到预期。加上社工开展服务成效不够明显、影响力不足,也无法量化,这使得企业管理层认为自己投入的资金看不到回报,对企业社工的关注和支持就更少了。没有企业的支持,社工工作缺少必要的活动场所、办公用品,没有工作氛围和企业内的动员力,企业社工角色扮演的舞台是无法搭建的,很容易导致企业社工对自己工作的不认同,无法表现角色。

社工活动宣传存在很大一个问题,如果是企业要办的活动,他们通过行政方式发下去,大家知道了就会来,我们自己办活动,不能在企业宣传栏贴通知,人力资源部也不乐意帮忙通知,只能靠社工自己一个寝室一个寝室或者在员工吃饭时向大家宣传,效果都不太好。[3]

4. 社工过于被动,员工对企业社会工作者认知不足

库利在"镜中我"理论中提出,我们都是通过在与他人的互动中

---

1 摘自编号 101 访谈记录。
2 摘自编号 104 访谈记录。
3 摘自编号 107 访谈记录。

观察别人和自己行为的反应，然后形成自我意识，完成自我评价。在与他人接触时想象他人对自己的态度和评价从而作出改进，以期达到与别人的评价协调一致。[1] 员工对于企业社工的认识应该是在双方的互动中形成的，倘若互动不够，员工很难对企业社工有了解，社工也无法感觉到员工对自己的认识，这样便无法根据员工的想法对自己的工作和提供的服务进行改进与完善。笔者实习所在企业的社会工作站虽然已经设立两年多，也经常开展活动，但目前员工对社工的认知不够，与社会工作者存在距离，这主要还是由于社工宣传力度不够，还没能打开服务局面。

首先，员工对社工的认识停留在表面，社工本身又过于被动，很少积极主动走近员工。

有些员工知道有社工的存在，却不知道他们是"企业社会工作者"。

——您知道厂里的社工吗？
——社工？没听过。
——就是篮球场旁边的办公室，您有进去过吗？
——哦，那里啊，我知道。她们之前有教我们做手工花，还不错。
——她们就是社工。
——这样啊，社工什么的我也不知道，不过她们会搞些活动，说有什么问题可以找她们。[2]

很多员工对社工的了解仅限于"社工会教我们做花""他们说遇

---

1 赵泽鸿、李云方：《解析年轻一代"镜中我"的缺失与代沟问题的产生》，《科教文汇》，2009 年第 4 期。

2 摘自编号 301 访谈记录。

到什么困难可以去找社工""社工那边有体育用具，可以借用"等，但他们不会主动向社工寻求帮助。

宣传不到位、与员工缺少交流、信任关系缺失都阻拦着员工走近社工。

> 我知道应该多和员工交流，主动走近他们，督导也是这么说的，不能等员工来找我们，我们应该先和他们交流，让他们信任我们，这样他们才会来找我们，可是有时候知道是一回事，就是不想做。[1]
>
> 我们每个月都有访谈的指标，是必须完成的，可是偶尔懒一下，就不想去找员工了。[2]

社会工作的服务不能仅仅局限于几个热心社工活动的员工，而应辐射所有的员工，这需要社工花费更多的精力和时间去与员工交流。

其次，社工服务不够到位。对于员工提出的问题，有些能够解决，不能解决的没能很好地向员工解释并善后，容易消磨员工对企业社工的信任。

> 也不是我们不愿找社工，是他们有时候也帮不上什么忙。之前反映食堂饭菜有头发、有烟头，到后来还不是不了了之了。也不能说社工不行，有些事情企业懒得管或者不愿意管，社工报上去也没用。[3]

因为在企业开展活动，处处受制于企业，员工在与社工接触的过

1　摘自编号102访谈记录。
2　摘自编号110访谈记录。
3　摘自编号303访谈记录。

程中虽然能够理解社工，但也认为很多问题社工没有能力解决，和社工反映也没有用。甚至有些员工认为社工主要是站在企业一方。

（三）小　结

社会角色的扮演是不同角色的互动过程，有互动就会有摩擦、有矛盾、有冲突，因此在社会角色的扮演过程中总会出现各种困境和阻碍。企业社会工作者在角色扮演中由于个人能力不足影响其在角色领悟和角色实践中的表现，加上缺乏机构和企业的支持，员工对社工的认知又有所偏颇，企业社会工作者在承担角色时面临诸多角色失调的困境：角色不清、角色差距、角色冲突和角色紧张。角色不清指企业社工自身和服务对象，也就是企业和员工对企业社会工作的理解不够清晰或有失偏颇，主要由于企业社工自身认知不足和服务对象对企业社工认知不足。角色差距主要是因为企业社工自身能力不足。角色冲突包括不同服务对象不同要求引起的冲突和企业社工自身承担的不同角色的冲突。企业和员工的矛盾直接转移到社工身上，而身兼社工工作与企业行政工作更是让企业社工承担角色时出现不协调的状况。而众多无法协调的工作和角色冲突直接导致了角色紧张的出现。

三、企业社会工作者角色调适的建议

社会角色的存在是为了满足社会的需要,社会需要直接影响社会角色。随着社会的发展和社会需要的不断变化,社会角色的行为方式和行为规范也在不断变化,面对急剧变化的角色规范,角色扮演者经常束手无策。在现代社会中,完全不存在角色失调是不太可能的,但是我们可以通过构建角色舞台、培养角色意识等方式进行角色调适,尽量减少角色失调,减小角色失调的影响。通过对企业社会工作者角色规范分析、角色失调的表现及原因的分析,既可以看出在企业社会工作中社工本身的角色失调问题,即角色不清、角色差距、角色冲突和角色紧张,也可以看到因个人能力不足、机构支持缺乏、企业和员工认知理解偏差导致的企业社工角色失调。本章基于对企业社工角色规范的认识与角色失调的分析,尝试从企业社工自身和社会环境两方面探索企业社工角色调适的方法,建立合理有序的角色互动关系。

(一)企业社工:角色的自我调适

角色自我调适是指角色承担者通过角色学习、技能培训等方式,明确角色期望,掌握角色规范,提高角色认知水平、角色技能和协调处理角色冲突等不和谐角色互动的能力。[1] 在企业社会工作的角色情

---

[1] 喻安伦:《社会角色理论磋探》,《理论月刊》,1998年第12期。

境中，面对社会工作者角色失调问题，需要角色承担者在长期的角色实践和互动中产生正确的角色期待和角色领悟，并在实践中不断调整改正。

1. 形成正确的角色认知

角色认知是角色承担者从心理上认识自己所扮演的角色，产生合理的角色心理和角色意识，从而形成正确的角色认知。明确自己所承担社会角色的角色期望，将人们对角色的社会期望内化为对自己的主观要求，哪些应该做，哪些必须做，哪些不能做，做到心中有数，同时准确真实地掌握角色行为规范，可以有效防止角色差距、角色不清和角色紧张现象的产生。对企业社会工作者来说，形成正确的角色认知不仅需要从理论上了解自己承担角色的社会期望，培养良好的角色心理和角色意识，为角色扮演做好心理和知识上的准备，还需要能够准确辨别自己在企业中的位置，了解角色互动对象的角色期待。

首先，企业社工应尽量收集更多角色信息，积极主动了解派驻企业的基本情况、企业文化、员工特点等，结合自己的个人特质、性格、知识结构、做事风格等，更加深入地了解在这样一个工作环境中，自己的角色应该如何定位、如何扮演，在企业中找到合适的位置。企业社会工作的服务领域主要包括员工福利、职业生涯规划、情绪管理、休闲生活与服务、劳动关系协调、社会责任和企业文化建设。在这些服务领域中，社工主要扮演咨询辅导者、使能者、经纪人、赋权者和调停者的角色。[1] 企业社工在承担角色时需要深入了解企业情况，了解企业和员工的需要，从企业的实际情况和需要入手，决定工作的偏向性，很少有企业的社工服务覆盖所有领域。笔者实习派驻企业是一个数码玩具工厂，分旺季和淡季，在不同的工作季，企业对社工的要求也不一样。旺季期间，企业希望社工的工作倾向于稳定员工，减少

1　钱宁：《工业社会工作》，北京：高等教育出版社，2009年，第47-49页。

员工流失。而淡季期间，短期工多已离厂，长期工的工作时间也有所减少，空闲时间增多，企业则希望社工关注员工的休闲生活服务、日常的情绪管理及企业文化建设。这样结合企业特点了解角色，就能够在心理层面上做好角色定位。

其次，企业社工需要对自己的工作内容有正确的认知，行政工作与提供服务其实并不矛盾。不论是机构规定的行政工作还是企业交代的行政工作都是企业社工工作的一部分，机构行政工作是为保证服务质量和机构运转存在的，企业交代的行政工作表面看来并非本职工作，但有助于社工了解企业、融入企业，并且适当协助企业完成行政工作，可以增加企业管理者对社工的了解和信任。只有深入了解企业文化和企业的管理运行制度，问题的预防和个案的处理才会更有效率，提供的服务、开展的活动才能更加契合员工的需要。当面对行政工作与服务量的矛盾时，企业社工应尝试将行政工作服务化。所谓行政工作服务化，就是指社工可以在执行行政工作的过程中与服务对象建立关系，将专业化贯穿于行政工作过程中，并且在行政工作之后进行回访，发现需要和问题开展专业服务。例如，当企业要求社工分析离职报告时，社工要做的不仅是将离职报告分析上交，还可以通过对资料的分析了解近期员工离职原因、离职员工工作时间等信息，发现员工的需要和企业在员工服务方面存在的不足，从而制订合理的服务计划，有针对性地开展服务。或者企业希望社工可以帮助做活动宣传、派发宣传单、问卷调查时，社工可以利用这样的机会，在完成工作时，与员工多做交流，留下员工的联系方式，便于回访，建立关系，并可以通过访谈交流发现问题或需要，面对一些问题，社工可以及时回应、正确引导，预防和减少一些个案的出现。同时，企业社工在开展专业服务时，不能只注重大型活动、专题演讲等容易看到效果的服务，或者开展"头痛医头，脚痛医脚"的服务，社会工作的服务的开展应注重基础服务，在短期服务的同时，注重整体规划与长期发展方案，从问题或需要的根源出发,"治标更治本"。

最后,企业社工应对自己在企业中的位置有正确的认知。社工在企业中"名不正、言不顺"和"不上不下"的位置很大程度上是因为企业管理者和员工对社工不了解。要避免这种尴尬的状况,就需要在与服务对象的关系上下功夫。对企业员工,多做访谈多交流、一起从事体育运动等都有助于关系的建立。和员工一样,企业管理者也是我们服务的对象,由于他们所处位置和工作性质的特殊性,加上对社工的不了解,对社工的管理方式自然而然也是沿用企业的管理方式。其实,很多时候,企业管理者对社工埋怨、忽视或者强制性地要求某些工作只是因为他们对于社工不够了解,这种不了解很容易让他们觉得不安,不知道是否应该相信社工。所以,当社工觉得尴尬、委屈、不应该时,不能只是埋怨,而应该拿出社工的专业本色来,学会换位思考,从细节出发,在小地方下功夫,慢慢地确立自己的专业性,让企业加深对社工的了解和信任,甚至社工可以主动招揽并高质量完成企业的行政工作,达到社工与企业的双赢。

2. 进行有效的角色学习

和角色认知注重理念层面不同,角色学习是从实际操作层面切实掌握所承担社会角色的行为规范、专业技术能力和需要谨慎注意的事项,明确角色扮演需要承担的权利义务。[1] 掌握扮演角色的过硬的技术本领,既有利于角色扮演者廓清角色,又能保证将行动的意义和作用有效地传递给对方。对企业社工而言,通过有效的角色学习,提高角色认知水平,把握角色扮演的行为准则,掌握角色扮演的技能,可以有效地缩短角色差距、缓解角色冲突。

首先,企业社工需要努力学习社会工作和企业社会工作的相关理论知识。理论是由一系列具有逻辑联系的概念和判断组成的知识体系,

---

1 王康主编:《社会学词典》,济南:山东人民出版社,1998年,第207页。

它从较高的知识层面描述解释某种现象的存在和变化，是对经验的抽象概括。理论有助于社会工作者在实务工作中解释问题、作出预测、确定干预方法和模式、指导实践并发展出新的理论。[1] 理论知识的学习对于社工专业出身的社工来说，学校学习占据大部分，参加工作后，除去自己阅读书本，还可以参加各社会服务机构或社协举办的相关方面的讲座、沙龙或者专业课堂，从中汲取知识。非社会工作专业的社工，需要比专业出身的社工花费更多时间在理论知识的学习上，在参加各种培训的同时，需要有针对性地阅读专业书籍，增加理论知识积累。理论是大量社会工作经验的总结，理论的学习将为社工服务提供指导，避免盲目探索。[2]

其次，企业社工需要将理论与实践结合，加强实践，运用理论科学合理地开展服务，并在服务中提升自己对理论的掌握，加强专业认同，减少角色冲突。例如，面对由员工和企业管理者不同角色期待引起的冲突，就要求企业社工正视角色冲突的现实，进一步提高协调自身角色冲突的水平，合理实践不同的角色期待，从而适应不同服务对象对角色的要求。处于角色冲突中的企业社工，更应该通过在职培训、专业督导的方式，斡旋矛盾关系，缓解冲突。

社会角色的具体扮演内容经常随着角色情境的改变而变化，角色扮演者对于自己承担的社会角色的学习也永无止境。企业社工远离机构，除去固定的机构督导、培训和机构会议，剩余时间内相同驻点的企业社工可以采取同工互相督导（一般企业派驻社工都有两人或两人以上）的方式，相互促进、相互成长、提升技巧。可以说，角色承担者正是在相互联系的角色互动中，在无意识的过程中进行着角色学习，渐渐地把角色的行为规范内化为自己的道德行为。社会期望是实现角

---

[1] 王思斌主编：《社会工作综合能力（中级）》，北京：中国社会出版社，2010年，第87-89页。

[2] 王思斌主编：《社会工作综合能力（中级）》，北京：中国社会出版社，2010年，第89页。

色的有效手段，角色承担者在社会对该角色的角色期望中，严格要求自己，学习相应的角色价值观、行为和技能，不断纠正角色扮演过程中的角色偏离、缩短角色差距，努力达到角色行为与社会期望的一致。

3. 自觉的角色构建

角色构建是指当角色定义模糊不清，角色承担者扮演角色时遇到许多意想不到的困难，不得不构建角色，随机应变，创造一些现有角色规定以外的行动模式，并在角色互动中告知对方自己所扮演角色的特征。通常，人们会在三种意义上构建角色：一是角色承担者面临相对松散的文化结构，在这样的情况下，他们必须构建一个角色以扮演；二是角色承担者假设他人也在扮演角色，努力构建隐藏在个体行为背后的角色；三是在具体的角色情境中，角色承担者通过向他人发出暗示，确认某一社会角色以试图寻求为自己构建一个角色。因而，角色间的互动就成为角色期望、角色领会和角色扮演过程的连接点，角色承担者在互动中不断调整，不断构建角色。[1]

企业社会工作现在还没有完善的行为规范，但企业社工在与企业管理者、员工、机构负责人等利益相关者的角色互动中，可以不断探索有利于角色扮演的角色建构，通过有效解读互动方的姿势和暗示，积极主动地向互动方或服务对象暗示自己正在扮演的角色，逐步建构和固化对方的行为。[2] 例如企业社工在经过自我角色认知和角色学习后，了解也意识到自己承担的权利义务，清楚在与同工、员工、企业管理者等互动方的角色互动中，他们是角色承担者角色扮演的对象和观众，从而努力采取行动塑造良好的角色形象，感染角色互动的对象。企业社会工作者作为企业社会工作的参与主体，面对有限的角色规范，

---

[1] 全国13所高等院校编：《社会心理学》，天津：南开大学出版社，2008年，第71页。
[2] 宋雅婷：《社区矫正中的社会角色研究——以 HZ 区社区矫正为例》，武汉：华中师范大学，2012年。

社工需要通过实践不断调整，以期望能够完成企业社工角色扮演的互动过程。例如在开展服务的过程中，在做好本职工作的基础上，可以多关心服务对象的生活、个人发展，做一些自己力所能及的事情去帮助有困难的服务对象，通过生活中的点点滴滴向服务对象发出暗示，让他们了解社工建构的角色。

总的来说，企业社工的自我调适需要从社工的"心"和"力"两方面出发，"心"是指社工自身的心理状态和角色扮演的理念，"力"是指企业社工的专业能力。企业社工的"心"和"力"就好像人的灵魂与躯体，一个有能力但没有正确心态理念的企业社工，就好似四肢发达而没有灵魂，虽然行动能力强，但没有人担保他会做出什么样的服务来，也不能保证服务的质量。相反，满怀高尚情操、积极心态和正确理念，但一面对问题就无能为力的企业社工，空有一腔激情，却对服务对象无法提供身体力行的帮助。社会工作是一项"以人助人""以人为本"的工作，社工的"心"与"力"是二元合一的，要成为合格的企业社工，既需要"有心"，又需要"有力"，缺一不可。[1]

（二）社会服务机构：给予社工更多支持

社会服务机构作为企业社工的"后盾"，在企业社工面临角色困境时应为其提供更多的支持，主要可分为两方面：心理上的和专业能力上的。在这里，社工服务机构并不单是指单独的机构管理层，还包括企业社工的督导。

首先，机构需要为企业社工提供相关领域的专业知识培训。随着企业社会工作的不断发展和深化，社会对企业社工提出了更高的角色要求和角色期望。面对这样的社会背景，加上社工自身能力的缺失，

---

[1] 吴惠贞：《社工最重要的是"有心"还是"有力"？》，http://cncasw.blog.163.com/blog/static/16913796820141189598551/，2014-02-18。

企业社会工作者的培训进修尤为必要。社工机构需要设计合理有效的企业社工培训计划，为员工专业知识的"充电"提供平台和机会。同时，建立和优化企业社会工作者的支持系统，扩大企业社工在机构方面可统筹的资源和支持途径，建立完善心理支持、资源支持和财政支持体系。[1]

其次，社工督导应从能力、心理、生活多方面关注社工，督促社工专业能力提高的同时，减少企业社工因远离机构造成的孤独感。社工督导承担着支持者、教育者、评估者等角色，社工远离机构，督导一方面代表机构监督企业社工的专业工作，另一方面也需要在社工面临压力和困境时提供生活和心理上的支持。深陷角色失调的企业社会工作者面对压力无法释放，不能和服务对象倾诉，离机构又远，只能和家人、朋友倾诉，和同驻点同工倾诉。但和同驻点同工倾诉，很容易造成一起深陷压力和混乱的情绪中，形成压抑的气氛；而和家人、朋友倾诉，虽然可以在一定程度上排解愁苦，但很难获得专业认同。因此，督导若能从工作和生活上多关心企业社工，可以为其压力排解和负面情绪释放提供通道，而且督导也可以采取适当的方式为企业社工进行情绪管理，引导他们从不适的情绪中走出来，加上专业层面的指导，企业社工能有更加充足的信心面对角色失调的各种现象。

（三）服务对象：换位思考，理解社工

1. 企业管理部门

企业管理部门作为企业社工服务对象之一，其对社工的要求和期望在很大程度上影响社工的角色扮演，而社工角色扮演过程中出现角色失调导致角色扮演困境或角色失败也会对企业造成影响。面对企业

---

[1] 蔡露露：《企业社会工作介入职工权益保护的角色探析——基于某市职工权益保护现状思考》，《西江月》，2012年第13期。

社工的角色失调，除去社工自身能力提升和机构加大支持力度，企业方面也应该改变理念，为企业社工角色扮演搭建更好的平台。社会工作崇尚"以人为本""助人自助"，这也是有利于企业发展的原则，企业管理者应树立以人为本的理念，设身处地考虑员工和社工的实际困难。以人为本理念的树立可以促使企业文化向更具人文性的方面转变，也能为企业社工的发展和在企业内的工作提供思想基础。[1] 同时，企业管理部门可以通过宣传栏、企业报纸等宣传企业社会责任和企业社工的理念，报道社工开展的活动，介绍企业社工的基本概念、国际经验等，为社工开展服务营造良好氛围，提升企业管理人员和员工对企业社工的认识、对社工理念的理解和对社工的接纳。

此外，企业管理人员应看到社会工作者的努力和投入，肯定他们的付出，提升社工自信心。企业雇用社工需要投入大量费用，但社工在岗位上的付出和他们对员工的关怀，能使企业收获到其投入若干倍的回报。企业管理者应明白投入的显形与短期，收入的隐形与长期的投入回报关系。或许短期内没有看到回报，但社工的投入和付出是实实在在的，企业管理人员应予以肯定，不能忽视企业社工的付出，单以成效论英雄。

2. 员工

员工是企业的重要组成部分，也是企业社会工作的服务对象之一，企业社工坚持员工利益优先的原则，所以员工直接影响企业社会工作者的角色扮演。企业社工发展时间不长，员工忙于工作，很少关注其他事情，所以对社工不太了解。面对与社工的角色互动，员工在对社工加深认识的基础上，也应该学会换位思考，意识到社工不能只听员工的一面之词，满足员工一切要求。

---

[1] 苏光：《企业社会工作价值理念在现代企业管理中的融合与实现》，《学术交流》，2012年第10期。

（四）小　结

　　企业社会工作是帮助员工、员工家属及企业等与企业发展相关的各群体的专业活动，而专业活动的开展需要以企业社工对自己承担角色的理念的理解和对技能的掌握为基础，本部分从企业社工自身、社工机构、企业和员工出发提出企业社工面对角色困境时角色调适的建议。企业社工应从正确角色认知的形成、有效的角色学习和自觉的角色构建三阶段进行自我调适，努力做一名合格的企业社会工作者。另外，企业社工虽然远离机构，但机构应在心理和专业层面为社工提供支持，帮助其度过角色困境。而对于作为服务对象的企业和员工来说，学会换位思考，理解社工也有益于企业社工走出角色失调的困境。

结　语

中国企业社会工作的起步和发展，既体现了社会对于企业员工的人文关注，也顺应了当代经济社会发展的趋势。企业社会工作者是企业社工的主要承担者和角色扮演者，他们从社工守则、机构要求和服务对象的期望中探寻自己角色扮演的规范和技能需求，但自身能力的不足和角色扮演过程中角色情境的混乱与冲突让他们极易陷入角色失调的困境无法自拔。本文在前面研究的基础上，从社会角色理论的角度对企业社工的角色进行思考，将企业社会工作者置于机构、企业、员工这个充满张力而又偶尔互相矛盾的处境之下，深入分析企业社工自身、机构、企业和员工对企业社工角色扮演产生的影响，以及具有能动性的角色扮演者在面对角色承担和扮演时出现的角色失调和面对角色失调时的应对方式。

社工守则、机构要求和服务对象的要求构建出企业社会工作者角色扮演和角色互动的行为规范框架，但由于服务对象对企业社工认知与社工服务本身存在的误差，企业对社工角色扮演缺少支持，社工远离机构易被"孤立"，加之企业社工个人能力的欠缺，使其在角色扮演中面对诸多困境无能为力，发生角色不清、角色差距、角色冲突和角色紧张在内的角色失调现象。面对如此困境，本文从企业社工、服务对象和社工机构三方面提出角色调适的建议：企业社工应从自身角度，正确认知、有效学习和自觉构建自己承担的角色；社工机构在社工自我努力的同时也需要给予更多的物质、心理和专业上的支持；服务对象作为社工服务的接受者和主要互动对象，可以尝试换位思考，多理解社工，对社工的服务给予支持，给社工更多的信心。

  本文的不足之处在于角色之间的互动研究需要长期观察与剖析，因而对互动以及角色扮演的分析有些浅显，仍需要更加深入。同时，视角的选择虽明确，但在单一视角下很容易产生解释力欠缺等问题，文章观点只是从一定的视界与维度来对企业社工角色定位加以探讨与阐述，展示的只是一个基本思路和研究框架，因此必有缺失。由于笔者相应的知识储备和学术能力的不足，存在的问题和疑惑还需要在以后的研究中继续思考。

社会服务机构进入城中村社区途径探讨
——以昆明市 X 机构为例

作　　者：张燕云
指导教师：马居里

绪 论

（一）选题背景

随着机械化生产的大范围普及和农村人口的大量增加，人多地少的矛盾日益尖锐，农村开始出现大量的剩余劳动力；而城市化的加深使得城市规模越来越大，生产需求也随之增长，因此吸引了大量农村的剩余劳动力来到城市。根据卫生部计生委发布的《中国流动人口发展报告2013》显示，2012年我国流动人口数量达2.36亿人，相当于每6个人中就有一个是流动人口。然而这些由农村剩余劳动力转变而来的"城市居民"又由于经济地位与社会地位低下的问题而难以在城市中立足，因而只能向城市用地扩张地带，相对而言生存压力小、谋生机会较多的城中村地区聚集。因此，城中村成为流动人口最主要的集中居住区。

城中村社区具有一些不同于普通社区的特殊性质。首先，从城中村社区的命名就可以看出城中村属于城市社区范畴，但是由于社区内聚集着大量由农村转移而来的剩余劳动力，因此在保留了农村社区的一些生产生活特性的同时也融入了城市社区生产生活的特点。其次，城中村流动人口的聚集同时受到血缘、乡缘和业缘等方面的影响。这也是城中村社区不同于普通城市或是农村社区的一个特性。最后，由于城市化发展的不断推进，城中村大量流动人口聚集，其治安、卫生等方面问题受到广泛质疑而使得城中村拆迁改造逐渐成为热潮。因此，不稳定性也成为城中村社区的一个特性。而聚居于城中村社区的流动人口，也不得不跟随每一次的城中村拆迁改造而在不同城中村社区迁徙移动。正是由于城中村社区具有这些区别于城市或农村社区的特殊属性，城中村社区的社会工作介入也具有一定的复杂性，这些复杂性也正是社区工作本土化需要探讨的问题。

由于城中村社区具有的这些复杂性与特殊性，传统的由政府大包大揽的治理模式已经不能应对城中村社区的复杂情况。也是在这样的背景之下，人们开始将目光转移到让社会工作的专业方法介入城中村的发展治理中来。城中村社会工作对社会工作者的个人素质和能力往往都有较高要求，又由于社会工作者在介入过程中是直接与社区建立关系，社区往往对社会工作者赋予了较高的期待，也会令社会工作者产生较大的压力。而要回应这些期待仅凭社会工作者的能力显然是不现实的，此时就需要一种中介组织——社会服务机构建立各种资源和社区之间的联系。这种联系既包括政府通过购买服务的方式参与社区治理，也包括为在城中村社区工作的社会工作者提供更加系统的统筹指导和支持。由此，社会服务机构介入城中村社区治理的必要性不容忽视。目前，对于社会服务机构、社区服务的研究较多关注的是社区服务的项目和实际意义，较少关注社会服务机构进入社区途径的选择。而实际上进入社区的途径选择会对服务机构社区服务效果产生较大的影响。

笔者所在实习机构正面临原服务的城中村社区拆迁、机构搬迁并伴随服务社区变更的问题，机构对目前服务社区情况并不了解，也没有良好的群众基础，可以说社区工作介入基础为零，机构正处于开拓局面的介入工作阶段。也正是因为如此，机构面临延续以往社区介入途径和探索新介入途径的选择。本文正是基于目前流动人口、城中村改造的社会大背景，加上实习机构面临的现实情况而展开的。

（二）选题意义

本文的现实意义主要体现在以下两方面。

首先，由于以上提到的城中村社区的一些特性，加上研究对象机构现实存在的一些客观因素的影响，本文希望可以在社区工作介入途径的选择上给予机构一些启示。而城中村社区拆迁、机构服务对象改变是类似服务机构都可能会面临的问题，因此进行此项研究对机构进入新社区具有借鉴意义。对于机构内部的工作人员来说，也可以在社区工作领域提供一些现实可行的介入理念的参考指引。

其次，由于以往的研究都较多将关注焦点集中于城中村社会工作介入某个问题的过程与结果研究上，而对于整个介入工作的初期研究较少。笔者恰恰认为在介入工作初期对专业价值理念的厘清和途径选择背后理论知识架构的分析会对整个介入工作产生较大影响。因此，本文尝试通过参与式的实证研究，探索在社会工作专业介入初期阶段，不同的理论架构模式如何产生作用，又会导致怎样的结果。

一、X 社会服务机构进入社区的途径

（一） X 机构与服务社区

X 机构于 2004 年 8 月正式注册成立，机构的前身主要是与云南省民政厅、省社区建设工作领导小组办公室共同合作开展城市困难群体创业扶贫项目，服务内容主要是提供资金支持，目标人群则主要是城市低收入人群和弱势群体。从 2008 年开始，X 机构开始将目光转向生存在城市边缘的流动人口，开始依托社区内的农民工子弟学校开展一些流动人口社区的社区服务，主要的目标服务人群由最初的城市低收入者转变为社区内的流动儿童，再逐渐由流动儿童扩大到整个流动人口社区。[1]

X 机构的社区服务项目主要包括与社区内农民工子弟学校合作开展的"儿童天地"项目和兴趣班项目、贫困家庭助学项目，还有社区宣传服务。

由于在 2013 年面临原服务社区拆迁的现实情况，X 机构不得不搬迁到一个新的社区开始新的社区服务项目，因此，机构目前的一些服务项目既是机构面向流动人口提供的服务，又被作为机构进入新社区的途径与手段。

X 机构服务的社区范围主要覆盖了昆明市六甲片区和官渡古镇片

1　资料来源于 X 机构 2008—2012 年度工作总结报告。

区，而由于笔者的实习主要是在官渡古镇片区内开展，因此本文主要讨论的是 X 机构在官渡古镇片区的社区工作介入途径。

从行政区划来看，官渡街道属于昆明市官渡区，官渡街道位于昆明市东南郊，共辖官渡社区、西庄社区、宝丰社区、海东社区、龙马社区、中营社区、后所社区、罗衙社区、季官社区、世纪城社区 10 个社区居民委员会，街道总人口 43999 人（2012 年）。[1] 官渡街道社区历史悠久，位于城市边缘，大部分属于旧城区的历史地理原因使得这一片区聚集了大量的流动人口，这些流动人口子女的教育需求又催生社区内一些农民工子弟学校的开办。X 机构正是在这样的社区背景条件下进行服务的，机构在该片区内服务的农民工子弟学校主要有昆鹏学校、国苗学校和彩云学校。

笔者通过在 X 机构的专业实习发现，X 机构在进入社区的途径选择上主要有两种不同的倾向：第一种是以服务项目为依托，通过各类服务项目的开展来扩大 X 机构在社区内的影响从而达到进入社区的目的；第二种是直接带着进入社区的目的进行家访，扩大 X 机构在社区内影响的同时对社区情况进行了解并作出初步的社区需求评估。就机构而言，以项目为依托的进入途径是机构的主要选择。与一般意义上社区工作与服务对象建立关系的过程不同，一般意义上的社区工作在建立关系阶段往往会直接与服务对象接触，收集资料，通过大量的需求评估了解服务对象的需求，在此过程中与服务对象建立关系，接下来才是制订服务计划与开展实施。而由于 X 机构自身及客观存在的一些因素影响，X 机构主要是通过具体的服务项目来达到进入社区与服务对象建立关系的目的。从另一个角度来分析，机构的进入途径也可以分为微观、中观和宏观三个层面，需要说明的是，这里的微观、中观和宏观指向的是行政化力量分别在这三个不同介入层面的参与影响

---

[1] 资料来源于 "云南省政府信息公开门户网站——官渡街道办事处简介"，http://kmgd.xxgk.yn.gov.cn/canton_model1/newsview.aspx? id=1780861.

程度。

(二) X 机构介入社区的途径

1. 微观层面的进入途径

微观的进入途径在这里主要是指机构直接与服务对象产生联系，通过一些实际的服务项目来进一步与服务对象建立关系的进入途径，在这个层面的介入过程中可以说行政化力量的影响最为薄弱。笔者通过实际参与 X 机构的服务工作，认为 X 机构的服务项目大致可分为周期性服务项目与特殊时效性服务项目两大类。X 机构的周期性服务项目指的是每年机构定时开展的，一般与学校上学周期相适应，具有一定服务期限的服务项目。这一类的项目既是机构对以往工作模式的延续，又在机构搬迁的情况下成为机构进入社区的一种途径和手段，总体来看是一种微观的介入途径。而这类周期性的服务项目又以不同的服务性质分作发展类和救助类的服务项目。

(1) 发展类服务项目——"儿童天地"项目、兴趣班项目

X 机构发展类的服务项目主要包括"儿童天地"项目和兴趣班项目，这类的服务项目以提升服务对象的自身发展为目的，以农民工子弟学校的流动儿童为服务对象，补充他们在教育资源上的缺失。

"儿童天地"项目是某基金会给予 X 机构资金支持，支持 X 机构以学校为平台，为流动儿童开展的服务项目。以 X 机构在本研究涉及社区内学校开展的服务为例，主要在学校设立图书室、自习室、物资外借室，X 机构协调图书、体育器材、大学生志愿者等社会资源向学校提供，并且由 X 机构负责协助制订规则并监督学校执行。兴趣班项目同样由某基金会提供资金支持，仍旧以学校为平台，X 机构协调社会资源为学校提供社会志愿者，在学校开设音乐、书法、绘画兴趣班，吸引学校流动儿童参与。可以说"儿童天地"项目是资源补充取向

的，而兴趣班项目则是能力培养取向的。

这类项目的开展主要是机构以往进入社区经验的延续，依靠学校的资源平台通过流动儿童与流动儿童家庭建立联系，继而通过与一个个家庭建立关系辐射整个社区。由机构招募的志愿者配合机构工作人员进行服务，在此过程中，直接提供服务的是志愿者，机构的角色只是资源的连接人，而机构工作人员的主要工作则是与服务对象建立关系。这当中机构工作人员也会发现一些特殊的服务对象并为其提供服务。总之，机构在此过程中，除了弥补流动儿童教育缺失问题，也以进入社区，与社区民众建立关系为目标。

（2）救助类服务项目——助学项目

助学项目也是机构开展的周期性服务项目的一类，同样以学校上学周期为根据。助学项目资金来源于基金会支持和社会人士的捐助，整个助学项目包括学校通知填写助学申请表格、X 机构工作人员进行助学家访、工作人员审批工作讨论会、最终审批结果公示、发放助学金、助学金发放回访六项重要工作内容。

助学项目可以说是机构进入社区与服务对象建立关系甚至是完成需求评估的重要途径。助学项目的实施阶段包括助学申请、助学家访、助学审批、助学金发放以及发放后的回访。助学申请阶段，通过收到的助学申请表可以对服务社区的情况有一个整体大致的了解，而接下来的助学家访则是给了机构工作人员一个直接面对服务对象，建立关系甚至是了解需求的重要时机。助学金的发放更是为机构在社区树立良好形象及机构进入社区做了重要准备。回访不仅是机构直接与服务对象建立关系的手段，更是机构评估资源利用率的重要手段。

（3）一般性的进入途径

一般性的进入途径既不是发展类项目，也不是救助类项目，对于机构而言这类进入方式虽不属于服务项目却是为后续服务项目服务的，因此，一般性的进入途径往往带有简单直接的目的。与社区内一般居民的关系建立则显得单纯而直接，除了以建立关系为主要目的外，也可以为机构制定服务方向提供参考。这一进入途径主要依靠家访来实现，与助学项目中的家访不同，这里的家访不以项目为依靠，不以特定人群为家访对象，而更具有一般意义。另外，还包括在社区内开展一些焦点问题讨论小组，讨论社区内存在的问题，如孩子的安全、教育，职业的选择、培养，等等。通过开展这样的焦点小组，除了与社区内的普通民众建立关系外，更重要的是能够促进他们的意识觉醒。

总体来看，这类的进入途径都是机构直接与社区居民产生交集的进入方式，是一种纯粹服务对象导向的进入途径，是机构最为重要直接的进入。笔者认为微观层面的社区进入途径是 X 机构在专业性引导下的行为选择，因此具有十分重要的意义。

2. 中观层面的进入途径——社区主题宣传活动

特殊时效性的服务项目主要是一些以整个社区或是社区内某个特定人群为服务对象的服务项目，这类项目一般以特殊节庆或是社区内发生的某种公共事件，又或是某种公益主题宣传为依据，具有一定的特殊时效性。通过开展一些主题性的社区宣传项目可以更广泛地让社区居民了解机构，受益于机构，是一种较为理想且重要的进入手段。

这一类服务项目对于机构进入社区，与整个社区建立关系具有直接重要的意义，是一种介于宏观与微观之间的进入途径，因此可以说是一种中观层面的介入。一方面，这种进入途径既需要机构直接面对社区居民，与社区居民产生交集，又需要机构借助社区内的行政力量来协助机构更好地进入社区，行政化力量在这一层面的介入中起到了一定的辅助作用。笔者认为这种中观层面的社区介入正是中国本土化社会工作模式发展的体现。

3. 宏观层面的进入途径

宏观层面的进入途径主要包括与社区内、社区外官方组织的关系建立，一般带有较强的行政色彩。可以说这种维度的进入对于机构来说既是无奈又是不可或缺的推动力量。

与社区内官方组织的关系建立主要是与社区内的基层政权组织——街道办建立关系，包括向街道办介绍机构概况、服务领域及内容，特殊活动与街道办进行合作服务等。首先，与社区外官方力量的合作也是机构进入社区时的途径选择，主要也是在一些特殊服务中实现。这样的进入途径选择具有浓重的本土化社区工作的气息，但是也是本土化社区工作开展的必要环节，缺乏社区内官方力量的支持很难在社区内开展工作。其次，由于流动人口的特性，来自官方的强制力量可以减少机构很多的宣传成本。最后，这种方式也可以在中国行政体制下，对社会工作机构起到较好的监督引导作用。

二、X 社会服务机构进入社区途径影响因素分析

X 机构进入社区主要是以一些具体的服务项目为依托，以项目的开展来达到与社区建立关系的目的。从过程来看，X 机构在进入社区阶段首先需要与社区内的基层政权组织建立关系，表明机构的性质与服务范围和内容以获得机构在社区的进入允许，这是社会工作行政性不可避免的重要环节。在与社区内行政力量建立关系后，X 机构还需要进一步寻找社区内可以依赖的社区非正式组织或力量来帮助机构在社区内与更广泛的社区居民建立联系。更加微观地进入社区与社区居民直接建立联系则主要是依靠上一节中阐述的具体项目开展来实现的，进入社区的效果也更加直观。

笔者通过实际参与到 X 机构的社区进入过程中发现，X 机构在社区进入过程中产生了一些疑惑，并使机构在社区进入方面的工作陷入困境之中。笔者认为，困境的产生与机构的社区进入途径选择及其背后的影响因素有着密切的关系。因此，笔者在此部分将主要讨论 X 机构在社区进入途径选择上的影响因素，这些因素如何作用，存在一些什么样的问题，同时也试图探索出合理可行的社区进入途径。

笔者结合在 X 机构实际工作中的参与式观察及对已有研究的参考发现，X 机构在社区进入途径选择上主要受到社区资本模式、社会工作本土化介入模式和机构自身面临的一些客观情况三个方面的影响。社区资本模式对 X 机构社区进入途径的影响可以说是一种介入理念上

的影响，主要是为 X 机构社区进入途径提供价值理念的参考与支持。而社会工作本土化介入模式对 X 机构社区进入途径的影响则是一种直接的行为影响。前文中提到的机构本身面临的一些实际情况在机构社区进入途径选择上也会产生一些影响。

（一）社区资本模式对进入途径的影响

社区资本模式关注的重点主要集中在三个方面：首先，关注社区内社区居民团体拥有的"资产"，如资源、能力等，而不是关注社区内缺乏什么或是社区内存在的问题是什么，总之是资源取向而非问题取向。其次，在策略选择上，资本模式倾向于将目光集中于社区居民团体自身解决问题的能力上，即相信社区本身具有解决问题的能力，并强调社区的这种创造力是解决他们问题的主要手段。最后，需要注意的是，社区资本模式下的社区发展过程是关系驱动的，要求介入过程中不断地去建立或重建社区内部团体间的关系，以求社区资源的整合、社区资本利用的最大化。[1]在这种模式关注焦点的影响下，X 机构在进入途径选择上更加倾向于一种引导性的介入。

具体来说，在介入前期，X 机构主要通过两个不同的层面来了解和挖掘社区具有的资源。此处，笔者重点关注的是社区资本模式影响下，机构在微观层面的社区介入途径选择。相对于宏观层面的介入，微观介入则主要强调机构进入社区内，去真正了解社区居民的实际生活状况，从而进一步发掘他们的能力。在社区资本模式的前提假设下，机构相信社区拥有资源，只是这些资源尚未被开发或是需要一些补充和引导，所以 X 机构通过开展一些上文提到的发展性的项目来引导和补充社区资源。X 机构在进入阶段会与社区内一些民办学校首先建立

---

[1] 文军、黄锐：《论资产为本的社区发展模式及其对中国的启示》，《湖南师范大学社会科学学报》，2008 年第 6 期。

关系，因为民办学校就是社区内一种不容忽视的社区资源。社区内的民办学校基本囊括了社区内的流动儿童，通过与社区内民办学校的合作可以使机构的服务更广泛地由流动儿童辐射到整个社区。X机构通过与社区内3所民办学校的合作开设的一些兴趣班，可以在弥补社区教育资源缺失的同时进入每一个流动儿童家庭，从而达到进入社区的目的。

另外，社区资本模式除了相信社区具有资源外，还相信社区本身具有能力或是创造力，来改变或是解决他们自己的问题。在这一理念假设的影响下，在进入社区阶段，X机构进行了一些进入途径的选择。X机构在社区范围内就某一与社区内居民实际生活息息相关的问题开展焦点讨论，让社区居民自己去发现并讨论他们所生活的社区存在的问题，并让他们自己去寻找解决的方法，而机构在整个过程中只是充当引导者和资源提供者的角色。但是不可否认的是，机构在这个过程中的角色也是不可或缺的，因而，这也是机构在进入社区过程中采取的一种有效的方式，在引导并培养社区居民能力的同时让机构融入社区中。

再次，社区资本模式强调的第三点，即建立社区内部的关系，既是社区工作在介入过程中的理念指导，同时也会对机构在进入社区阶段的途径选择产生影响。这种建立关系导向的理念驱使机构在进入社区阶段时刻注意与社区内正式或非正式组织的联系与合作。X机构在进入社区阶段除了上文提到的与政治力量、学校进行合作外，也会注意寻找社区内的一些非正式组织，如老乡会、行业联合组织，甚至是家族亲戚联合组织等。这些组织都具有非正式的特点，它们自身可能并未注意到已经可以作为一个组织而存在。机构与这些非正式组织的联系也可以帮助机构更加深入全面地进入社区。

当然，除了微观层面的介入途径选择，宏观层面的介入准备也很重要。宏观层面的介入准备，即与社区行政主管单位进行沟通接洽，从宏观角度认识了解社区正式"领袖"及行政力量,为进入社区做准备。结合社区资本模式来看,社区内的基层政权组织也应是社区本身所具有的"资产",并且这种资产具有浓重的中国本土化特色,是机构在进入社区阶段不可绕过的关键环节。因此,机构在进行这一层面的介入途径选择时更多地会受到社会工作本土化介入模式的影响。

(二) 社会工作本土化模式对进入途径的影响

大致说来,中国内地的助人系统呈如下结构[1]。

$$
\text{助人系统}\begin{cases}\text{民间系统}\begin{cases}\text{家庭与家族——互助性}\\\text{邻里与亲友——自助性}\end{cases}\text{差序格局}\\\text{政府系统}\begin{cases}\text{工作单位——法定福利性}\\\text{政府部门——法定救助性}\end{cases}\text{身份隶属}\end{cases}
$$

王思斌教授曾经提出这样一种观点,"中国的社会工作是行政性、半专业化的社会工作"[2]。这里的行政性与半专业化指的就是社会工作在中国的一种本土化发展模式。具体来看,行政性指的是:第一,本土化的社会工作是被纳入行政框架之中的,也就是说它对社会成员的帮助是按照行政系统进行的。第二,本土化的社会工作是由国家行政干部按照行政程序进行的。有困难的人提出帮助申请交与主管人员,主管人员则根据国家政策或组织内的规定决定如何解决问题,并同各行政部门打交道以图解决问题。第三,本土化的社会工作在其功能定

---

1 王思斌:《试论我国社会工作的本土化》,《浙江学刊》,2001 年第 2 期。
2 王思斌:《中国社会工作的经验与发展》,《中国社会科学》,1995 年第 2 期。

位方面被纳入行政管理的范畴。[1] 结合这种本土化社会工作发展模式对 X 机构进入社区途径选择的影响来看，即使 X 机构作为一家社会服务机构，其主要工作也是向流动人口社区提供服务，但是由于中国内地的社会工作是被纳入行政框架之中，社会服务机构开展的服务也只有在这种行政框架的背景下展开，因此 X 机构在进入社区进行服务之前也不得不遵循这一行政原则，与相关的主管部门进行沟通协调，甚至是向政府部门上报审批、报备。这样的行政程序决定了 X 机构在进入社区时的途径选择不再是机构个体的自主行为，而是带上一定的行政色彩，使得机构进入社区不再只是机构与社区居民之间单纯的双向关系，而变成了机构—社区行政主管部门—社区三方的多重关系。正是由于这种多重关系的存在，再加上中国特殊的政治环境，机构又不得不依赖于这种行政力量来进入社区。如此，这种行政框架下的行政力量也就逐渐由对机构的监督力量而转变为机构不得不借助的资源力量，也就是说，从机构自身角度来看，机构由被动接受监督逐渐转变为主动争取资源与协助。

这样的转变趋势在 X 机构的日常运作中同样可以体现，甚至对 X 机构在进入社区途径选择方面产生很大的影响。

本土化社会工作的半专业化是指：第一，在中国从事为民解难工作的主要是各级各类干部，他们没有受过国际上通行的社会工作知识、技巧的训练，但却受过本职工作训练。这种本职工作训练包括价值观念和工作方法，与一般的社会工作有相通之处。第二，由于这些为民解难的工作已成为干部的职业，因此，在长期的职业实践中，他们也摸索出一大套行之有效的工作方法特别是思想工作方法。[2] 这是王思斌教授对本土化发展模式的社会工作所具有的半专业化性质做出的解释。结合 X 机构的情况来进行分析也同样具有适应性。就员工构成来看，

---

[1] 王思斌：《试论我国社会工作的本土化》，《浙江学刊》，2001 年第 2 期。
[2] 王思斌：《试论我国社会工作的本土化》，《浙江学刊》，2001 年第 2 期。

X机构9名员工中只有1名为大学教育培养的社会工作专业人才，4名为获得初级社会工作职业资格的非专业人才，还有1名为获得中级社会工作职业资格的非专业人才。可以说员工的构成体现的就是一种半专业的性质，导致机构在进入社区的途径选择上也体现出这种半专业性质，即具有一定的社会工作专业价值体现但总体上仍然遵循民间助人系统的自助性与互助性规律。X机构在进入社区阶段，相对于专业社会工作介入手段的使用来说，更倾向于借助社区内具有自助性和互助性的亲属、邻里关系网络来达到进入社区的目的。

结合以上分析不难发现社区资本模式和本土化社会工作发展模式对X机构在社区进入方面的影响。事实上，机构自身面临的一些现实情况也是导致X机构在进入社区阶段面临困境的一方面原因。

（三）X社会服务机构自身面临的客观因素对进入途径的影响

随着城市化进程的不断推进，城中村的拆迁改造日益成为城市发展的必然趋势。这对于大量聚居于城中村的流动人口而言也是一个必须面对的现实问题，同样地，以这样一个特殊人群为服务对象的X机构也无可避免地必须面对因为城中村的拆迁改造而导致的机构搬迁、服务目标人群离散，不得不重新打开新局面的问题。正是由于机构面临以上一些现实问题，机构在进入一个新的社区选择进入途径时便会受到不同程度的影响。

访谈资料——机构工作人员W1（社区组负责人）：

Q：在原来的社区你们都是如何进入社区开展工作的？

W1：我们在原来的社区，刚开始的时候都会挨家挨户地进行家访，绘制社区布局图，标出每一户的详细地址，了解具体情况。

Q：现在呢？为什么不这样做？

W1：现在这个社区太大了。而且我们刚刚搬过来，对这个社区的情况也不是很了解。我们的机构工作人员又不多，没有那么多时间像以前一样每家每户的情况我们都了解。而且也没这个条件来家访。……

访谈资料——机构工作人员 W2（社区组工作人员）

W2：我们以前的机构中心办公室就在我们服务的社区里面，有独立的办公地点，还有活动室。平常社区里面的人来来往往的都能经过，也能找到我们、看到我们。机构办的很多活动、提供的很多服务也都是在办公室开展的，社区里面的人对那里都比较熟悉。

Q：那现在呢？

W2：现在一是机构办公室离我们服务的人群比较远，他们一般都不会过来这边。二是现在机构没有独立充足的办公空间，每次举办活动提供服务都要临时去寻找地点。找地点还要注意找社区里的人经常活动的范围，还要提前通知，总是要花很大力气。关键是他们对我们没有以前社区那种熟悉感，还是觉得很陌生。……

访谈资料——机构工作人员 W3（儿童组工作人员，主要与学校接洽）：

Q：为什么每次活动都要通过学校来传达，以学校的名义来通知？

W3：让学校来通知学生，再让学生回家通知家长，活动覆盖面会比较广，通知的人会比较多。如果我们自己来通知，一是我们没那么多时间和精力，二是效果可能也没有由学校来通知好，社区的人对我们还不熟悉。再加上我们没有自己的活动场地，很多时候需要借助学校的资源，以这种方式进入社区也有利于和学校建立合作关系。……

访谈资料——机构工作人员W4（机构中心主任）：

W4：我们的机构工作人员已经习惯了凡事亲力亲为的做法，以往的社区工作开展方法往往是建立在消耗巨大的人力、时间等成本基础之上的，事实上机构无论是人力资源还是其他资源都无法再满足以往同事总是冲在第一线的做事风格了。这一点在机构搬迁后体现得尤其明显，因为新的服务社区更加广大，服务对象数量上也有巨幅增加。如果再延续以往的工作开展方式，机构很可能会面临耗竭的危险。所以，在新社区展开新的工作局面或许需要我们思考机构转型，但是关键是要同事思维观念的转变。……

通过以上对X机构社区组工作人员的访谈资料的截取可以看出，X机构面临的一些客观因素确实在机构开展工作的过程中造成了一些困境，也对机构在进入社区途径选择上产生了一定的影响。

首先，由于机构在原服务社区已经服务了相当长的一段时间，在那段时期内，X机构已经基本形成了一套固定的社区进入体系，即便是机构现已搬迁到新的社区，机构工作人员还是会因很难马上转变工作思路，探索新的进入途径，而倾向于选择延续之前的进入途径。如此，对以往经验与过程的依赖就会成为挡在机构面前的一道屏障。

其次，新的社区具有范围更广、人口更多、情况更复杂等特点，机构进入社区的工作难度和强度都有很大程度的增加。这些客观因素都会对机构进入社区途径选择产生不同程度的影响，使机构不断面临尝试—失败的考验。

三、X 机构进入社区的效果评估

通过上文的分析，不难理解机构在社区进入阶段作出途径选择的影响因素。然而仅仅只是了解原因显然不够。我们还需要对机构作出途径选择后的进入效果进行一定的评估，借以发现 X 机构在社区进入过程中存在的问题。

对介入途径选择的效果评估，笔者主要采取的是非结构式访谈法和参与式观察法相结合的方法来进行的。并且主要从社区居民、社区合作单位以及机构自身三个角度对 X 机构进入社区的效果进行评估。

（一）社区居民角度

笔者首先在参与了 X 机构与社区内民办学校合作开展的兴趣班项目的流动儿童家庭中随机抽取 5 户作为家访对象，进而对 5 户家庭的家长进行半结构式访谈，根据访谈内容来对进入效果进行评估。以下是截取的部分访谈资料。

受访学生家长 C1（年轻妈妈，丈夫外出务工，自己无工作，主要在家照顾孩子）：

Q：您是否听说过 X 机构？
C1：晓得，听说过。来发过助学金、烤火器。

Q：那您知不知道 X 机构是一个怎样的机构？主要在哪些地方可以帮助您？

C1：这个不清楚，也就是发助学金这些吧。

Q：那您有没有参加过 X 机构在社区里面举办的活动呢？

C1：参加过呢。墙上的挂历都是娃娃从学校拿回来的呢。

Q：觉得这些活动怎么样？

C1：还是喜欢参加呢。

Q：您的孩子有没有参加学校开办的兴趣班呢？

C1：没有参加。（此处有矛盾，询问后发现是因为家长不知道机构与学校合作开办的兴趣班。）

受访学生家长 C2（老大爷，儿子、儿媳在外务工，一对老夫妇照顾三个孙儿）：

Q：您是否听说过 X 机构？知道 X 机构是干什么的吗？

C2：不清楚。

Q：那您有没有参加过 X 机构在社区里举办的一些活动？

C2：我没有，一般都是娃娃的婆婆去，我也不清楚，都是娃娃的婆婆在管孩子的事情。

Q：那您为什么没去呢？

C2：我不习惯参加社区活动。

Q：我看您家里也有领到取暖器，您知道是谁给您发的吗？

C2：这个我也不清楚，他婆婆去领的。

受访学生家长 C3（老婆婆，儿子、丈夫外出务工，儿媳离家出走，自己在家照顾孙儿）：

Q：您有没有听说过 X 机构？

C3：这个不清楚。

Q：那您有没有去参加上次在社区举办的中秋活动？知道是谁举办的吗？

C3：去了的，不就是政府啊、社区啊这些办的。

Q：那您领到的助学金、取暖器这些知道是谁给您发的吗？

C3：这个不清楚，都是他爷爷去领的。

另外，笔者还对前来领取 2013 年秋季助学金的家长进行了简单的访谈和统计调查，统计结果如表1、表2所示。

表1 服务对象对助学金来源了解情况统计结果

指标（$n=45$）	是	否
知道助学金来源	19	24
百分数/%	42.22	53.33

表2 服务对象对 X 机构了解情况统计结果

指标（$n=45$）	从未听说过	听说过	了解
了解 X 机构	31	14	0
百分数/%	68.90	31.11	0

综合以上访谈资料和表1、表2的简单统计结果发现，从社区居民角度来看，X 机构社区进入的状况表现为：首先，从量化的角度来看 X 机构的社区进入程度较低。在笔者进行简单评估的人群中，绝大部分的服务对象表示对机构并不了解，甚至还有大量服务对象从未听说过 X 机构，更不用说机构在社区内的服务项目服务内容了。其次，服务对象重复接受服务现象较明显。笔者在学校兴趣班项目中发现参

与的服务对象具有很大的重复性，即不同项目覆盖的人群很可能是重叠的。这种重叠会使机构通过服务项目来进入社区的进入途径选择效果受到一定程度的影响。机构最终只能与这部分重复接受了机构服务的社区居民建立关系，其他一部分未接受服务的仍然无法与机构建立联系。最后，社区进入的范围较窄，覆盖面不全。根据以上的一些访谈资料不难发现，大部分家庭只有一人负责参与机构在社区的活动，也就意味着家庭中只有一人了解机构的进入活动。而所有的这些现状都指向一条总体的结论，即 X 机构在社区进入阶段的进入程度较低，远没有达到社区进入阶段的目标。

（二）社区合作单位角度

从与机构发生合作关系的单位角度出发，也可以对机构在社区的进入效果作出评估。这里主要是通过对社区内与机构在进入社区过程中产生合作的群体进行访谈，整理机构与这些合作群体交流的资料，从而对机构进入的效果作出评估。

受访老师 T1（负责管理并协助机构在学校开展活动的老师）：

Q：您觉得您在这些服务项目里面的主要工作是什么？

T1：主要就是帮助你们管管学生，还有做一些你们要求我们做的事情。

Q：那您知道为什么要开展这些服务吗？

T1：主要就是你们要帮助这些孩子和他们的家庭。

Q：是的，这当然也是我们机构的目的，但是我们主要还是希望可以通过把一些工作交给你们来培养你们对孩子的一些教育理念和责任感。……

T1：老师（学校教师都将机构工作人员称作老师），清点发现物资柜的物资少了，负责管理的学生也不知道怎么丢的，还有物资柜的锁也坏了。机构能不能再补发？

Q：这个应该是不可以的，我们将物资交给你们管理就需要你们全权负责，最后每学期结束时我们会对物资做清点，还会对你们的工作进行评估，以此决定下一期是否继续与你们学校合作。

T1：哦，是这样，我以为我们只是帮忙管理学生，其他的还是机构负责。还有就是给负责老师的补助能不能再提高一点，负责的老师也很辛苦。……

受访老师 T2（与机构进入社区过程中进行合作学校的校长）：

Q：您知道我们为什么要跟学校进行合作吗？

T2：我们可以提供活动场地给你们，也可以帮忙管理学生，你们可以省掉不少麻烦。

Q：是的，但我们的主要目的还是要通过学校了解更多的流动儿童家庭，也让这些家庭能够了解我们。如果是这样的话，您觉得这些孩子和他们的父母对我们的了解有多少？

T2：这个我也不清楚，每次我们都是按照你们的要求通知学生参加活动，然后根据你们的要求照管学生。

Q：那您每次通知学生或学生家长参加机构活动是以什么名义通知呢？

T2：都是直接通知学校安排的活动，因为就算你说了是 X 机构组织的活动，家长可能也不一定了解，还会担心孩子安全。偶尔我们也会说是 X 机构组织的，但是可能因为是学校通知的，所以大部分家长还是觉得是学校发起的。……

受访者 T3（社区街道办书记）：

T3：我们是很欢迎你们来我们社区做这些工作，因为你们知道我们作为街道办可以做的实在有限，我们都不能以社区的名义去向政府申请资源。很多需要帮助的人来了我们也没有办法。

Q：是的，但是我们也需要依靠你们街道办提供社区的主要情况，帮助我们了解社区，还有牵线搭桥。……

不难发现，合作单位往往对机构存在着依赖情结，即缺乏主动性，不能主动承担起社区发展的责任。在与机构的合作中，它们往往充当的都是一种中介的角色，被动接受机构在进入社区过程中安排的"任务"。这种进入社区的模式从效果上来看显然还是比较浅层次的关系建立。

（三）机构自身角度

笔者从机构自身角度对机构进入社区效果的评估主要是通过对机构主要的社区工作人员访谈来进行的。

受访机构工作人员 W1（社区组负责人）：

Q：现在你们已经开始在社区的介入工作，回顾你们在进入社区阶段的工作，有没有达到预期效果，为什么？

W1：其实我们也没有什么预期效果，也没有像你说的一样严格制订计划，按照进入社区的程序一步步来。因为，我们开展工作很多年了，这次虽然是搬迁到新的社区工作，但是我们好像还是继续以往的工作模式，边开展服务边不断进行探索。可能你在参与的过程中也能感受到，我们其实自己都是比较混乱的，以往的经验影响再加上机构的转型压力，我们很难静下来慢慢从了解一个社区开始循序渐进开展工作。

Q：但是我注意到机构在进入社区的过程中很重视与学校、街道办或是一些企业和政府的合作，你怎么看？

W1：其实之前也提到了，很多原因导致我们很混乱，不能像在之前的社区一样循序渐进慢慢来建立与社区的关系，很多关系建立的工作我们都融到具体的服务项目里面去了。所以，在还没有与社区建立良好关系的情况下我们只能依靠一些资源来帮助我们先进入社区的生活中。而且这样的做法也可以帮助我们减少一些宣传成本和时间，更快地进入社区。

Q：在进入社区阶段机构是如何确定服务目标群体的？又是为何作出这种选择？

W1：这个问题就像之前提到的，我们在确定服务人群时大多时候还是会以我们以往的工作经验为参考，当然我们也会进行一些必要的家访来验证我们的假设。我们的工作人员通过以往的社区工作经验往往积累了一定的城中村流动人口社区工作的经验，即使是搬到了新的社区，工作人员也还是愿意积极地根据这些经验去作出假设。……

可以说机构自身对于其进入社区的效果的认识是比较客观的，机构本身存在一些限制性因素影响了机构在进入社区阶段的工作开展，因此，为了节省宣传成本与时间成本，机构选择了依赖社区内的资源。同时也根据以往的工作经验来确定服务人群的需求和问题。

综合对这些访谈资料的整理，不难得出 X 机构在进入社区阶段的关系建立仍只是一种浅层次的、覆盖面较窄的进入。而合作单位显然并未意识到自己对于机构与社区建立关系工作的作用，在机构进入社区的过程中，这些合作单位只是被动地按照机构的要求行事，这也从另一个角度说明了机构在进入社区的过程中存在的问题。从机构自身的角度来看，机构对于自己在进入社区阶段的效果认识其实是比较客观的，笔者在参与机构在介入社区问题阶段的服务过程中也深有体会。机构工作人员能够清醒地认识到进入社区阶段工作的不足，却也深感无力。

通过对机构进入社区阶段产生关系的三方进行评估发现，三方对于机构开展的进入社区的工作的认识其实是不对等的。机构显然并未真正做到融入社区，而社区对于机构的努力显然也并未回应，甚至不清楚机构开展服务的意图。

四、进入途径存在的问题

通过以上对机构社区工作进入途径的选择影响因素的分析不难发现，无论是在社区资本模式影响下的途径选择还是本土化模式影响下的途径选择，又或是机构在自身客观因素影响下作出的途径选择，在达到进入社区目的的同时也会不可避免地产生一些问题。笔者从社区居民角度、合作单位角度以及机构自身角度对 X 机构在进入社区阶段效果的评估发现，三方对于机构进入社区的认识是不对等的，这些都是 X 机构在进入社区阶段面临的挑战，本文的研究意义正是在于探讨这些问题如何表现及其产生的原因，从而为机构的发展提供一些借鉴与启发。

结合对 X 机构社区进入阶段效果的评估及进入途径选择影响因素的分析来看，X 机构在社区介入途径选择上主要存在以下一些问题。

（一）进入过程中存在着明显的资源依赖倾向

上文的分析中提到 X 机构在进入社区的途径选择中有微观、中观、宏观三个层面的选择，然而在这三个层面的选择中我们可以看出一个共同的问题，即明显的资源依赖倾向。这一点在上文从合作单位角度和对机构自身角度的评估中也能得到体现。首先来看微观层面的进入途径，这一层面的进入本就是直接与社区民众建立关系，通过开展一些实际服务项目或是一些家访、焦点讨论小组，在社区与机构之间建立广泛的联系。然而在实际操作中笔者发现机构的关注焦点逐渐由最终达到与社区建立关系的目的转移到了活动或是服务项目本身，即单纯为了活动而活动。以机构开展的中秋主题活动为例，在机构开展了中秋主题社区活动之后，笔者参与了机构对活动的总结讨论，总结主要包括三部分：机构工作人员内部总结，这部分总结主要是工作人员以自身负责工作内容为出发点对活动的感受；志愿者群体的总结，主要是志愿者自身参与活动的体会与自我成长性的内容；受邀参与活动的行政部门的总结，主要是机构工作人员主动找到相关部门征询其对于活动的意见。从这三部分可以看出，机构在举办这类活动后对活动的总结主要还是对于一些技术操作层面的总结，而对于机构举办活动后的最终目标的评估却基本未涉及。没有具体的受益人群，没有明确的活动目标，更没有相匹配的评估，这样的活动最终就是为了活动而活动，并未能很好地与社区建立关系。这种关注焦点的转移可以说对机构服务项目的性质和开展手段方式产生了很大的影响。正是因为机构在进行这类项目时更多关注的是项目活动本身而不是其最终目的，在手段选择上就会倾向于有利于更加直观体现活动效果的方式，具体来说就是习惯性地依赖于社区内的一些资源来帮助活动提升直观效果。例如，机构在社区内举办的活动或是服务项目，较之机构以自己独立身份去开展，机构更加愿意与社区内的民办学校或是社区内的基层政权力量合作。一位机构工作人员是这样描述机构与学校的合作关系的：

  我们也是没有办法，每次办活动只能通过学校先通知家长，再让家长领着孩子来参加，这样来参加活动的人就会多一些，不然我们没有办法保证通知到每一户家庭，我们只有依赖学校。

  当然，之前也分析过机构之所以做出这种选择是基于机构本身限制性因素和中国本土化社会工作发展模式下的无奈之举。然而，笔者在参与式观察研究过程中发现机构在一段时间的适应后逐渐对这种模式产生了一定的依赖，以致到后期已经成为机构进入社区的一种思维模式，即只有依赖社区内的资源才能更好地进入社区。

机构这种对社区内资源的依赖趋势导致的问题主要体现在以下两个方面。

首先，无论是机构对社区内政治力量的依赖还是对社区内一些组织力量的依赖，显然都是既不利于机构本身与社区建立关系，也不利于社区自身成长的。机构对社区内这些资源的依赖就意味着在机构进入社区阶段，机构不再是直接与社区建立联系，而是通过一些中间组织的连接。这样的结果在对进入效果的简单评估中可以得到体现，即大部分即使参与了机构服务项目的社区民众也不清楚活动真正的筹办者。

"还是要感谢政府、感谢国家给我们发了这些钱，日子也就好过一些。""就是学校发的这些钱，谢谢老师。""老师，麻烦帮我们向学校申请一下，家里面真的很困难。"

这些是笔者在整个助学过程中遇到的最多的受助者对我们工作人员的反馈情况。而这些反映的都是机构虽然作为主要的服务提供者却并未被服务对象认知。在这种服务对象接受的究竟是谁的服务都不明确的情况下，更不用提进一步去了解机构。如此一来还谈何关系建立？另外，正是由于机构存在这样的资源依赖倾向，社区内的组织很难有机会去思考自身对社区的主动责任，而变成为被动等待机构的依赖，成为单纯的工具性用途。这一点在机构进行大型社区活动时可以得到体现，以机构在社区举办的艾滋病宣传活动为例。本来活动的目标受益群体不以流动儿童为主，然而由于机构存在上述提到的资源依赖问题，机构还是倾向于与学校合作，由学校代替机构向学生家长进行通知。而与以往的合作模式不同，以往与学校合作举办活动，机构都会为学校作出安排，包括需要多少学生参加、需要多少老师保障学生安全等。总之几乎每一次的活动机构都会直接交代学校应该承担的责任。但是这次的活动既不需要以学生为主体，也不需要借助学校的场地，机构自然不需要对学校进行特殊的安排，这样的考虑最终导致的就是学校完全置身事外，甚至由于活动的举办而对全校学生发出放假通知。这样做等于将孩子的安全等问题全部抛给了机构，而现实是机构并不具备这种负责的能力。社区内组织的被动性长远来看对机构而言可能会是一种威胁。笔者在参与机构实务过程中发现，这些被机构长期依赖着的民办学校渐渐产生了一种惰性，甚至这些民办学校又反过来对机构产生了依赖，等着机构提供资源、等待被安排，长此以往，不培养这些学校对社区的主动责任意识，机构很容易面临枯竭的危险。

  机构这种对资源的依赖倾向同样有对外的趋势。不可否认，作为社会服务机构而言，争取更多的外部资源以便更好地为社区服务无可厚非，然而对外部资源达到依赖的程度而失掉了机构本身的独立性与服务性就难免有失偏颇。笔者在参与的机构服务项目中发现，不少服务项目为了争取到外部资源不得不作出一些妥协和退让，而这些妥协和退让恰恰会让机构的服务项目性质发生改变。如图1所示，在机构的捐赠收入构成中除去物资捐赠的部分，基金会与政府的支持占据了很大部分，可以说是机构赖以维持的关键，也是机构不得不争取的资源。然而笔者在实际参与的项目中发现，这部分对外争取到的资源往往对机构有很多的限制条件，这些限制条件与机构实际发展状况和社区的实际情况并不完全相符。但是为了争取维持机构运转的资源，机构不得不根据争取到的资源调整自己的服务内容与方向。例如，机构争取到一个政府的发展项目，而该项目明确规定必须用作培育和支持社区内社区组织的能力，而对于机构目前服务的城中村社区来说显然还不具备这样的能力和条件去建立这样的组织，也没有已经形成的社区组织。因此，机构为了维持长远发展不得不向其他社区扩展，寻找符合条件的社区争取资源。这种妥协和退让首先是牺牲了机构目前所服务社区的利益，其次在机构开展项目的过程中其服务性质也会发生改变，机构会更加重视这些资源的利用事实和政府部门的评估而忽略项目本身的服务过程与目标。

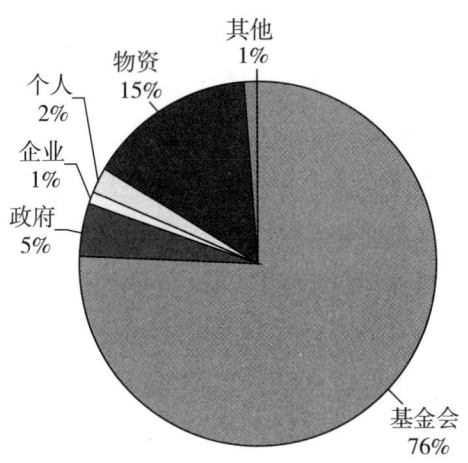

图1　X机构2013年度捐赠收入构成
数据来源：X机构2013年工作总结

其次，机构在中观层面和宏观层面社区进入途径的资源依赖倾向也比较明显。这一点在图1中也得到体现。前面的分析指出，在社会工作本土化发展模式的影响下，行政性或是半行政性是机构开展服务的必然选择。然而笔者在实际参与机构事务过程中发现，机构对于行政性力量的必然选择逐渐转向为主动争取，在机构开展服务时更加倾向于依赖政府的资源，也更相信政府的强制实施力。在机构这样的途径选择趋势下，社区群体更愿意也更容易将机构看作一种行政力量而忽视机构本身的服务性与助人本质。可以说这样的状况对于机构进入社区与社区建立关系而言不仅是无益的，甚至还可能产生一定的反作用。笔者在参与机构发放一些社会捐助的物资时发现，机构在通知社区居民来领取物资时往往需要借助街道办或是学校等一些强制力来进行。就物资发放当天的情况来看，由于借助了这些强制力量，参与的社区居民人数往往很多，然而真正需要这种服务的却很少。

"我也不清楚，就是街道办让我今天过来我就过来了，不晓得是什么事。""学校老师通知我们今天要过来。"

很多群众对我们的服务产生疑问，在不清楚目的的情况下很多前来的群众都将我们当作公职人员，因此在对我们的态度上多了一些距离感，这显然对于机构与社区建立关系是不利的。

（二）进入过程中问题视角的带入

机构在进入社区的途径选择方面存在的第二个问题即途径选择过程中问题视角的带入。对比前文对于途径选择影响因素的分析不难发现此处的问题与前文的分析存在矛盾。前文的分析指出机构在社区进入途径选择时受到社区资本模式的影响，在进入社区时以优势视角为指导而进行一系列的进入活动设计，诸如社区焦点问题小组讨论、相关知识技能培训活动等。这些活动的设计的确是在社区资本模式、优势视角理论的理念假设下完成的，而此处提出的机构在进入社区时的问题视角带入则更多强调的是机构在实际项目活动执行操作过程中体现的问题。因此可以简单地将这里的矛盾关系解释为机构在进入社区途径选择过程中理念指导与实际操作之间的矛盾。具体来看，这种问题视角的带入又主要体现在以下两个方面。

首先，在机构进入社区阶段，机构始终是秉持着帮助社区解决社区问题的态度来进入社区与社区建立关系的。在机构对社区居民进行家访时，访谈提纲[1]主要包括以下几方面内容：①家庭基本经济情况（主要是收支情况）；②家庭成员基本情况（包括成员是否残缺、疾病、孩子数量）；③家庭问题（包括是否有家暴、离异、重组家庭等）；④职业生计状况（包括所从事的职业、是否存在职业危害、未来发展方向等）。从这样的访谈提纲中可以看出机构在进入社区进行家访过程中始终是抱着一种问题的视角去了解社区成员的，而再参照机构工作人员对家访情况总结，更能明显地感受到其问题视角带入倾向的明显。这样的态度背后即有一种假设，也就是社区即是有问题的社区，而从优势视角理论来看，社区内的人群即便有能力或是潜力来解决他们自己的问题也是要解决的社区问题。因此，这样的假设重点还是先看到了社区内存在的各种问题，出发点和落脚点还是问题的解决。在这种假设的引导下，机构进入社区的途径选择必然会存在一些问题，也必然会对机构的进入效果产生影响。这种影响主要体现在关系的不对等上。在进入社区阶段机构便带着问题解决者的角色定位进入社区，对社区而言不仅会令其产生依赖，更为重要的是让社区民众产生关系不对等的错觉。这一点在家访过程中受访者的态度上也能得到体现，大部分受访者在工作人员的问题倾向影响下夸大自己的问题，认为自己是受助者，自然会站在相对弱势的一方，这样一来不仅违背了优势视角理论强调的核心内容，更违背了社会工作"助人自助"的专业精神。而对于机构进入社区而言，建立良好的关系更是无从谈起。

其次，机构在进入社区时往往会锁定某一类目标问题人群，再去针对这部分人群选择合适的介入途径。家访的过程就是机构寻找锁定目标问题人群的途径，通过家访不仅找到受访家庭的问题，甚至对这部分人群进行简单归类。这样的方向确定本身就是一种问题视角取向的介入。当然，不能忽略的是机构在社区资本模式影响下作出这种途

1　资料来源于笔者对实际参与家访记录的整理归纳。

径选择的本意是希望将社区内具有共同特质的人群聚集起来，以便培育社区资源力量和寻找他们的社区归属感。同样不能否认的是，机构在进行实际操作介入的过程中往往带着问题视角去寻找与发现这样的特殊人群。这种选择的影响就是很容易忽略掉社区内广泛存在的更大一部分需要培育组织起来的群体。也就是说，这样的途径选择很可能导致机构的进入阶段覆盖层面不广，很大一部分并未成为机构寻找的目标而进一步与机构建立起联系。这一问题在前文对机构进入效果简单评估中也有体现，在接受调查的社区居民中存在着很大一部分未被机构进入社区项目覆盖的人群，而机构在进入社区阶段的关系建立当然不能将这部分人群摒弃在外。

（三）进入过程中受到以往工作经验干扰的问题突出

在机构进入社区阶段，第三个明显存在的问题就是机构在进入社区过程中受到以往工作经验干扰的问题较为突出。由于机构是随着原服务的城中村社区拆迁进而搬迁到现服务社区的，之前在原服务社区形成的一些工作模式与经验一时间很难作出改变，因此在新社区的进入途径选择过程中，机构更倾向于以往工作经验的指导。

表3 X机构项目服务人数统计表

项目服务		社区服务项目								学校服务项目									
		(1)	(2)	(3)	(4)	(5)	(6)	(7)	(8)	(9)	(10)	(11)	(12)	(13)	(14)	(15)	(16)	(17)	(18)
服务人数	2012年	8000	530		4500					482	40	500	800	4500	50	2000		67	
	2013年	4927			2500				242	168	114	1232	146		144	12249			679
服务时限（年）		5	4	3	1	4	2	1	5	6	3	5	2	5	4	5	4	6	4

注：(1) 母亲节活动；(2) 中秋节活动；(3) 春节活动；(4) 社区安全环境改善；(5) 艾滋病社区宣传；(6) 社区儿童免疫接种；(7) 社区公共环境卫生维护；(8) 衣物/棉被发放；(9) 奖助学金；(10) 流动儿童小记者培训；(11) 儿童兴趣

班；（12）健康课堂；（13）安全教育；（14）品格课堂；（15）学校图书室；（16）学校设备捐赠；（17）冬/夏令营。

  这种干扰作用又主要在两个层次起作用。首先是对服务项目是否继续的影响。根据表 3 截取的 X 机构服务人数的统计资料可以很明显地看出机构的服务项目具有很强的延续性，特别以 2013 年为界，即使经历了机构搬迁和服务社区的改变，机构在服务项目的选择上仍旧保持着较高的延续性。笔者在 X 机构的实习研究中也发现，机构在进入社区的活动设计上往往会凭借以往的工作经验来进行，而在实际执行过程中却发现与以往面临的问题有着很大差距，但机构并未根据这些差距来及时调整服务方案，而是延续以往的服务项目。这样的途径选择违背了社会工作专业价值观中尊重案主独特性的原则。其次是工作人员对以往问题界定经验的依赖。笔者在参与社区组工作人员社区需求分析会议中发现，机构工作人员对于社区的需求分析比实地介入社区了解居民需求的途径更加自觉、主动地选择了依赖和相信以往的介入经验，根据以往的介入经验来判断社区目前的问题需求。但是，新的服务社区与原社区相比，除了同属于流动人口聚集的城中村社区外，在很多方面存在着差异，而在以往经验的干扰下采取相同的社区进入途径对于机构在社区进入阶段的关系建立来说是不适用的。

五、结论与讨论

X机构在进入社区阶段的关系建立工作是机构介入社区问题的一个重要前提。在进入社区过程中的关系建立工作往往会对机构进一步介入社区问题采取的手段与效果产生重要影响。然而,通过上文的分析研究发现X机构进入社区的途径选择是多方因素共同影响下的结果。通过对机构在进入社区阶段呈现的资源依赖、问题视角带入和以往工作经验干扰的问题以及这些问题的影响因素的分析与研究,更重要的是探讨合适的社区发展模式为机构现有的发展模式做补充指导。

(一)X机构进入社区的途径选择是"内""外"共同作用影响下的结果

综观整个研究可以得出,X机构在进入社区阶段的途径选择是社区资本模式、本土化社会工作模式以及机构自身面临的一些客观情况共同作用的结果。社区资本模式的核心是优势视角的带入,这一模式对X机构在进入社区阶段途径选择方面的影响是一种理念假设与价值观层面的影响,可以说对于机构而言是一种内向的影响作用,更多强调的是X机构自身自主性的选择。相对地,本土化的社会工作发展模式的核心是行政性与半专业性。这种行政性与半专业性的发展模式对于X机构在进入社区阶段途径选择的影响则主要是实际操作方面的影响，是在中国特殊的社会工作发展环境影响下的实际操作影响，同样也可以认为是一种外向的影响作用，更多强调的是 X 机构被动性的选择。而正是在这种"内力"与"外力"的共同作用下，X 机构作出了适宜或是不适宜的进入途径选择。

因此，X 机构在进入社区途径选择过程中呈现出的资源依赖倾向问题、问题视角带入问题以及以往经验的干扰问题也同样都是由于这种"内外力"作用下的结果。然而，这些问题的解决首先应该明确，对于 X 机构而言，作为"内力"而存在的社区资本模式的影响显然是一种不可或缺的影响，因为它是一种价值观的指导；而作为"外力"而存在的本土化的社会工作模式也是机构无法摒弃的影响，它是中国社会工作特殊社会发展背景下的必然选择。因此，再结合前文对于途径选择中存在的问题来看，有必要探讨引入一种新的发展模式对 X 机构进入社区途径的选择提供借鉴指导。

（二）参与式发展模式对社会工作进入社区途径选择的借鉴

1. 参与式的社区发展模式

在了解参与式的社区发展模式之前首先必须对社区参与进行阐释。对于社区参与的理解较具有普遍意义的是，社区参与指"社区居民（不仅）作为社区管理的客体，更（是）作为社区管理的主体，参加社区各种事务的行为"[1]。而另一位学者在对参与式发展模式的实证研究中认为社区参与是"社区居民对社区相关事务进行的自我参与、自我管理"[2]。因此，不难发现，社区参与的核心至少体现在两个方面，即参与的主动性和赋权的实施。而这也正是参与式社区发展模式的核心

---

[1] 王刚、汪丽萍：《社区参与简论》，《城市研究》，1998 年第 5 期。
[2] 赵春燕、高和荣：《参与式社区服务项目化管理的经验与启示——以北京大兴区清源街道为例》，《湖湘论坛》，2011 年第 3 期。

所在。这在一些学者对于参与式发展模式的研究结果中也能得到体现。

参与式发展理论起源于对传统发展模式的反思，参与式发展的核心就是促进居民参与，而居民参与的重要途径就是赋权、增能。"参与式发展途径的核心理念是赋权，而参与的过程其实就是一个不断实施赋权的过程。"[1] 参与式发展理论是一种微观发展理论，更是一种自下而上的社区发展模式。项目服务对象是发展的主体，强调以尊重差异、平等协商、合理赋权为基础，在"外来者"的协助下，通过社区成员积极主动地广泛参与实现社区可持续的、有效益的发展，使社区成员能够共享发展的成果。

综合一些学者对于参与式发展模式的研究，笔者认为参与式发展主要强调三个方面的内容：首先，参与式发展的参与主体指的是整个服务目标人群，即参与式发展的实现必须以引导服务对象发觉自身潜能为前提，从而自发、自觉、主动地参与到社区发展中。其次，参与式发展强调的参与应该是一种全面深刻的参与，不应由服务机构来决定参与的范围与形式，即社区居民拥有广泛地参与到与他们息息相关的社区事务中的权利。最后，参与式发展模式的参与更注重的是社区居民事实上的参与，而不仅仅是一种形式上的体现或只是服务机构进行某种评估的手段或工具。

2. X 机构的参与式社区发展模式

笔者通过对 X 机构服务项目、服务开展过程及对机构社区组工作人员的访谈研究发现，X 机构的社区发展模式也是一种参与式发展模式影响下的服务模式，只是与一些学者对参与式的社区发展的研究相比存在一些偏差。

结合以上对 X 机构进入社区的途径选择分析来看，首先，X 机构

---

[1] 张晨、李天祥、曹芹：《"参与式发展"研究综述》，《农村经济与科技》，2010 年第 5 期。

以进入社区为目的进行的一系列服务项目确实在一定程度上引导了社区内服务目标人群的潜能开发，然而这种开发却并未上升到能够进一步引导他们利用这种潜能参与到社区发展事务或是为社区服务的层次上来。以X机构在社区内与学校合作的兴趣班项目为例，这一服务项目可以在挖掘服务对象潜能方面起到作用，这点毋庸置疑，然而也仅止于初步潜能开发和资源补充，并未能达到参与式社区发展模式的要求。在笔者问到为何想要参加兴趣班时，大部分的参与者都表示"就是觉得好玩"。机构最终在对项目进行评估的时候也更多关注的是该项目实际服务的人数、资源的利用率等一些表面的指标，而较少关注服务对象对于项目的回馈。其次，X机构目前的参与式发展模式仍然是一种专家导向的，而不是社区居民群策群力的结果。具体来说，X机构在进行一些进入社区的项目设计时更多考虑的是一些所谓专家或是理论的指导，社区民众在此过程中仅仅是"被参与"。同样可以以机构每年定期在社区内开展的艾滋病预防宣传活动为例，在活动设计初期，机构就直接跳过了需求评估的阶段，不关注社区内切实的艾滋病预防感染情况，也不关注社区内是否真正存在这一方面的需求，仅根据一些惯例或是专家的意见进行活动设计。对于活动效果的评估也只是单纯以机构角度或是相关监管部门角度的评估为主，真正作为服务受众的社区民众只是被动地参与活动，不少当天参与活动的民众甚至表示"不清楚什么是艾滋病"，对活动的目的更是不明所以。最后，在研究过程中发现，X机构的参与式手段在发展过程中逐渐沦为机构获取资料的一种方式，成为一种形式上的参与。这一点以X机构在社区内开展的焦点问题讨论小组为例。笔者作为观察者参与的焦点讨论小组主要以家庭经济为主题，围绕这一主题进一步讨论生计与人际支持问题。在整个小组讨论过程中，工作人员的讨论主持具有较强的问题引导性，更多注重的是让组员澄清自己的问题，这样的讨论过程会使组员在整个过程中只能看到自己有这样那样的问题，却忽略了自己解决问题的能力。而对于机构而言也仅是收集了一些关于组员问题的资料，对于参与式发展模式解决问题而言，并未起到实际作用。因此，这一类的参与仅仅是一种形式上的参与，是机构收集资料的手段，社区民众并未真正做到事实上的参与。

3. 参与式发展模式在实践过程中可能面临的问题

事实上，在一些学者对参与式发展的实证研究中也验证了一些参与式社区发展模式可能面临的问题。首先是章立明在对参与式发展的实证研究中提出了对于参与式发展的三个迷思：第一，定义狭窄化，将参与式仅作为收集资料、及时分析的工具而违背了参与式的初衷。第二，赋权肤浅化，仅止于将民众的参与讨论作为赋权手段，而不去引导他们权利意识的觉醒，使得赋权陷入无意义的困境中。第三，性别盲点化。尽管参与式强调社区共融，但许多参与式发展并没有很好地处理社区内存在的社会性别问题。就算处理社会性别问题也不是作为参与式发展过程的核心部分。[1] 另外，张晨等也在其研究中指出由传统发展实践转向参与式发展实践过程中存在几个不可回避的问题：一是发展过程中的角色转变问题。主要指政府、机构、服务对象三者角色的转变。二是弱势群体的发展问题，边缘化群体很容易被隔离在参与式发展的关注焦点之外。三是发展过程中的机制创新与制度建设问题。[2]

因此，对于本文而言，参与式发展模式对于 X 机构进入社区途径选择方面的借鉴意义也需要在明确参与式发展模式核心的同时，避免出现实际操作过程中可能产生的一些问题。

---

1. 章立明：《参与式发展的迷思——云南省三个少数民族社区项目的个案研究》，《贵州民族研究》，2006年第6期。
2. 张晨、李天祥、曹芹：《"参与式发展"研究综述》，《农村经济与科技》，2010年第5期。

4. 参与式发展模式对 X 机构进入社区途径选择的借鉴探讨

赵春燕和高和荣在参与式社区服务项目实施的实证研究中将参与式的项目实施结果归纳为"三个转变""三个提高""三个多元"。[1] 根据这一项目实施达到的目标，也可以探讨参与式的发展模式对 X 机构进入社区途径的借鉴意义。

首先，针对上文对 X 机构在进入社区时存在资源依赖倾向的问题，需要意识到参与式的发展模式最终要促成的是政府职能在这一过程中的转变。即政府由管理职能转变为服务职能。结合 X 机构进入社区实践而言，需要意识到行政性力量不应是机构必须依靠的强制力，而只是提供一些资源上的支持，如资金等。行政性力量逐渐转居幕后，也就是说机构必须作为主体，积极主动地与社区建立联系。另外，社区居民角色也要有所转变。同样，上文的分析中提到机构的资源依赖倾向有导致社区对机构反向依赖的威胁。因此，参与式社区发展模式需要达成的社区居民角色转变问题正好应对了这一威胁，使居民从被动受益转变为主动参与。在机构进入社区阶段不是作为弱势的一方等待机构的介入，而是积极主动地与机构建立联系，主动参与，寻求帮助。而参与式的社区发展模式最终要促成的社会工作模式的转变对机构在进入社区阶段的参考借鉴意义也很重要。这种转变主要是由自上而下到自下而上的工作模式的转变。具体来说，结合上文的分析，由于内地社会工作的行政性和半专业性的影响，机构在进入社区阶段更多是依靠一种自上而下的介入模式来达成与社区的联系。而参与式的社区发展模式则主要依赖的是一种自下而上的方式来进行介入。这就要求机构在介入过程中更加注意首先与社区建立广泛联系，意识到社区的主体是整个社区居民，广泛地发动社区居民的参与，让居民在参与过程中了解认识机构的存在。

---

[1] 赵春燕、高和荣：《参与式社区服务项目化管理的经验与启示——以北京大兴区清源街道为例》，《湖湘论坛》，2011 年第 3 期。

其次，针对上文对机构在进入社区过程中问题视角的带入问题，参与式的社区发展模式也能为其提供参考借鉴。参与式的社区发展模式能够提高居民参与的积极性、提高社区自治组织能力。而这些目标的实现都以优势视角下的赋权为基础，要求机构在进入社区阶段不以问题视角的带入来区分所谓的问题人群，制定相应的介入策略，而是将社区视为一个整体，相信每一个成员都具有潜能，并且有权利决定自己生存社区的发展规划和自己的发展方向。同时需要澄清机构在整个进入过程中引导者的角色，而非单纯的资源提供者，机构与社区处于平等地位，不存在资源提供者与接受者之间的不平等关系。这一问题的澄清是避免社区对机构产生资源依赖而丧失主动性的前提。在优势视角理论的指导下，注意提高社区组织的能力与居民的参与积极性也是机构介入社区发展并使社区发展具有延续性与可持续性的保证。进一步而言，居民参与积极性的提高和社区自治组织能力的提高就会在一定程度上提高机构在社区范围内的影响力与支持度，而这一点对于处在进入社区阶段的机构而言恰恰是非常重要的。

最后，参与式社区发展模式对机构在进入社区阶段的参考借鉴意义还应该体现在介入的多元性选择上。参与式的社区发展模式是区别于传统社区发展模式而言的，其具有服务主体多元、服务内容多元、服务方式多元的表现形式。而这一点对于机构在进入社区阶段的关系建立途径选择方面也是具有意义的。服务主体多元即要求机构在进入社区阶段注意社区内群体的多元性，特别是注意与那些社区内的弱势群体建立联系，真正为不同群体提供具有针对性的服务。服务内容的多元性则是强调机构在进入社区阶段建立关系服务的内容多样化，可以最大限度、最大范围地吸引社区居民，更广泛地与社区建立关系。服务方式的多元化则是要求机构通过多种途径和手段与社区建立联系，包括上文分析的微观、中观和宏观等不同维度或层面的介入。

由此不难发现，参与式的社区发展模式对于机构在进入社区阶段的参考借鉴意义是比较大的。然而也应该看到即使在参与式理念价值的影响下，在实际操作过程中由于一些内外因素的共同影响，进入途径很可能会发生某种程度的偏离。因此，机构在进入过程中必须始终坚持关系建立导向的进入途径，将社区资本模式、本土化社会工作模式与参与式社区发展模式的影响融汇于机构进入社区的整个过程中，使得三种模式对进入途径的影响作用长短互补，最终达到建立与社区良好合作关系的目的。

结　语

本文主要以笔者实际参与 X 机构在进入社区阶段的工作为重要依据，结合参与式观察法、非结构式访谈法和资料分析法三种主要的社会学调查研究方法，分析研究 X 机构在机构搬迁，面对新社区的情况下如何开展进入社区与社区建立关系的工作。X 机构开展工作的途径主要分为微观、中观和宏观三个层面，并通过一些具体的服务项目来实现。这些途径的选择主要是受到了社区发展的社区资本模式和本土化社会工作模式的影响，"内外力"共同作用下致使机构选择适合机构本身的进入社区开展工作的模式。然而研究发现，X 机构在进入社区阶段的工作仍只是一种浅层次、不全面的介入，涉及进入阶段工作的三方——社区居民、合作单位及机构自身对于机构在进入社区阶段的工作目标及内容都未完全理解，三方认识不对等，从而对进入社区的效果产生了一定的影响。进一步研究得出，X 机构在进入社区过程中存在的问题主要体现在三方面，即资源依赖、问题视角带入和以往工作经验的干扰。结合 X 机构在进入社区阶段工作的评估与这些具体存在的问题，本文探讨了参与式社区发展模式对于 X 机构在进入社区阶段开展工作的借鉴参考意义。在机构进入社区阶段，在参与式模式指导下，必须注意合作单位、社区居民角色的转变，由被动接受转向主动承担；注意机构在进入过程中引导者的角色定位，注重赋权与增能，提升社区居民的参与积极性；参与式发展的多元性要求也提示机构在进入社区过程中注重社区的多元性发展,制定多元性发展服务项目。社会服务机构在进入社区阶段面临的挑战是多重的,正如前文所述,机构往往需要在本土化社会工作模式与机构自身面临的实际问题的影响下开展社区工作。因此,社会服务机构在进入社区阶段很容易陷入困境,从而对接下来的介入工作产生影响。社会服务机构应该正视在进入社区途径选择上存在的问题,积极应对,及时调整,注重借鉴参考,在进入社区阶段积极与社区建立良好合作互动关系,最终达到融入社区的目的。

社会工作行政视角下 NGO 的员工发展研究

——以昆明市 W 机构为例

作　　者：周晓梅
指导教师：马居里

绪 论

（一）选题背景

公共服务体系的健全需要社会大众参与，而作为"第三部门"的公益性组织，NGO（Non-Governmental Organizations，非政府组织）将成为公共服务的一个载体和服务提供的实体，完善和补充政府背景下的服务体系。党的十八大提出健全基本公共服务体系，十八届三中全会提出激发社会组织活力，从而给予NGO更大的动力去积极参与社会公共服务。实则这也为NGO的快速发展提供了后备力量。

目前，我国正处于社会转型的探索时期，社会问题的复杂性不言而喻，NGO提供的社会服务分担了政府职能范围内的公共服务职责。探索和研究NGO内源力——员工的发展，使NGO在参与社会公共服务中提高自身的服务质量和竞争力，意义重大。员工作为机构最重要的弹性内动力，确保其健康发展对机构来说有百利无一害。这也有利于政府去提供更优质的社会公共服务。

本文以笔者实习机构为研究对象，探讨在社会工作行政的视角下机构员工发展对机构的意义。

（二）选题缘由

笔者于2013年9月至2014年1月，长达4个半月参与实习。进入机构实习后，笔者以实习生和工作人员的身份参与机构日常的工作以及一些常规项目的操作。在观察员工间的互动、工作手法和了解机构员工工作的想法后，笔者发现机构员工间的互动、工作手法、自我心理调适、社会支持网络、自我能力提升都存在诸多问题，而机构就以上问题作出的回应甚少，机构有督导，但其担负的工作内容是将机构的各项工作及要求下达给员工，协调员工间的合作，很少对员工工作能力、心理健康、社会性发展进行评估、疏导、引导。对员工工作的评估是以机构领导的评估为主，以员工自我对工作的梳理为辅。员工在每个项目中扮演不同角色，员工在工作中出现角色混乱导致个人能力受损，也影响团队的合作发展。员工自身的专业服务理论知识和技能缺失，工作的开展凭借个人的工作经验，开展的服务内容是常规的机构项目，缺乏创新。机构志愿者和实习生这一非正式员工群体的管理和督导缺失，在机构内很少可以找到归属感和工作价值感，短期服务结束后选择离开的人员占大多数，这造成机构人力资源的流失。机构在与合作伙伴互动中，过于强势或者过于卑微。机构在宏观上很重视员工的发展，但是停留在员工确保工作效率质量上的职业发展，对于员工社会关系支持网络的关注少之又少。机构的正式员工和非正式员工都是推动机构发展的核心内源动力，笔者就观察进行记录及个人学习过程来反思机构员工发展的问题，也希望引入社会工作专业的理念来对机构员工发展问题进行初探。

（三）研究意义

1. 现实意义

社会工作是一门以生命影响生命的科学，即处理的都是人与周围人、环境的关系。机构员工是机构的核心要素，其价值与机构价值理念的统一是促进机构发展的前提。机构在招聘、筛选、培训后，使其协助促进机构发展。机构在过程督导和控制过程中，促成员工完成机构使命和机构的发展。机构员工是机构内重要的弹性内动力，在开展公共服务的实践中，内动力是展示机构行动力的一张名片，也是展示机构核心实力的要素。

NGO 的员工具有其特殊性，有正式员工和非正式员工，正式员工是机构内相对稳定的核心内动力，但并非仅靠正式员工就可以完成机构的社会公共服务使命，还需要非正式员工诸如志愿者以及其他的外部环境的资源支持者和提供者。

就目前机构的实际情况来看，员工进入机构后，工作面临诸多困境，机构的应对措施也相对简单。

本文以机构的正式员工和非正式员工为主要研究对象，探索员工的共通性，探索机构自身发展困境，以及在面临社会大环境、个体本身、机构要求多方考验下员工的发展问题，引用专业知识，给机构提出建设性建议。希望能帮助机构完成内动力的汇聚，完善机构的人力资源配置。

2. 理论意义

社会工作作为舶来品，在本土的实践研究中，更需要以本土的文化背景去总结和完善理论体系，以指导社会工作在我国的发展和运用。

社会工作的服务对象是需要提供帮助的社会群体，关注的不仅仅是个人，还包括其生存的自然和社会环境，换句话说，NGO 的员工发展问题是机构的发展需求问题，回应机构需求，运用专业理念和方法探索与指导机构应对人力资源发展问题，实则是对社会工作专业理论的验证和反馈。

一、W 机构的人力资源管理

（一）W 机构概况

W 机构是于 2004 年在云南省民政厅注册成立的民间非营利组织，服务对象是城市弱势流动儿童及其家庭，服务目标是改善流动儿童在教育、健康、生计方面的现状，促进流动儿童的全面发展及其家庭和社区的和谐融合。从注册发展至 2015 年，在这 10 多年的时间里机构的发展方向在不断调整，服务模式也在不断改善。

W 机构 2001 年和 2002 年在进行昆明市的贫困状况调查后，为了回应这一贫困问题而展开了相应的服务，起初服务的群体是下岗失业者，其中发现下岗失业者都是 20 世纪五六十年代出生的没有知识的人。2002—2008 年做相应的需求评估。

2004 年社会转型后，在省民政厅下注册。机构通过家访发现下岗失业者并非城市居民，而是外来务工者，机构将服务群体转向流动人口，主要服务内容为城市、农村低收入人群和孤残弱势群体创业，提供资讯、互助支持措施、组织技能培训。2006 年在 Z 地服务站，服务流动人口子女及其家庭。2013 年 Z 地拆迁后，搬离到 Y 地建立新的服务区域。

机构愿景：愿每个孩子健康快乐成长。

机构使命：让流动儿童得享爱与关怀，健康快乐地成长，成为积极的新一代。

机构按功能划分：儿童发展、社区发展、对外关系（公共关系、新闻媒体、志愿者招募、社会关系）、办公系统（会计、出纳、办公行政人事）。服务内容：①资金支持。提供发展创业和扩大经营所需的资金支持。②支持措施。建立互相交流、互相学习、互相帮助和互相团结监督的制度。③培训。组织技能培训及商业培训。④资讯服务。提供市场发展、产品发展、商业发展、政策咨询、法律援助等方面的资讯服务。

（二）机构的人员构成

目前机构正式员工9人，社会工作专业1人，医学专业1人，会计专业2人，经济学专业3人，广告设计专业1人，商务泰语专业1人。员工选择和进入机构最初的动机都是因为这里提供一份工作，而之后的深入和坚持是因为工作本身具有的意义让他们更加珍惜和喜爱在这里的工作。非正式员工主要是昆明市各高校的社会工作本科和硕士毕业实习生，以及各高校社团的志愿者。实习生参与到机构的日常工作首先是了解机构的基本构成、基本的项目操作情况，以及可以参与的工作内容；其次是完成个人的实习任务；最后通过实习内容选定相应的方向，收集素材完成毕业论文或者完成个人的社会实习报告，丰富个人的社会经历。

现将机构员工的系统及生态系统简单呈现并做相应的解释（图1）。

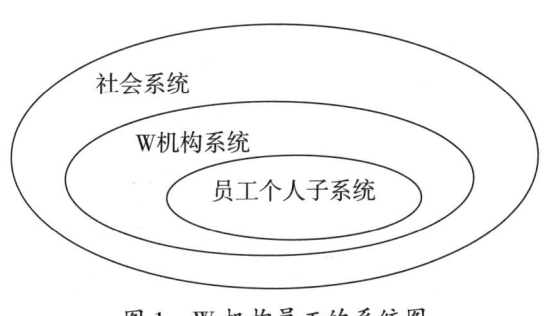

图1　W机构员工的系统图

图1是W机构员工的系统图，机构员工本身就是一个相对独立的子系统，在W机构的系统内，W机构在社会大系统下，员工不仅扮演独立个体的角色，还扮演机构员工角色，在社会中即是社会成员。虽然员工只是一个微小的子系统，其个人的行为对社会来说或许起着微小的作用，然而对机构来说，机构员工是机构的核心动力，其发展对机构来说有着直接的影响作用。机构系统对社会的影响是相对比较突出的，近年来NGO快速发展，承担着社会公共服务的部分内容，也以"第三部门"的角色推动社会的发展。

图2呈现的是与机构员工相关的人员：家人、机构正式员工同事、非正式员工同事、居住社区居民、同行业人员、服务项目合作伙伴、服务对象、政府、媒体、其他（教会会友、朋友）。机构员工在其生态系统中处于核心位置，其个人的发展会对周边网络内的人员造成影响。

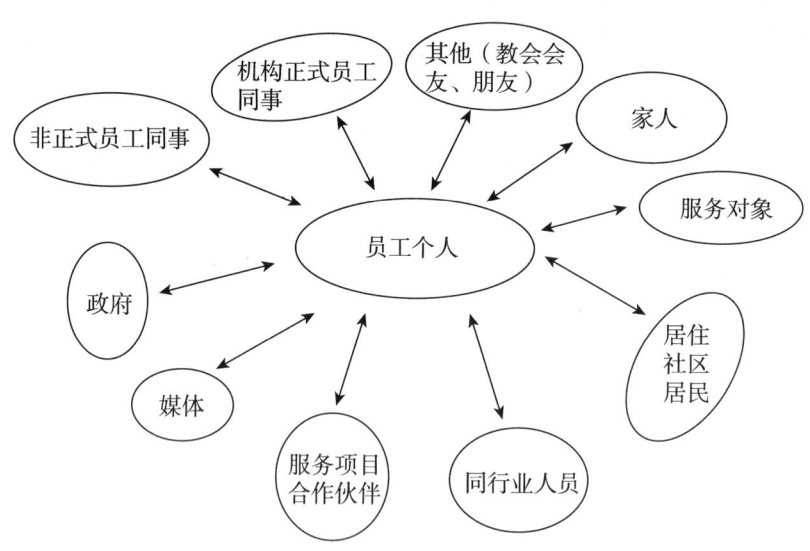

图2 机构员工的生态系统

注：箭头表示机构80%以上的员工都有的互动关系的人员，双向箭头表示互动是双向的。

笔者将机构的人员分为五类。

第一类是项目服务一线工作者，共有3人，占机构员工的1/3，他们主要的相关互动网包括的人员是：机构正式员工和非正式员工、服务对象、家人、服务项目合作者，还有其他（教会会友、朋友），同行人员基本在大型的学习交流中会有较少的接触，互动很少。这类工作人员基本驻扎在服务的项目点，交流最多的是服务对象，之后是机构的同事，还有家人。他们主要处理服务项目的具体操作，与其他交流和互动是很少的。机构更多关注的是他们对具体项目操作的效果和质量，对其心理、社会性发展关注不够。

第二类是项目策划及外联公关工作人员，占机构员工的1/3，他们就是夹心饼干的心，他们在工作中需要与所有列举的人员有诸多互动，但具体来说，主要是与政府人员、媒体、同行业人员、机构正式员工同事、家人互动，还有少数时间会与机构非正式员工互动；服务项目合作伙伴一般在项目启动、项目中期评估、项目结束评估时会有互动，其他时间除了项目执行突发情况或者需加入新的项目内容时才会有沟通。这一类员工对内要保持与机构同事密切配合的状态，又负有监管项目开展的责任；对外要向政府报备项目的情况，做好与媒体的联系、同行人员的交流互动以及对来访人员的接待。这些方面，W机构做得还是不错的，有瑕疵的方面是员工间对项目起草、确定、执行的互动沟通力度不够，还处于集权定项目的状况，部分员工对于机构网络媒体宣传资料的更新不勤，对于处理员工间的互动摩擦也有责任推脱的现象发生。

第三类是办公室后勤机动人员（财务、人事等），占机构员工的2/9，主要负责机构财务、人事相关工作，诸如项目大型活动物资采购、办公室物资采购，还有项目需要人时，成为机动人员参与项目的执行。他们互动的人员主要是机构正式员工同事、家人、其他（朋友），别的人员接触都特别少，偶尔会与服务项目合作伙伴有互动以及与服务对象有接触。这一类人员的社会关系互动最简单和单一，员工表现出的工作热情不高，工作成就感低。

第四类是机构领导，主要负责审批项目以及对机构员工的管理、项目的监管，较少参与项目的操作，其主要互动关系网络包括的人员有机构正式员工同事、政府、家人，偶尔与服务项目合作人员、服务对象有互动。机构领导工作的特殊性，导致与员工的互动相对较少。

第五类是笔者在本研究中提出的机构非正式员工：实习生和志愿者，机构将其看作机构员工，但是在具体工作中不算在人员的配置中，其主要的互动对象有服务对象、带自己的机构正式员工同事、服务项目合作人员（学校老师）、其他（朋友、老师、同学）。这一类员工在机构是边缘群体，可以参与机构相关的直接项目，但一般没有发言权，很难在机构获得归属感和认同感。

（三）W机构的人力资源管理模式

W机构的员工发展是需要关注和回应的问题，机构进入工作新区域内，机构的工作模式在调整，加上领导的更替，员工和领导需要互相适应与调整。到新社区近半年时间，员工对机构的发展方向、领导模式还没适应过来，需要加强沟通和了解，现将目前机构的人力资源管理模式做以下呈现。

1. 正式员工的管理模式

机构里绝大多数事务由理事会决定，而员工中有个别理事会成员。发展方向等决定出来后，由员工执行，而员工的想法和有关发展思路传递得较少。

新领导的工作模式，大家都在调整状态，还有项目点新、新角色的重塑，让大家都感到疲惫。现在领导觉得老员工的经验主义阻碍了发展。新官不管旧事，过去做的定位和发展方向都重新洗牌，大家在适应，工作配合都在调整。新员工缺少磨砺和经验不足。现在大家在工作上自信心都不足，不知道该怎么去迎合领导的思维，还在摸索中。员工的工作内容及行动都要给出明确的解释：目的是什么？思路是什么？为什么要做？做会有哪些风险？怎么规避风险？最后的效果预测等这些都要清晰，任何细节都需要明确。合作方之间管理度的控制也很难。（员工005）

员工005告诉笔者，现在机构面临的主要问题是新领导与员工间的协作还处于磨合的初期，大家都应调整步调，而大家都不知道怎么去调整，具体的协调和磨合没有相关的讨论与实施。领导认为：老员工的经验主义阻碍了机构的发展和创新，新员工没有工作经验又处于起步阶段，现在领导对新区域以及工作的构想都有其思路，凡事都需要符合领导的想法才可以开展。

I：那你觉得现在的领导是什么类型的领导？

007：集权，她一般要求每一个细节都有一个说明，任何工作内容都要她自己审批之后才可以进行。现在来说只上半天班，好多工作都会耽误。

I：那你觉得这样的领导模式对个人的发展有促进意义吗？

007：觉得很压抑，也会担心自己在哪个工作环节出现问题或者说就是高度紧张的状态。

I：那你是怎么去调解的呢？

007：会和朋友吐吐槽，有想过辞职，估计年底会离开，这样的工作让人很难受，累死了，每天都怕来上班，也不想待在办公室。

I：个性上的压制还是工作上的严苛都会让大家恐慌。

007：虽然说是对事不对人，但是总让人觉得紧张。每次提出的建议都会在最后妥协于领导的想法。（员工007）

与007的访谈中发现，其个人对于现在的工作是处于紧绷的状态，领导在工作思路上与大家的沟通是不顺畅的，大家处于高度紧张状态。集权的优势在于权力集中、便于决策，劣势在于听不到周围人的建议和意见。

去年6月到现在一年半的时间，两个领导的交替变得有些紧张，现在是提倡民主集中，但是大多数情况是领导决断，只有在部分实际操作层面会讨论，最终还是领导说了算。（员工009）

领导有意识地体现民主宽松的工作氛围，但在实际的操作中并未做到，员工在意自己的意见提出后的效果以及工作想法的一些总结和反馈，希望真正的民主宽松的氛围让团队成员在其中获得认同，得到表达的机会。

2. 非正式员工的管理模式

对于实习生仅仅是带他的员工了解基本情况，也不会安排与专业相关的内容进行学习和实践。就笔者来说，参与最多的是"儿童天地"的孩子的作业辅导，兴趣班的管理和监督，每天一去就在自习室里待着教孩子作业，结束了就下班了。机构督导谈话时说过，每两周会有一次督导，但就开始实习时有过两次督导，之后都没有督导，实习生都是放养，较多时间是自己学习，有时参与助学家庭的家访、机构的传统活动、相关活动物资采购、机构宣传博文更新。诸如活动计划、活动策划的参与会较少。

今天你们去学校兴趣班看看，下午你们去自习室辅导吧。

这是员工009常对笔者说的一句话，中间沟通过，说这个内容是学校老师负责的，我们的角色应该是监管，但实际上是直接去管理学生。"学校老师不管这块的内容。"会议时提出不提供直接的服务，不是去辅导功课。但机构就是让你去做，对于成长关注得很少。

I：我觉得现在我天天在辅导功课，很有挫败感。
009：我们也没办法，这个暂时由我们去管。
I：机构要求的是我们不直接去做这个辅导功课，之前开会都说过，那是不是可以去和学校老师沟通，辅导功课可以让老师去做，我们可以去关注孩子行为能力提升这一内容？我不知道每天重复地辅导功课对我的专业实习有什么提升意义？
009：那你想怎样？不想去就别去了。

这是笔者和带自己的同事的谈话内容，笔者很想以专业视角去做专业实习，但在探索过程中却得不到回应和关注。个人对工作的热情度也逐渐被消磨殆尽。

I：我这几天很困惑，我们这段时间的辅导功课是机构要求的工作内容和服务内容安排吗？
002：不是，我们现在不做直接的服务。
I：那现在还有继续的必要吗？是不是可以试着与学校沟通，明晰我们双方的责任和目的，以及工作内容？
002：这个下来会调整。
（时隔三周后才开会讨论，之前继续着辅导功课、兴趣班管理。）

开始会说我们也很在意你们的成长，而当面临问题时，不是直接有效地回应和解答，而是说接下来会做处理。最大的感受就是：机构工作人员只在意他们的工作内容，关注的点是服务工作。对于实习生的成长关注是不够的，甚至是忽略的。

I：之前我们聊天时我告诉你一些自己的困惑，你好像都不做回应。

006：其实我是想回应你们的迷惑，只是怕同事觉得自己多管闲事，影响关系。

实习生的管理和督导归责于带实习生的员工，其他员工发现出现问题也不作回应和督导，放任问题滋长。对于实习生来说，机构的员工都可以作为导师来带领和指导自己，但机构并未明确这一点。

志愿者就纯粹是帮忙的，临时的多一些，有少部分是参与长期服务的，这就会上升到实习生这个角色。我们是把实习生当作机构员工的，会参与机构项目的策划—执行—评估的一个完整过程。你们今年的时间安排以及机构的搬迁调整会让你们觉得迷茫，而你们也处于志愿者的角色。（员工006）

I：来了这些日子你觉得有意义吗？

A1：有吧，只是我还没发现。

I：你们认识机构其他工作人员，以及机构的办公地点吗？

A1：除了你们都不认识，我们多想和你们聊聊，不知道许多事，希望你们可以教教我。

I：现在我们不就在聊天了吗？你们希望有一些培训吗？关于如何和孩子交流，或者一些志愿精神的探讨内容。

A1：肯定需要，可是没机会。

志愿者来这边都不知道自己可以做什么，有时他们很希望机构给予他们一些成长的关注，可事实上关注得很少，当志愿者表达想要参与一些和孩子交流的技巧培训时，都如石沉大海，没有回应。

志愿者需要得到认同和回应，激发其积极性是很有必要的，而在实际的服务中，志愿者更希望的是能有机会可以互动和交流促进自我的成长，并非给予公交补贴这些物质支持。

志愿者纯粹是帮忙，如帮助完成一些大型活动的秩序维持，或者直接参与一些儿童成长的服务小组，如作业辅导、孩子课余生活的参与。在机构员工眼里，实习生在机构的角色就是志愿者，而实习生本身也是扮演长期志愿者的角色。实际的成长或者其他的能力提升方面，机构的关注是很少的，不管是志愿者还是实习生都是放养式的管理。

3. 相关内容培训的员工发展管理

培训是员工技能提升的一个手段，也是一个机构提升自我竞争力的必要举措。机构应提供培训机会，让员工学习专业服务技能、提升个人能力、完善自我能力建设，这也是发展社会支持网络的方式。同行业内的交流学习机会不仅让员工增长见识，也让员工在培训过程中洞悉同行人的优势以及自我的不足，这实则也是健全和完善机构服务体系的方法与技巧。

I：那培训是所有人都有机会吗？内容相同吗？一年大概会有多少次？

006：机会都会有，内容不太相同，会有偏重，针对个人负责的板块考虑是否参加培训。有些可能是有交叉的，都会去学习。要是地点在昆明，那会争取机构人员都参加。我去年一年有12次的培训，可以说一个月一次左右。

I：你们每年的培训多吗？是什么类型的？

004：还是多的，资助方给的机会也很多，以及外部的一些培训，现在政策提倡政府购买服务。集中在儿童发展、社区发展这些，参与培训一般是与工作内容相关的人员去参与，各有侧重。比如说普通员工可能会涉及"儿童组织""儿童发展"以及一些技巧性的东西。而对于管理者来说，他们不仅要学这些，还需要参与机构发展的统筹和管理。

I：那也就是说机构关注的员工发展层面也是有差异的？会不会说让员工都有全局意识的培训，毕竟机构的发展需要大家心里揣着机构的发展方向，在实际服务中，都会以机构的发展方向作为努力方向。

004：是有差异的，好像这个不太多，主要就是做好自己的本职内的工作多一些。

007：同行业内会有一些邀请的交流学习，还有资助方组织的一些培训，那就可以参与。绝大多数是板块内的负责人有机会参与，相关项目内的同事参与相关内容的培训。

总的来说，机构内的员工培训机会是很多的，但绝大多数是与自己工作内容相关的培训，对于员工来说，提升其机构全局观或者其他服务内容层面的培训较少。员工也期望可以参与一些自己服务内容外的学习和提升。就员工的表述：在机构内，人员分配不过来的时候就会借调到其他小组参与其他小组的工作内容，若每次培训学习都只涉及与工作直接相关的内容，借调后员工的工作效率和质量都是值得怀疑的。

员工的机构全局观也是值得关注的，每一个员工都是机构发展的内源驱动力，只有每一个员工做的每一项工作都是以机构的发展以及服务的高质量为出发点，那么机构的发展才会更加稳固和扎实。在参与工作中发现：有员工跟不上机构发展步调，工作的开展只在工作内容上，往往脱节于机构的总发展要求之外。

4. 模式化工作管理

模式化，指根据工作性质、工作内容、工作时间周期等，将工作进行分类，之后制定模板式的内容安排、工作流程、物资费用额、人员安排、工作分工、职责明晰等。这样的模式化可以让新进的工作人员很快上手，使他们很快进入工作模式。节省前期工作准备的人力资源以及时间成本的消耗。模式化工作推行成功有助于打造机构的服务品牌，也是提升和发展机构的又一个直接有效的方法。但模式化最大的弊端是程序化，容易刻板和定式，创新内容的注入少之又少。而创新是发展的动力源泉，若缺少了创新内容的更替，那模式化的风向标服务体系就显得简单和不具代表性。

> 现在领导要求的是把所有工作的流程、步骤全部写下来，每一项工作都按流程来完成。不希望有多余的内容，也不希望少了其中的内容。希望制定出一个模板来，任何新进的工作人员都可以很快上手。这样的话其实培训不培训都没那么重要。（员工007）

机构正在进行"儿童天地"的模式化探索，要求的内容、工作流程都会程式化呈现，这是对机构儿童发展服务的新探索，总的来说这样的思路是可取的，但就现在的探索来看，机构的发展思路是有缺陷的：模式化下多余的内容都不要，那么就只包含模板下的发展模式，这对于机构来说是很不利的。模式定格后，新内容没有更替，很容易做死了或者服务变得没有灵魂，也不可能成为机构发展的方向。

5. 员工发展管理

NGO员工的发展督导是不可缺少的，无论是正式员工还是非正式员工的实习生和志愿者都需要督导的监督与训导来完成工作相关内容以及个人能力的提升。

其实也没有那么专业的说法是督导，只是大家有处理不了的事或者遇到问题会来找我协调。一般没有特定的时间做督导，有事就找我。目前来说，许多工作领导都有安排，不需要做相应的督导。

I：那对于新进员工遇到工作配合问题，你怎么看？
002：从管理者的角度，他不提出来那就不会采取措施。
I：那就是说即使你发现问题产生，要是他没提出来都不会去干预？
002：是这样。

机构现在员工的督导是缺失的，无论是正式员工还是非正式员工，在员工面临问题和困境时，都没有正式与非正式的沟通和指导去纠正与完善，以及指导其如何克服困境来完成相应的服务工作。机构没有清楚认识督导的角色和重要性，认为有事才找，或者有事不提出来都不会去协调和关注。机构对员工的发展有所关注，会强调从管理学角度来看待员工的发展，也会考虑管理的效率和机制，但缺少对员工心理的关注以及能力提升方面的督导。督导的缺失是很直接的表现，他们觉得是需要督导，但是不知道谁可以做督导，怎么去做督导，督导和人力资源管理之间有什么联系和区别也不是很了解，只是简单回应：有事了可以找我！督导扮演的是行政人员的角色，不仅协调人力资源，还关注员工的个人生理、心理、专业性发展、职业发展等内容。机构的督导缺失对机构的整体性发展和员工的个人发展都十分不利，遇到问题都不知道如何去解决，也没有人直接来关注和指导改善员工自我缺失的工作技能和心理困惑。

就以上 W 机构的管理模式可得出，W 机构的人力资源管理具有以下特点：一是对正式员工实行权威集中管理方式。正式员工除了理事成员外，都没有参与机构发展方向的讨论和思考，普通员工只需按要求完成工作即可，对于机构发展方向的反馈缺少参与机会。二是对非正式员工实行放养式管理。非正式员工主要是完成自我的社会实践任务，机构会以非正式员工进机构的动机来安排工作内容，一般符合机构相关工作制度要求即可，对其的个人发展关注度低。三是在员工能力发展方面的培训管理制度不够完善。机构内正式员工参加的培训，内容都是与其当前负责的项目内容相关的技能培训，其他间接相关的技能培训机会较少，非正式员工没有参加培训学习的机会。四是机构开展工作采取的是模式化管理。机构每项工作都有其固定的开展步骤和内容，强调可复制的服务模式的建立和巩固，对于服务内容的创新有较强的限制。五是员工发展的督导缺失。机构设有督导角色，但督导的工作内容与督导角色不相称，机构对督导角色的认定缺失，也缺乏认同其存在的重要性。员工的发展受到机构本身的管理制度影响，W 机构的人力资源管理特点导致机构员工面临相关的发展困境。下面笔者将对其面临的困境作出相应的呈现和分析。

二、W 机构的员工面临的困境

困境是阻碍发展的直接因素,研究和探索困境的内容、现状以及原因对完善体系制度、提升个人的能力有直接的意义和作用。

(一) 机构员工个人价值与机构发展理念的冲突

价值理念对个人的工作和发展都有着重要的意义,专业价值、个人价值与机构价值三者的统一协调对社会工作者来说是工作的开始就要完成的。在 NGO 机构中,开始的招募都会要求员工对机构的工作内容是感兴趣的,自己也认同机构的理念的人员才会被纳入麾下。理论上说这些都是需要做到的,但是实际上对最初的理念认同的关注是相对少的。

I:新员工的培训主要包括什么?

005:财务报销的要求和相关物资采购的注意事项,处理利益冲突的方式,也就是涉及钱的问题都要特别地要求。还有员工守则的告知,以及员工可以享受的福利待遇及要承担的责任。

I:你进来的时候,应聘时和你谈了什么?

008:就是对机构的看法、自己对工作的兴趣这些。

I:有没有讲机构是做什么的?机构的理念是什么?怎样工

作的?

008：有讲，理念这个在资料室都有，工作会有老员工带着做。

新员工的入职培训内容简单，就是在工作中应注意的工作事项、应承担的工作责任、可以享受的权利、应尽的义务、考勤制度等，对于机构理念的传递和宣传基本没有去做。员工应聘和入职后对于机构理念的认识是很浅的，机构希望的是员工在参与工作中自己去了解机构的理念，而讲解和实践的引导做得还不够，有时候在开展工作时只知道应该以某种模式开展，不清楚开展工作的原因、工作模式的优势，这些内容都处于模糊的状态。

员工的价值理念与机构发展理念冲突是在员工的工作思路和机构的发展方向有偏离的时候出现，机构未作出相应的解释和引导。大多数员工是自己去做自我价值理念的调整，试图达到与机构理念的一致。而在这一过程中出现的对个人心理的冲击和反思对员工来说就是一种自我发展。

实习生和志愿者也会面临许多困惑。实习生对于机构理念的认同开始于对机构的兴趣，当进入机构、参与机构工作内容时，出现机构的工作理念和专业背景理念的不一致，对实习生来说是很难自己去调和的。实则是对于志愿者来说，实则是对机构一无所知的人占多数，这时需要机构给予更多的关注和引导，来达到机构理念的传递和理念的调和。

员工是促进机构发展的直接动力，也是核心动力，员工的价值理念与机构相统一是完成机构工作内容的重要保障，也是员工自我发展和完善的重要基石。重视员工的价值理念和机构价值理念的同步性也是避免价值冲突带来的机构人力资源受损的预防措施。

（二）员工面临个人效能感低和专业能力受损的挑战

员工的效能感是自我对自己是否有能力完成工作内容作出的预测和感知，也就是员工对完成工作的信心和对工作完成后产生的成就感。效能感在得到认同、支持、鼓励和赞扬时可以得到最大限度的彰显，也能促成员工高效高质量地完成工作。

专业能力是员工开展工作时需要掌握的专业服务的价值理念和指导理论，以及在理论指导下展示的服务技术方法和工作能力。党的十八大后，我国的NGO机构参与社会公共服务的角色逐渐得到认同，政府的相关文件也要求鼓励社会组织参与社会公共服务，近年来国家对注册社会工作师的管理也在提升，未来的社会服务将要求专业化的服务，对员工的专业能力是必然要求，也是机构申请资源和得到政府与社会大众认同的首要条件。在此研究中，笔者对专业能力受损提出两种解释：一是员工的专业能力缺乏，对于专业方法的了解停留在听说的层面上，专业能力几乎为零。在开展服务工作时，不知道自己在服务过程中该用何种技巧去完成服务，也不知道自己可以用某种技巧和方法去开展工作。二是有社会工作的专业背景或者考了社会工作的从业资格证，在考证过程中对专业有一定的了解，但在实际服务开展时根本用不上或者与机构的工作模式相悖。员工本身有一定的专业能力和素养，但实际工作很难运用专业技巧来达到专业能力的提升和自我效能感的提升而产生能力受损。专业能力受损对员工来说是不利于个人的职业、心理和社会性发展的。而对于机构来说，员工的工作服务效率和质量都直接影响机构在社区内的认同度，影响机构对未来的规划和发展，也会影响政府、合作单位对机构服务能力的信任度和支持度。关注员工的自我效能度和专业能力的提升是机构未来发展不得不重视的问题。

有时候自己做了很多努力结果被说得特别惨。(员工007)

机构关注的是机构的服务内容,对于员工对工作的认知和想法关注很少,员工在工作过程中付出了努力,这努力应该给予肯定,也可以指出工作过程中的不足,在未来的工作中努力完善和修正工作方法与技巧。简单的否定是对工作完成的一种负面评价,适当的解释和说明以及鼓励是必要的。在发现员工产生效能感低和专业能力受损时,给予积极的关注和疏导,这时机构员工督导就是不可缺失的角色。一方面督导给予员工心理上的支持和疏导,另一方面督导给予员工专业知识的培训和填充,给予员工专业技术的示范和引导。

(三) 员工工作手法与机构领导创设模式的冲突

一个机构的工作手法有固定模式是好的,可以建立品牌效应,适时地补充新鲜内容也是机构的亮点和发展的必需。

经验对一个人的成长有着不可替代的作用。人在环境中,工作方法也会受到周围人和环境的影响。环境是一个包容而又复杂的场域,员工从接触一份工作,坚持很多年之后在工作中模仿、尝试、总结,形成趋于成熟的工作技能,许多时候应该受到赞扬和肯定。

001:你应该做的是先提出活动的构想让大家讨论,然后着手写计划。

009:我想先拿出计划来再让大家讨论可行性。(观察记录5)

006:我们是不是可以让实习生协助写一些策划和工作计划?

001:你这个想法是不对的,他们现在只是看我们怎么操作,他们还写不出来计划这些东西,你对他们的期望不对。

006:我们可以尝试让他们参与其中吧。

001：慢慢来，这些事情就你们先做吧，让他们先看看。（观察记录5）

领导希望看到的是按照设想的逻辑和工作程序去开展工作，而不是与其逆行或者不同的思路开始工作。员工对于工作内容的开展，还有实际开展时人员的参与构想安排，大多数时间在讨论会上会遭到否定，不允许以新的方式或者新的人员责任配备来开始工作，这对于员工来说是一种直接的打击和限制。

机构员工中有6位都是具有5年以上行业经验，都已形成自己相对成熟的工作模式和手法，对于工作，员工都有自己的想法和思路。领导创设的模式：所有类似的工作内容以相同模式开展，对于员工的提议和想法，最后都没有接受。员工新的思路都是以最后放弃为结局。

（四）员工服务与合作单位的关系协调

机构服务的主要对象是流动儿童以及社区流动人口家庭。开展工作时参与的合作伙伴是学校，目前来说新的服务区域局面还未打开，社区的合作会相对较少。机构现在开展的儿童发展教育较多，主要以学校为平台，直接在学校为儿童服务，这也可以归为类似于学校社工的服务工作，只是工作人员是在学校和机构两地奔波。其中直接服务的内容有丰富儿童课余文化生活、儿童入学的助学、儿童品格课堂、儿童成长引导示范教育、儿童组织的培育、儿童放学后的安全照顾、儿童成长冬夏令营等，间接的服务内容有学校老师儿童保护的强化、助学家庭的关怀等。

1. 机构主导，学校被动参与的儿童发展服务合作

机构称驻校的工作人员为驻校老师，工作人员在学校以老师的角

色出现，与学校老师共同协商和讨论在校内开展的服务工作，协作完成。其中机构工作人员扮演的是主导、监督、评估的角色，学校老师是协助者、直接管理者。目前，机构与学校的合作模式还在调整和摸索。

002：我们中秋要在这边做活动，想邀请你们学校参加。
T1：好啊，那需要我们做什么？（观察记录6）
009：这学期开始我们还会继续在学校开展一些活动，我们希望和老师还有更多的合作。
T2：好啊，你们想怎么样做就怎么样做。
009：那我们就在学校开葫芦丝兴趣班、书法班，你看怎么样？
T2：好啊。你们觉得怎么好就好。（观察记录8）

在学校和机构的合作中会发现：学校接受和参与服务工作，也希望机构可以给予他们缺少的资源，来填补私立学校的资源缺乏。但是，学校的参与是被动的，基本上机构的提议都会被采纳，学校反馈和给予的意见很少，每次的回答都是配合就好。深谈后希望学校可以主动提出一些想法，机构给予支持、协助和监督，每次都会以机构主导责任结束。机构在开展活动和服务时，会以服务对象需求开始，但是中间就会偏离服务对象需求为主的服务，朝向机构想要达到的活动效果，或者就变成为开展活动而开展活动，没有实际的服务效果。双方的合作并没有像设想的那样，双方共同提出想法、共同讨论，最后达成一致，大多数是机构决定，校方主动性不高。

2. 机构监管过严，学校工作开展自由度降低

合作双方活动目标和工作过程达成一致，是开展好服务活动的前提。和谐的合作关系是指双方都有各自的发展自由以及其他自主的工作安排，合作时双方目标一致，内容安排、工作手法互相认同。

> 之前有合作的学校，开始很主动积极地参与其中，后来开展工作，学校就提出一些要求，若是机构不答应或者做不到就会拒绝，让我们没办法开展工作。我觉得开始谈合作时，把责任明晰，还有把各自的工作责任及大家的工作目标都确定好，不能让学校或者其他合作单位牵着鼻子走。（员工003）

前期与学校的合作出现过这种现象，即机构答应学校提出的要求过多，导致后来合作学校占有了主动权，机构需要满足学校提出的一些要求，然后才能开展工作。机构和学校合作关系变得复杂，降到冰点。学校不愿参与机构开展的活动，机构害怕与学校打交道。

> 008：学校想要和高校学生社团合作开一个元旦活动，我们的投影仪可以借给他们吗？
> 003：是什么类型的活动？是哪个社团参与？是不是我们合作的高校社团？
> 008：具体的还没出计划，下周商量才晓得，社团不是之前我们合作的志愿者社团，是其他高校的社团。
> 003：告诉学校让志愿者与我们机构联系，过来商量如何开展元旦活动。
> 008：为什么？
> 003：我们希望志愿者在我们服务的学校办活动，通过我们去达成服务协议之后开展，以免出了安全问题，机构遭遇危机。
> 008：那可以和学校达成协议，他们举行的活动，活动责任在于他们不行吗？

003：就告诉他们，志愿者没有通过我们机构去学校办活动，机构不支持也不借物资。

008：哦，那我转告老师，或者可不可以你直接和学校老师谈这个问题。（观察记录9）

机构对不是通过机构而是直接与学校联系的志愿者组织持否定态度，不希望学校越过机构与外面志愿者合作。机构担心若出现问题会引起机构志愿者的服务信任度下降，也担心之前类似的合作关系出现裂痕或者机构处于被动地位，影响今后在学校工作的开展。现今机构尝试的是压制学校与机构外的单位或关爱的群体合作。之后机构和学校协调时，学校老师表示不解和无奈。学校希望给孩子一些新的活动和体验，机构没有精力帮忙却不允许其他爱心人士参与。机构在沟通中告知学校这样做孩子存在安全风险，对学校与机构的合作关系也会有影响，希望活动的开展是三方参与互相监督保障孩子的安全。学校最后接受机构的提议：高校志愿者若不是机构的志愿者，若愿意来机构签订服务活动安全协议，那三方一起举办活动，若志愿者不愿意与机构签订服务活动安全协议，那么就不允许其在学校举办活动，避免安全事故的发生。

机构对学校的监管过严，学校与除了机构外的单位合作都需要和机构报备与商讨，学校处于被监管中。机构给予学校的助学项目、送温暖系列活动，学校很乐意接受，希望机构可以给予学校一些帮助和支持，但是也希望自己本身有自由参与或者选择活动的权利。学校喜欢机构既给予帮助，又在监管上给予空间和自由。

双方合作希望达到的是双赢。机构和学校的合作最终都希望孩子好，孩子可以感受到温暖，健康成长。二者的目的是一样的，但是学校本身就是独立自主个体，有自主选择性，机构对学校监管过严，对合作关系的建立和维持是不利的。这样老师会直接接受或者不会提出自己想要开展的活动。机构现在应充当的是"催化员"的角色,催化学校自主开展利于儿童全面发展的成长教育活动。而现在学校是被动或者是管制下的角色,实则对学校和机构都不利。

总的来说,机构的价值理念是机构发展的标尺和风向,二者在互相融入渗透时,出现分歧是正常现象,但不可忽视。系统内和系统本身都会因小问题而使系统的平衡打破,影响二者的平稳和谐,二者的依存关系出现间隙,影响到整体的发展方向。而在二者互动中信息传递出现误差时,平衡也将被打破,只有当子系统的价值理念与机构理念相接、相容、相融、相随、相伴,达到一个平衡,处于相对静止状态,才可以促进子系统与母系统的融合,使其共同发展,一齐进退。

员工的工作能力以及专业素质是彰显机构服务专业度和质量的名片,员工在参与机构各项工作之前都会对自我工作的完成作出预知和判断,实则是对自我能力的评估。在实际工作中,员工由于机构制度要求以及现实工作内容的限制,往往很难在开展工作中发挥工作效能感,时间长了也使得效能感降低。专业能力受损最直接的影响就是服务内容的开展,实际上会使得服务质量大打折扣,间接导致机构的社会公信力下降,影响机构的声誉和发展前景。员工的工作能力是机构发展的动力,员工能力受损,机构发展也会出现危机。母系统下的子系统发展受阻或者出现挫折都会导致两者共同经受危机冲击。

机构内领导和普通员工都是机构的发展内源动力,都是机构人力资源系统下的子系统,领导和普通员工两者的良性双向互动是保持机构人力资源系统平衡的前提,二者工作思路和工作模式的设定都需要斟酌和讨论。每一个子系统都有其独特性:成长环境的差异、专业背景的不同、工作岗位和职责的区别、工作经历和经验的差别,这些都导致思考和工作思维模式的区别,也出现了工作模式的冲突。独特性改变不了,但可以从机构资源系统这个母系统出发找到平衡点:领导和普通员工都是子系统,都希望实现机构自我品牌工作模式的创建,提高机构的服务质量、社会竞争力、社会公信力、社会认同度，当普通员工在工作过程中与机构创设的工作模式出现冲突时，需要及时沟通，达成一致意见。领导需要更多地从一线工作的角度去考量创设模式是否合理，普通员工在实务操作中也要及时反馈创设的工作模式是否合理，是否需要及时调整和修正。只有两个子系统在推动母系统积极发展时，互动沟通，互相理解，工作思维交互影响，达成共识，促成机构人力资源的和谐，才会促进机构人力资源的整合，与机构的发展共进退。

机构员工在开展工作中，互动的对象有机构内部同事、服务合作方、服务对象、政府部门等，但自我工作能力及自我发展还与自我的社会交际网络有关。即是否处理好员工这一系统与周围系统的关系直接影响到员工的自我发展，间接影响机构人力资源的发展以及机构本身的发展。在机构内员工系统和机构系统是强关系的交互影响，而员工在社会系统下交互影响的系统复杂多样，却又直接、间接地影响着员工个人的发展以及机构本身的发展。

综上分析，机构员工面临的困境不仅因员工本身专业素质、工作能力、个人社交网络的影响而产生，还与机构内服务理念、制度规章、同事关系有关联，与机构外合作对象、服务对象、政府、社会大众等这些系统交叉互动有关，这些系统的交互影响产生多向错综复杂的社会关系网络。即员工个人的发展离不开其身处的生态系统，协调员工系统与周围系统的互动方式是促进机构员工和机构整体发展的必然要求。

三、社会工作行政视角下 NGO 员工内源动力培育

社会工作行政是社会工作的间接工作方法，功能有：实施社会政策；进行有效管理；总结经验，修订政策。其中实施政策是解释社会政策的同时制定政策实施的策划，直接对社会服务机构的服务活动进行组织、协调、管理和监督，总结经验反馈政策的实施。笔者针对 W 机构的员工管理模式、员工面临的困境，在社会工作视角下探索员工能源动力的培育途径。

（一）变革机构员工管理及发展制度

机构目前只有 9 名员工，大型活动或者社区行动时会邀请志愿者或者实习生参与，而员工的管理目前存在一些不足，需要改进。

1. 机构员工的管理探索

机构是一个集体，也是员工的第二个家，让员工在机构内找到认同感、归属感、成就感，不仅让员工得到认可，也让员工愿意为机构努力开展工作。

（1）民主集中式的正式员工管理

和谐健康的工作氛围有利于工作的开展，人们都向往自由和民主，国家也一直强调民主对于国家稳定发展的重要性。民主对一个机构来

说也是很重要的，民主表达工作想法以及对机构发展的建议和总结，对机构来说也是很重要且不可替代的发展奠基石。民主参与也是一个机构要营造的机构文化氛围。员工是机构的核心要素，是完成机构发展和蜕变的直接动力，鼓励员工参与不仅会给机构带来好处，也可以让员工互相学习经验来提升和武装自己。

现今机构对员工的管理都是集权式的管理，普通员工都没有机会参与机构的发展讨论，而对于最终的结果及发展方向的确立传达也不及时，员工对于机构的发展方向模糊，只知道有诸多的工作要完成，具体的发展是怎样都不太了解。员工提出的工作手法和服务往往最后被修改或者是以同一模式开展工作，容易让员工觉得疲惫和压抑。

本文提出的员工的民主集中管理是指员工有参与和完善机构发展的权利，以及开展工作的相对自由和创新鼓励。民主集中管理表现为以下几方面：一是机构员工先对前半期的工作做回顾和总结，讨论大家期望的发展目标。二是员工遵守机构的服务要求和工作制度，并且可以列出合理的评估及监督的方法，鼓励员工创造有个人特色的服务模式和工作方法。三是肯定和鼓励员工积极参与机构的发展讨论，及时回应或者采纳员工提出的建议和意见。

（2）体系组织的非正式员工管理

NGO 的正式员工都是很少的，绝大多数时候会招募志愿者、义工或者吸纳与社会服务相关的实习生来协助完成社会服务工作，传递人文关怀的社会道德精神。NGO 承担着政府顾及不到的社会公共服务内容，也是在开展服务过程中，传递社会人参与社会公益行动理念的发起者和行动者之一。在西方，伊丽莎白《济贫法》的颁布是提供社会福利的起端，随着社会的发展和变迁，社会福利、社会救助、社会保障、社会保险这些社会基本保障的服务体系不断完善。党的十八大把社会服务体系的建立和完善列入创新社会管理的内容中，党的十八届三中全会又提出激发社会组织活力，这更要求 NGO 发挥社会服务提供者的作用。非正式员工在机构中也是很重要的核心动力,虽然流动性高、稳定性低,但在开展工作中,这一部分人力资源是不可忽视的。

建立人力资源管理体系,对流动性高、稳定性低的群体来说是很难的,但我们可以探索一下。机构主要的合作对象是昆明市几所高校的社团学生,或者是社会工作专业毕业的实习生,总体来说有相对稳定的合作对象。那可以这样做:一是向合作的社团负责人做机构相关服务内容的介绍,特别是在社团负责人更替后及时沟通,及时补充志愿者,介绍机构想要传递的社会公益精神、对学生志愿服务的要求等内容,让社团自主安排,传递机构的服务精神,机构对社团提供的志愿者进行筛选,最后确定服务合作关系。二是及时建立新的志愿者输送线,发展不同学校的志愿合作社团,强调上一期志愿者快离开之时,让其提前找好接替的志愿者,并带接替志愿者熟悉服务工作内容。三是重视实习生并建立实习生成长培养制度,让实习生在机构找到服务的成就感和效能感,可以发挥专业之长,补充机构专业服务的不足和缺失。总之,建立体系性员工管理制度对机构来说是很好的尝试,非正式员工走之前尽可能介绍或者找到替代工作职务的人员。具体来说,员工个人都有各自的社会关系网络,让员工在带实习生还是志愿者之时可以有意识地告知和引导参与者注意培养结束期后的接替者,让机构的人力资源处于饱满和充实状态。

2. 员工发展建议

员工发展是机构发展的核心内容,机构员工在完成工作内容的同时,自我的能力也需要得到提升。访谈和观察记录发现:多数机构员工认为,职业发展主要是自我的工作能力提升以有能力胜任工作,保证工作效率和质量以推动机构的发展;还有的认为员工发展是员工安全感和归属感获得;有的认为员工发展就是员工横向、纵向的发展,员工不仅可以把自己业务范围内的工作做好,还可以做机构其他内容的工作。笔者定义的员工发展是以全人发展的理念关注机构员工的生理、心理、职业以及社会性发展，并提出以下建议。

(1) 以员工为本的员工发展

以员工为本，关注员工本身对工作的看法以及员工掌握的服务技术。主要就是了解员工个人的性格特点、工作优势、工作不足，按员工的实际能力、性格特点和兴趣爱好分配工作，使得机构员工热衷和愿意在工作中付出个人的全部努力。工作的安排先考虑服务对象的需求、机构实际的资源拥有，之后考虑员工本身对工作的期许。关注员工的工作想法和建议，及时给予回应和指导。

(2) 全人发展的员工关注

员工不仅是机构的工作人员，也是提升机构品牌和竞争力的内源动力。员工在社会上扮演的角色不仅是机构的某项工作的工作人员，还扮演着父母、子女等角色，生活、工作、社会关系网络、个人身心的健康这些方面都是需要关注的。关注员工的工作效率和工作能力是一方面，关注员工的身心健康及社会关系网络是另一方面。心理出现问题短期内会造成员工的工作效能感低和专业能力受损；有些会让员工的交际互动长时间不顺畅；有些会使员工出现心理危机，干扰员工的身心发展。

全人发展关注员工各个方面的发展，重视员工工作能力的提升，也重点关注员工的生理心理健康、社会关系网络。适时地给予工作指导、心理疏导，给员工时间和机会参与社会交际和家庭关系的维护。无论员工哪一方面出现问题都要及时关注和支持。帮助员工走出困境，关注员工整个工作生活环境的变化和出现的亚健康状态。

(3) 提供自由宽泛的工作氛围和创新空间

员工的创新会为机构注入新鲜血液。目前机构对员工工作要求是模式化操作，模式化的工作要求会阻碍员工创新。机构以模式化来规范机构的工作内容的考核和管理，成为可以复制的简单工作模式，看起来是很好的设想,然而,模式可以复制,也失去了新颖性和特殊性,影响机构的竞争力和品牌创造。模式下应给予员工宽泛自由的思维空间和创新空间,鼓励和相信员工的创新,尝试着去建立机构不可复制的新颖工作模式,让员工积极参与,进行头脑风暴,创新完成机构的每一个项目,创造不可复制的品牌,从而增强机构的竞争力、发展力和贡献力。

(4) 鼓励和加强团队建设,促进员工成长

机构员工间不仅是工作上的伙伴,也是最好的人际支持网络,应加强员工的团队建设,培养员工间的默契,凝聚团队的核心动力。员工在工作中会因工作意见的分歧而产生冲突和矛盾,若不及时处理,将会影响之后员工间的合作,还会影响整个团队的工作效率和工作质量。员工间常出现摩擦和工作分歧时就该考虑团队建设和员工互助的沟通分享。

机构现在每年有一两次的团队建设,团队建设时会以社会工作的小组工作形式来开展,就员工反映来看,开始的团队建设活动大家都很期待,但是后来的团队工作很单调,做游戏就是做游戏,大家有些烦了。或者有时出去外展和谈工作的内容让人觉得身心疲惫。团队建设不一定要按固定模式去做,还可以每次做一些新的调整和注入新的内容。可以做类似的调整:一是按每年可以拿出来的团队建设的经费,可以是团队自己策划来做或者交费给专门的团队建设培训组织来帮助完成。二是团队建设主要的目的有放松身心以及团队的默契培养,可以适时减少工作内容的探讨,而做大家性格和想法的磨合。三是不要为了完成团队建设的任务而开展团队建设,应根据最近员工集中出现的问题确定团队建设的主题来开展团队行动。四是团队建设的开展希望是员工都自愿和乐意参与,做好前期的意见收集,不可草率去做。

团队的默契培养和团队精神的凝聚都是为了让团队的向心力更强,更愿意一起向一个方向走。加强员工团队的建设实则为机构的工作开

展铺平了道路。希望机构重视团队建设的目的和内容，确保每次团队建设开展后都可以让员工间的关系更紧密，工作更默契，形成一个家的团队氛围。

（二）加强员工服务技能的训练和督导

社会的公共服务是复杂而又十分重要的社会和谐保障，社会的复杂性更要求提供服务的工作人员具有相关的专业知识和技能，以应对服务工作。

1. 社会工作专业服务理论的学习

社会工作的四大工作手法：个案工作、小组工作、社区工作、社会工作行政，在服务开展过程中都不可避免会用到，前三者是直接的工作手法，社会工作行政是间接的工作手法，而在机构的发展中是最重要的工作手法。机构目前不敢接个案辅导，原因有二：一是没有学过个案管理、个案工作的手法，不知道怎么去做好个案，也担心个案做不好反而让服务对象陷入困境；二是个案工作很耗时，现在机构员工本来就少，没有那么多人力资源去投入。员工的专业知识理论和技能的培训与学习需加强及重视。机构的定位是非社会工作专业服务的机构，但具体的工作中会借用社会工作专业的服务技巧和技能，那更应该将需要的知识理论和技能学到家，以应对工作的挑战和提高员工的自信心。专业知识和技能是一个员工高效完成工作的前提，也是机构的重要竞争力，机构可以切实运用机构每年的社会工作专业实习生这一人力资源，让正式员工和实习生更多地互动学习，实习生以理论知识与员工的实践能力进行更多的互动和碰撞，提升实践能力。也让员工旁听高校的一些课程，实则感受专业的知识和精髓。

机构的工作人员需要进行工作手法的理论和技术的学习，也要做相应的模拟演练，并实际去操作和总结。

2. 专业社会工作技能的指导

机构现在最缺的就是专业理论和专业技能的发展。在社区开展的活动目的有两个：一来想要让社区居民，特别是流动人口家庭认识和知道机构的存在，也希望有困难时愿意来找机构帮助。二来是打开社区工作的新局面。但实际工作中，变成了是仅仅为开展活动而开展活动了。社区工作仅仅通过一两次的大型活动就想打开局面那是不太可能的事情。机构知道有社区工作，但不知道社区工作该如何去开展，如何去策划社区服务。特别是前期的社区资料收集和需求评估都只是停留在助学家庭，助学家庭本来就是社区中的少数家庭，那做社区工作用这些极少数人的需求来评估社区发展的需求是否合理？

机构的各项评估大多数是请高校的团队来做，机构员工参与得较少，对于服务片区的实际情况没有相应的深入了解，就报告内容和反馈开展工作，致使机构对于如何评估社区需求或者服务对象的需求都不能掌握。请外部团队帮助做评估时，应该注意相关技术方法的学习和了解，也请相关的技术人员讲解和示范相关的工作技巧，而不是停留在知道而已。

3. 明确员工的角色定位

机构员工较少，基本上一个员工身兼数职，工作内容繁杂琐碎，经常扮演多重角色，如媒体公关人员、社区发展组长、品格课堂老师、实习生督导等。多重角色的重叠，有时就会产生角色混乱，员工间出现摩擦。员工需要扮演多重角色时，需厘清每个角色的责任和工作内容，不因多重角色而让工作停滞或者出现混乱。

4. 建立员工督导制度

督导是员工成长必不可少的角色，员工遭遇困境的时候督导就是帮助员工走出困境的引导者。目前，机构设有督导，但督导一般是员工有事就去找，没事就算了。平时，机构的督导主要是进行工作分配和管理。督导不仅应监督员工完成工作内容，还应引导和帮助员工获得专业成长、心理成长。

机构需要建立督导制度：一是机构督导不可废，重视员工的督导。二是督导工作可以是机构工作时间较长且经验丰富或者是获得社会工作资格的老员工来完成。三是邀请外部的人员来做员工督导，如高校社工老师。四是定时做督导，对前一阶段的工作进行回顾和梳理，解决出现的问题。五是关注员工的心理成长和工作能力的提升。

（三）加强员工的自我调适和能力建设

自我调适即为心理调适，自我的情绪疏导以及自我反思成长；能力建设即对自我的潜能开发以及维持自我现有的专长和优势，并在工作、生活、社会交际中发挥重要的作用。两者的巩固和加强离不开社会支持网络的建立与发展。

1. 非正式的群策，协助员工走出困境

员工在开展工作中会面临许多工作中的困惑和不同工作思想方法的碰撞，这些会让员工间的关系紧张或者员工的身心健康受到影响，非正式的群策是有效解决这一问题的途径。非正式群策即是员工在吃饭、家庭聚会、团队建设或者闲聊时提出问题，引导员工对工作困境的阐述并以简单宽松的氛围去进行互动交流，员工在互相沟通和交流中给出彼此的建议，帮助处于困境的同事走出困境。

非正式的群策过程可以增进员工间的交流，还可以解决员工在工作中的冲突和摩擦。非正式交流中，会引出自己做某项工作的想法，让彼此了解做事选择方法的原因，也就是解释和说明工作分歧。这样

的交流和互动有利于员工间的了解和认识,也可以培养工作默契。

2. 指导员工发展自我的社会支持网络

员工的社会支持网络一般包括同事、家庭、朋友、同行人士,还可能是教友。其他的社会关系网络是比较少也是粗放的。社会支持网络的建立有助于员工在遭遇困境时走出困境。员工长时间都在工作中,接触最多的就是服务对象、合作对象以及家人,支持网络是相对狭窄的。鼓励员工在学习培训或者其他的交际互动中发展自我的社会支持网络。机构内建立更多的和谐机构文化,强化和深入支持网络。员工间的互动保持强关系,也是为员工提供支持网络。

3. 加强员工情绪管理

情绪会影响到工作的开展,特别是服务质量和效果,还会影响与服务对象和合作对象间的关系。情绪管理,即是员工对自我情绪与外界环境互动产生负面情绪时,能及时地自我疏导,控制自我的情绪,避免负面情绪对工作造成不良影响。

员工间出现摩擦和工作意见冲突时,会表现出不和谐的氛围,员工间互不理睬,在工作中会消极怠工,对待服务对象也不冷不热。员工的情绪控制相对低能,会影响工作的正常开展。

情绪管理方法如下:一是可以建一个情绪发泄室,让员工有场地发泄情绪,避免情绪郁结而造成员工心理的亚健康状态,以及影响同事间的关系;二是加强对员工的督导;三是加强对员工的人文关怀,促进员工间的互动和情绪的疏导。

(四)加强机构正式员工与非正式员工的团结协作

正式员工和非正式员工都是机构重要的人力资源,也是完成工作的主要动力。正式员工与非正式员工间的团结协作可以促进机构工作的正常开展,也可以加强员工的互动,凝聚员工间的向心力。

1. 重视和关注非正式员工的成长

机构现在更注重的是正式员工给机构带来的工作效益以及相应项目的完成。对于非正式员工不够重视,非正式员工的定位就是来帮忙的,对于机构的工作起不到实质性的作用。非正式员工都是做机构里的杂事和简单的材料整理,或者简单的监管。对于专业实习生的关注和运用需要加强,充分合理利用非正式员工这一群体参与工作,让其找到归属感和成就感。实习生参与机构的工作是在完成对专业实践的探索,他们满怀期待地参与 NGO 机构的工作,抱着对专业的挚爱投入其中,而在现实中往往会在实习后放弃了社会工作这神圣的工作,实则来说和在机构找不到归属感和成就感有很大的关系。之前机构提出对实习生的期待是希望可以在参与实习后留下,现实却是学生在实习后失望和胆怯了,对机构来说是不利的,而对实习生来说到机构不是实践理论而是来做与专业无太多相关的事,这是致命的打击。应重视和加强对实习生的关注,提供机会让实习生参与其中,实习生完成对专业探索的同时帮助机构完成相关的工作内容,这是双赢的局面。

重视和关注非正式员工的成长是机构现在急需引起注意的事情:一是加强对非正式员工的督导和培育;二是提供非正式员工学习和培训机会;三是让非正式员工参与机构的服务策划和服务对象的需求评估,让非正式员工在参与中获得归属感和认同感;四是加强与非正式员工的互动,了解其思想动态和工作想法。

2. 加强正式员工与非正式员工的互动沟通

互动是信息的传递,也是情绪和情感的传递。现在机构的员工间的交流互动较少,不知道其他员工在做什么,不知道彼此的工作想法,以致在开展工作中出现误解和分歧,影响彼此的工作合作。志愿者与工作人员的互动较少,志愿者在参与儿童服务时,找不到价值感时不知道怎么去处理,时间久了服务质量下降,更有甚者放弃服务工作。同时需要注意加强领导和员工间的沟通互动,两者的工作思路和模式都需要协调,达到同步行走。目前机构领导和员工间的互动很少,领导和员工间的工作默契度还需要培养。

加强员工的互动沟通:一是工作上多进行经验交流和互动分享;二是组织正式员工与非正式员工间的团队建设。

3. 信任非正式员工与正式员工的合作效果

信任员工的工作能力,特别是两者合作时,应给予更多的关注。现在的工作搭配是机构员工带一个实习生或者带几个志愿者,两者的互动比较多,工作开展和其他一些机会中都会有一些谈话和设想,并采取相应行动。信任两者的合作可以完成相应的工作内容,两者也可以在工作中得到成长和发展。

总之,机构员工的互动网络都是单一的,机构每一位员工都有各自的互动网络,而目前机构关注最多的还是员工工作效率和质量,对于员工的心理发展、专业性发展、社会性发展的关注都较少。需要明确的是员工对机构来说很重要,正式员工和非正式员工都是机构的重要资源,都要关注,并且关注的点不仅是员工的工作绩效,还需要关注员工的心理性、专业性、社会性的全面发展,也需要为员工开拓更多的社会系统支持网络,重视员工的能力受损带来的影响,关怀员工的心理调适,及时回应员工的需求,加强对员工的专业督导。社会工作行政不仅是政策执行、有效管理、政策意见反馈,还应协调和关注员工发展及机构组织的安排。

结　语

（一）研究回顾

笔者以实习生的身份进入机构，又以机构非正式员工的身份参与机构的基本项目操作和观察。研究的开展围绕了解机构的基本概况；社会工作视角下机构员工发展面临的困境；社会工作行政视角下机构员工内源动力的培育。最后得出笔者对此次研究的结论与讨论。

在对机构概况的了解中发现：机构由最初成立到 2015 年，在这 10 多年的时间里，经历过一系列的蜕变，由开始的物质给予演变成精神关怀和物质给予结合，而在这一过程中机构有 1 位员工见证了整个过程的发生，有 3 位员工在机构工作 7 年以上，也见证了 W 机构由胚胎发育到现在的青少年期，对他们来说：W 机构就是他们的孩子，它的成长和发展对他们有着深远的意义。现在机构面临的新社区发展，以及领导更替，对这 4 位老员工的心理冲击很大。现在都很着急做的是自我的心理调适以及与领导的磨合。另外 4 位员工中，一位在 W 机构工作 3 年，两位一年半左右，一位和我们实习生一起进入。起初他们来到机构，是机构的愿景吸引着他们，很努力去为机构的发展做自己力所能及的事。然而进入后的机构转型、领导交替、发展方向调整对他们的冲击也是很大的，也在探索中思考机构与自己的关系，却还没有找到答案。笔者认为机构里的 8 名员工都在一定程度上面临个人的发展问题，想跟着机构方向走，目前却还在探索、磨合中。

在对机构管理模式的观察中发现：机构对于正式员工和非正式员工的管理模式不同。对待正式员工，领导提出以民主形式管理，实则集权的模式更为突出，员工只要跟着领导走就好，员工需要做的是高效高质量地完成工作内容。对待非正式员工，机构大多数是放养，非正式员工在遵守机构制度和服务要求的前提下协助正式员工完成工作内容，口头提出要关注非正式员工的学习实践期待，分配工作和指导学习，实际上很少关注非正式员工的学习实践期待。机构对员工的发展定义在职业发展内容里，对员工心理、社会性发展关注较少。

就机构的专业服务质量来看：机构的正式员工中，有4位有一定的社会工作专业知识背景，应该可以用专业的方法进行服务工作，然而机构在最大资助方的制度要求下，在实际开展工作中专业的服务质量是偏低的，这也是机构最欠缺的。虽然有些工作人员有社会工作专业背景，但发挥作用的余地很小，甚至会把专业服务简化到最简单的模式。

就目前的工作状态来看：机构员工和机构都处于一个转型和调整期，员工间的工作沟通、员工与领导的磨合都处于波动较大的阶段。无论是员工个人性格、工作手法还是工作思维模式都还处于调整中，员工本身的精神压力较大。

就员工的社会关系网络来看：员工互动最多的是同事，之后就是家人朋友（教友），再者是服务对象，其他互动关系都较少，支持网络总的来说是薄弱的。

（二）研究过程遇到的问题及研究局限

研究者进入机构后发现，机构正在搬离旧服务社区，并在新的服务区域内开展服务工作，目前机构的各项工作局面还未打开；机构在做相应的发展战略调整，也处于是否接受实习生的纠结中；研究者对机构的概况了解甚少，角色和工作的适应出现障碍，起初研究者是处于边缘化的工作人员，研究者进行研究面临着很大挑战。之后参与到机构的简单项目操作和最后结果的评估，但由于机构实行一带一的实习生管理模式，这给研究也造成不小的影响，研究者之后主动去参与机构各项工作才使研究得以展开。

研究过程中笔者以参与者和观察者的角色进行，研究者在研究中会存在个人观察视角以及专业学识程度的局限，并且每个 NGO 机构成立背景和机构愿景不同，其处理员工发展问题的方式会有其自身特色，本研究不具有全面的普适性。

（三）讨论和反思

机构的正式员工和非正式员工都是机构的核心内源动力，机构在招募或者接收员工时都需要慎重。机构在面临新局面的拓展之时是否接收实习生和志愿者应该做更多的权衡，在机构无暇顾及之时接收、招募，对机构来说存在很大的风险。机构本身在调整中，实习生和志愿者又需参与到机构服务工作中，容易让实习生和志愿者无所适从，会出现服务倦怠，消极开展工作。机构转型过程中，会出现诸多挑战，关注员工的发展是不可忽视的问题。机构的发展离不开员工，机构的发展也需要和员工做沟通，起码需要让员工知道具体会有哪些调整，让员工心里有底，能投入热情去完成工作。机构对实习生和志愿者的管理，也需要做些调整，一带一师徒式督导和学习，实习生和志愿者可以很快上手，但很少与其他员工接触，在进行大项目操作时，工作的协调配合度就需要花费更多的精力。对于实习生和志愿者来说也十分不利，他们的交际和工作互动绝大多数面对的是一个员工，很容易形成思维定式。需要给予更多的关注，定期做督导和交互学习很必要；

机构员工有工作内容都可以邀请实习生参加。在W机构实习生很少有机会去参与，直到实习最后几天，才让实习生参与很多事。

目前，NGO机构如雨后春笋般涌现，它们在不断探索各自的发展路径，也在为社会公共服务事业劳心劳力，本研究基于实习平台开展，有其局限性：一个机构的背景具有特殊性，不具有普适性，但NGO机构的员工发展问题是现今NGO发展的核心内容，是机构发展的内源动力，需要重点关注。本研究以社会工作专业背景探索NGO机构员工发展，也是在做企业社会工作的一种尝试性探索。我们在学习和探索过程中，会遭遇不同的困境，作为社工更应该学会用专业知识进行自我救赎，专业领域更需要求知者以灵魂去探索。

运用社会工作专业手法探索NGO的员工发展，既是专业理念回顾，也是个人专业能力的提升。本研究着眼于NGO的员工发展提出专业性初探，W机构的员工发展问题不仅是W机构自己的问题，也是众多在筹建和发展中的NGO共同面临的问题，笔者借对W机构员工发展的探索，希望更多人从社会工作的视角去关注NGO的各方面发展，促进NGO本身发展的同时，也提高社会公共服务的质量和效率，达到多赢的局面。

昆明市 X 康复托养服务中心的转型与服务拓展研究

作　　者：何亚玲
指导教师：马居里

绪　论

（一）选题缘由

通过"十二五"期间几年来的建设，我国适度普惠型福利体制建设已取得明显的进展。目前，我国已针对不同的群体建立了相应的福利制度，通过建立全国实验区，在儿童福利、城乡居民养老保险、残疾人社会保障、妇女保险等方面进一步完善了相应制度。虽然如此，但适度普惠型福利体制总体上还未建立，福利制度的"碎片化"现象依然严重，社会福利的水平仍然较低，对人民群众发展权的保护仍欠缺。社会工作是现代社会福利制度的重要组成部分，适度普惠型福利体制的建设必将大大增进对社会工作的需求。[1]

然而，社会工作的发展面临多方面的挑战，社会工作人才专业化水平偏低，社会工作组织整合资源和宣传方面有待加强，还得面对长期以来的体制机制的障碍。虽然障碍繁多，但是社会工作组织仍然在社会发展的需求下用行业的行动影响政策环境，2014年的"新常态"治国理政新观念说明了经济结构正在优化升级，第三产业、消费业逐渐成为主体。社会工作服务平台不断拓宽，行业组织建设持续开展。"到目前为止，全国已成立 24 个省级、97 个地市级和 168 个县级社会

---

[1] 李迎生、袁小平：《经济新常态时期的社会工作发展：需求、挑战与应对》，《教学与研究》，2015 年第 11 期。

工作行业协会,各地在相关事业单位、城乡社区、社会组织开发设置了11.39万个社会工作专业岗位,共扶持培育了3522家民办社会工作服务机构。"[1]

在"十二五"时期,我国社会工作制度化建设有了长足进展,2011年至2015年相继颁布了《关于加强社会工作专业人才队伍建设的意见》(2011年)、《社会工作专业人才队伍建设中长期规划(2011—2020年)(2012年)》、《边远贫困地区、边疆民族地区和革命老区人才支持计划社会工作专业人才专项计划实施方案》(2012年)、《民政部财政部关于政府购买社会工作服务的指导意见》(2012年)、《国务院办公厅关于政府向社会力量购买服务的指导意见》(2013年)和《民政部关于进一步加快推进民办社会工作服务机构发展的意见》(2014年)等多项重要政策文件,进一步理顺了社会工作的体制与机制。在这些文件的推动下,社会工作机构的管理制度得到进一步的完善,社会工作机构可直接向民政部门依法申请登记;鼓励有条件的社会工作机构向规模化、综合化发展,面向城乡基层设立社会工作服务站点。

新政策和新环境也带来新的挑战,社会工作组织主动或被动地选择转型或服务拓展,有些社会工作服务组织从原来政府挂牌的福利组织转变为基金会,有些从传统的依靠政府购买服务的社会工作组织变为社会企业型的社会工作组织,还有一些社会工作机构的转型具有多方向性,总之减弱了对环境的依赖,更多地完善了自身。

X康复托养服务中心又称X会所,该组织从2008年学习并引进国际先进的精神康复会所模式,该模式在云南仅此一家。2011年5月,该会所正式在区民政局注册成立为民办非企业性质福利机构,为老年人、康复期的心智障碍者提供托养、康复服务。作为一个服务心智障

---

[1] 《社会工作:新常态下社会治理的重要推手》,http://www.csgyb.com.cn/news/yaowen/20151105/7406.html

碍患者的会所机构，X会所发展至今，从区残联的一个项目机构发展到具有独立法人的社会组织，为了继续生存和融入社会，经历了从传统非营利组织到加入社会企业模式和社区居家养老服务功能的精神康复会所的转型与拓展。笔者在实习期内，在对服务对象进行专业服务的同时，也参与了会所的管理和运营。对于会所的另一个招牌"居家养老服务站"，笔者根据服务站与某研究会合作的项目要求完成了部分受益群体（慢性病老年人）的服务，并对项目和会所工作要求以外的问题进行探索，对该机构有较深的了解，便于展开研究。

（二）研究意义

由于X会所既具有福利型非营利组织的惯习，又具有与社区、与另一群体和服务模式的融合的独特性，约束与自主共存，它的转型和服务拓展部分地反映了区域社会工作机构的本土化问题，对其开展研究有利于具体地分析社会工作组织在转型和服务拓展进程中所面临的问题，为社会工作机构的转型和服务拓展提供相应借鉴。

1. 现实意义

首先，昆明市社会工作机构的数量与试点城市和发达城市（如北京、上海、广州）相比较少，经济发展和社会发展水平相比较低，从行业发展环境上说，有经济和制度的原因。经济上，政府在社会组织和社会服务上的预算太少，在购买服务还没有形成制度的情况下，民政部的公益基金很少涉及社会工作机构；制度上，很多地区的社会服务还保持政府维稳观念下的管理思维，缺乏对社会工作的重视。X会所在昆明独立发展的过程中，与其他组织的合作较少，缺乏社会和政府的关注，然而在这样的情况下它还能拓展服务求发展，它突破环境障碍的方法和途径值得研究。

其次，从人力资源和服务理念来看，X会所更偏向于被认为是社会工作机构，它在制度和服务模式方面尚不够规范。通过此次研究，可以比较全面地展现一个自筹自营的小机构的运行情况，较深入地理解和思考社会工作机构拓展与转型的利弊，有益于促使机构规范化发展。另外，用具体案例来丰富评估指标，实证地说明问题，启发被研究对象和社会工作研究者对机构服务与发展进行思考。

最后，社会工作机构是社会工作者提供社会工作服务的重要平台，机构的专业性水平是社会工作能够良性发展的重要保证，关系着公众对社会工作专业权威的认同。对社会工作机构的专业与研究，可以提升机构对自我发展问题的重视，保障机构提供更高质量的服务，塑造和维护社会工作的专业形象。在实务层面上，处在发展阶段的中国社会工作，实践比起发达国家和地区相对较少，本研究的个案在专业化的道路上摸索了好几年，但是和其他非营利组织一样，都遇到过制度外生存的困难，因此专业性得不到保障，但是从活动、工作的内容和效果的差异可以具体展现不同环境对机构专业性的影响。希望此研究能够成为阐述社会工作机构专业性服务的材料，为其他"草根"社会工作机构的服务和发展做一些警示与借鉴。

2. 理论意义

首先，我国的民办机构类型复杂，典型的非营利组织的运作模式、服务专业性和制度环境在学界分析研究较多，笔者也借鉴之前的研究成果尝试对混合模式的非营利组织的发展和专业性做一些研究。本文研究的社会工作机构是民办精神康复会所和承包的居家养老服务站两个实体的共存，它们既有适应、增强，又有冲突、减弱。两个类型和其他潜在的类型的存在和延续都是为了整体的利益，因此，借相关理论来分析多种类型融合的原因和社会条件，试图在中观层面上得出组织能够发展的原因。

其次，对于社会工作机构和其他社会组织的发展，以往大家关注更多的是宏观层面的体制不完善，而缺乏对自由的探讨。本篇论文的理论探讨不关注制度的束缚，更多地关注 X 会所作为一个系统生产和转化的机制与逻辑，以及如何自由发展。自由对个人和组织来说，不是指个人可以随时获得追求目标所必需的手段，体制的完善也不是让社会工作机构任意妄为，而是在相关政府部门和行业协会的努力下，各方面的障碍包括人为障碍都能得到改善，社会工作机构也在利用和改变着自身来适应环境，或者经验地证明环境的复杂性使组织变得更强大。本文结合场域理论的分析和社会系统理论的指导来研究转型期的社会工作机构是建构新的民间机构理论的尝试。这样的研究不见得适合其他类型的社会工作组织，但至少适用于类似 X 会所的社会工作组织。它发展的标杆性和独特性可以让研究者不局限于某一种发展理论，反而能够在分析和总结中同它的发展一样有所创新，还能向其他社会组织强调一种视角，即制度的束缚和社会系统的自由发展是共存的。

一、X会所的发展历程及其转型

X会所转型的原因离不开环境的变化,这些都可以在它的发展历程中体现出来。现在的X会所的前身是H会所,H会所是在昆明市P区残联时期的名称,它的成立并非残联领导的推动,而是残联康复队长S老师改进残联精神康复和智力康复服务的结果,成立前后得到了国外专业社会工作者的支持和帮助。2008年到2010年两年的时间,会所在残联的支持下发展较好,会员和服务人员充足,但是由于残联内部领导班子的调整终止了H会所。在之后的独立自主发展中,会所不只完成了组织性质的转型,在服务上也进行了多样的拓展和改变,H会所更名为X会所。X会所的独立自主发展决定了它的发展道路的坎坷,高校、社区取代残联和政府成为最需要考虑的生存因素,并用企业化的尝试辅助会所发展。

(一)X会所的发展历程

X会所是全省首家精神障碍患者康复托养服务中心,同时也是融合社区老年人服务的本土社区服务机构,最大的亮点是采用精神康复会所模式和居家养老模式的结合。其中精神康复会所模式是引进加拿大社区精神障碍者回归社会管理的国际先进模式,颠覆了传统精神障碍患者医院—家庭—医院的循环,采用会员制管理,推出了专业康复、全人康复、职业康复等服务。会所通过在内部设置保洁、餐饮、文书、售货等与社会相仿的岗位,让会员在岗位体验中进行康复治疗,避免了精神康复对象直接进入社会后由于不适应而受到直接冲击,不同于医院药理性的治疗。会所的目的是为社区老年人和心智障碍人士家庭提供多层面的有效的社会服务,并融入社区、扎根社区。

1. 2008 年 4 月至 2010 年 2 月

2008 年,在会所负责人 S 老师的提议和一位新加坡社工的指导下,X 会所的前身 H 会所在区残联的管辖下开始运作起来,由于有残联的资金支持,提供大面积场地,会所的所有服务都是免费的。这种针对盘龙区的免费服务吸引了大批区内的心智障碍人士加入,当时有康复员工 30 多人,两年内会员发展到 100 多人,每次活动安排几个员工作为带领者。虽然没有专业的社工人员,但是负责人倡导社工的服务理念和方法,注重营造一种轻松、快乐、平等的氛围。康复员早上入户做五类残疾人的康复,下午组织智力、精神障碍人士到会所开展会所服务,服务主要以文娱活动为主、职业培训为辅,还有偶尔的专业心理咨询服务和家属培训。文娱活动包括书法、绘画、麻将、棋牌等,由康复员带领;职业培训是去厂家批发材料做一些商品,如粘纸盒、包装茶叶、做春联,采取分组流水线的方法,有少量的报酬。专业心理咨询服务和家属培训一个月一两次,由咨询公司和医院的专业人士来做,咨询费使一些会员缺失这项服务,即使咨询费针对这些特殊人群降低了很多。总之,这段时间会所的服务较全面,会员的参与度高,组织发展的问题较单一。2010 年 2 月,由于残联内部领导班子更换,会所被迫关闭。

2. 2010 年 10 月至 2013 年 12 月

负责人 S 老师经历一些辗转后,在老会员以及会员家属的期望下,在新加坡社工、爱心人士（公司老板S）、现法人Z老师的帮助下，H会所作为一个民办非企业单位更名为"X康复托养服务中心"，在昆明理工大学新迎校区旁重新开张。由于在非政府组织的准入方面，制度门槛过高，条件苛刻，程序复杂，X会所开始的注册并不顺利，S老师在无偿提供机构开办场地的S总的介绍下找到了退休政府干部Z老师作为法人和担保人，终于能在区民政局注册。资金的募集方面，加拿大EMAS医援会是会所最大的资助组织，Z老师和另一位在政府系统工作的志愿者Y老师起了很大作用，他们在各级政府部门游说，虽然成功的很少，但也很有助益了。脱离上级组织单独发展的X会所还需要与其他社会组织合作，该时期的会所在地理位置上和组织性质上的优势吸引了高校组织和高校大学生前来参与服务，基本能维持H会所时期的服务质量和组织活力。

除了志愿者的加入，昆明众多高校、香港理工大学、美国普林斯顿大学都与会所有合作，它们派实习生来会所进行两个月以上的服务学习。场地和服务人员的充足使会所在智障和精神两方面开展服务得心应手很多，会所可以为不同类型和层次的会员开展不同的服务。会所的服务分为两部分：一部分是精神康复，另一部分是"蜗牛部"，蜗牛部是为智力障碍人士专门成立的部门。6名智障会员由2位专员负责，服务内容主要是基本生活技能和认知的培训，如穿衣服、叠被子、系鞋带、使用家用电器、性别意识培训等，每位智障会员家属都有一本"家属练习册"，服务人员每天在册子上写上会员的表现和跟进内容，目的是希望家属能够在家里配合会所的教学、服务来帮助会员。

精神障碍会员则在高校专业志愿者、医院和公司专家的带领下成立小组，参加小组活动。很多精神心理科专家、老师、学生利用休息时间，以志愿者的身份来到会所。小组活动的目标以认识会所、提升自信心以及其他认知上的提高为主。志愿者给会员做"我与会所"

"态度和责任"等一系列小组活动,给会员家属做"家属互助小组培训"等,每个星期的活动和参加活动的效果都体现在会员的"成长日志"中,日志中总是表达他们的感激之情以及新的人生态度。另外,还有文娱活动、职业培训和外展活动。职业培训较H会所时期有很大的不同,从作坊式的培训变为以销售为主的过渡性就业岗位,会所开了一家超市,超市的员工是会员。他们在这里上班可以锻炼自己与人沟通的能力,了解到一些关于就业方面的知识、信息,为他们今后走向社会奠定基础。超市还承担了补贴会所运行资金的期望,从负债经营到开始盈利,虽然利润不多,但是足以支付会员的工资。外展活动也比较频繁,会所经常组织会员到周围各地游玩、野炊,会员很喜欢外出的活动。

开始的X会所没有一个固定的模式,直到2011年9月,会所模式才固定为参照香港"卓越之友"会所模式,经过改革后成立了文书部、行政部、餐饮部、环保小卖部和清洁部五个部门。这一阶段,X会所似乎运作得不错,但是总是依靠个别负责人的能力和关系来保持资源的平衡是不行的,两年后会所的发展遇到了诸多挑战,产生生存危机。

3. 2014年至今

2013年12月,由于场地到期和资金短缺,会所不得不另寻他处发展。投标了Y社区居家养老服务站的项目,在该社区继续办会所。新地点的面积为300余平方米,还没有昆明理工大学新迎校区时期的1/10大,各方面资源已经或逐渐减少。具体表现为:①失去与高校毗邻的优势,人力资源减少;②失去免费的场地资源,新地点每年需要支付社区居委会上万元的租金;③新地点离部分会员的家远,新会员增加缓慢,来会所的会员总体上减少;④部分专业志愿者离开,伴随着部分资源的断裂,会所的服务质量降低。此时的会所在Y社区又开了一家小卖部，保证了会员的过渡性就业培训，但是小卖部的经营状况不佳，常年亏损。

笔者实习的时期就是新会所时期，这时期会所的活动发生了很大的改变，会员每天上午主要是以做手工——串珠（用于供应小卖部、出售、义卖）、做头绳（用于义卖）为主，下午则是各种各样的主题活动，如小组活动、装扮大赛、兴趣活动等，这些活动都是由会员在前一个月月末自己提出来的，也由会员自己负责这些活动。兴趣活动和培训由实习生、海内外志愿者、专家和会员来完成，小组活动则主要由实习生开展。小组工作是社会工作一种重要的专业工作方法，机构的小组工作主要由云南大学社会工作专业的实习生进行，平均每批学生的实习周期是两个月以上，偶尔有昆明医学院康复专业、云南财经大学社会工作专业的实习生实习一个星期左右。外展活动主要是郊游和义卖活动，本来每两个月会所应该举行一次郊游活动，会员、老师一起走出会所，走到社会、自然中，让会员接触更多的人，提高他们的交际能力，但因为运行资金的减少和居家养老服务站的开办失常，会所很少组织会员出游，笔者实习的 8 个月期间没有一次出游，进行了两次义卖活动。

加入居家养老服务的会所主要做以下一些工作：①爱心食堂，服务站周一到周五的中午会向老年人提供低价的午饭服务（包括送餐上门）；②棋牌休闲服务，周一到周五每天 9 点到 16 点半，服务站为老人们提供一个棋牌室，作为休闲娱乐场所；③小组活动，该项服务是基于云南省 J 研究会的负责人主持的"慢病失能老人及其困难家庭社区综合服务"项目展开的。实习生事先对社区年满60周岁的老年人建立档案，再从档案中对老人进行筛选，邀请他们加入小组活动，小组活动的内容都是针对老年人的身心状况而开展的教育型和互助型共存的小组。

会所目前的工作人员有 6 人，分散于后勤部、行政部、小卖部之中，比例是 1:4:1。工作人员的薪酬等待遇情况是低水平、无保险、无福利的"三无"状态，平均工资为 1500 元，属昆明市最低工资。员工极其匮乏，社会工作机构的运行和专业性的服务如何得以保障？在笔者看来，相关专业、领域的高校实习生和其他组织的志愿者帮助成为会所平稳运行的关键，但是，外来的"新鲜血液"不稳定，避免不了不同长短的时间间隔。会所工作人员的缺少不仅表现在过渡就业这一方面，还表现在会所的日常服务中，由于工作人员不足，一名工作人员往往要做几个人的工作，不仅工作人员的压力大，也会导致工作多而不精。

据笔者的走访，短短两个月，X 会所在人员、服务内容和格局上都有些许变化，就像笔者实习始末的 8 个月的变化一样难以预测。因此，优势和短板都不是长久的，会所为了即将开始的一个重要项目，会在各方面做一些改变，后续定会有不一样的表现。值得肯定的是，它具有很强的发展势头和价值。

（二）X 会所的转型

社会工作机构的转型虽有学者研究，但是各社会工作机构所处的环境不同，社会环境、人和自然环境都是影响机构运作的主要因素。不论是非营利组织，还是定义更狭窄的社会工作机构或 NGO，模式与机构之间相互依存但不一定是标签化的。有些生存困难的组织为了寻求突破，发展自身的资源，不得不从自身出发，开发新途径来保持组织运作。形式和性质的多样不仅出现在时间和空间维度上，还是类型发展的一种特征，从名义上的模式出发可以探索到隐含的或具有潜力的其他模式。

X 机构与大多数学者研究的其他社会工作机构不同，笔者不能简单地将其归为"社会工作机构""民办非企业单位""社会企业"，三者皆是又不完全是。它的生存和发展是系统的"自我指涉",即从内部增加系统的复杂性,更可能与环境相融,而不是面对环境的复杂和不稳定而不知所措。但是如今的瓶颈必须突破,好的模式还需要科学的管理和专业的服务,笔者会在机构转型上进行探析,并研究转型的环境、服务的变化。

早在2008年,X会所就在区残联社区康复的工作基础上以及新加坡社会工作者的指导下发展成为其前身"昆明市盘龙区残疾人H会所",成为云南省首家县区级残疾人日间托养康复服务机构,有近100名精神康复对象和智力残障者受益。会所的全称也大概体现了它的服务对象、范围和隶属,在半官方半民间组织的民间社团组织——残联的羽翼下发展,人力(主要是残联康复员)、物力、财力充足,可以尽情开展各项文娱和康复活动,而区域的残疾人都可以享受到"会员"的待遇。脱离残联后不得不转为民办非企业单位,同时又具有社会企业的性质,笔者将这些类型的存在或停止在后面的反思中用功能主义的范式经验地证明,"功能主义用现存的社会系统的正在发生的结果来解释社会类型的持续性。"它强调研究既成的结果,正在发生的功能协调和功能障碍。[1] X会所内部之间和与外部都具有功能协调和障碍,在这些既成和发生过的事实上研究其存在的价值和原因。同时说明它许多不规范甚至不合理的地方是具有明确的原因并可以改变的,它的持续必须通过改变来实现,最关键的持续性则需要提出较为具体的方式和方法,这种方式需要有经验和理论的支撑。

1. 模式、机构的转型与环境的变化

X机构的发展是会所模式本土化发展的一个案例,可通过探索它的渊源以及从事各种类型的状况说明模式与机构的结合。

---

[1] 冯钢编选:《社会学基础文献选读》,杭州:浙江大学出版社,2008年,第341页。

（1）初衷与机遇——初期模式的选择

作为一个社会工作机构，专业行为不只是道德情感上的牵引，更是某一具体的规范，这些规范是机构的宗旨和服务理念。会所模式作为众多模式的一种，开始于机构的成立，并延续至今，先进的理念和模式让机构成员乐于遵循。

X 机构的会所模式的前身是小组。2008 年前的一段时间，由于当时还是区残联康复指导队队长的 S 老师对残联的康复工作不满意，她觉得只会问康复对象"有没有吃药""你今天怎么样"，问一句答一句的互动让人很难受。于是她组织康复对象聚在一起做活动，并一一入户带动其他康复对象走出家门。在她的建议下，大家每周聚在一位康复对象的家里，女的跟她学绣十字绣，男的买菜做饭，大家一起吃饭，分工洗碗扫地，收拾家。一位康复对象介绍了一位新加坡社工给 S 老师认识，新加坡社工很认同 S 老师的这种做法，并建议她成立一个小组，组员是家属和康复对象。

> 那时还不叫会员，还让我取个小组名字，我就征求大家的意见，我们觉得我们每天都开开心心的，于是取了个"阳光小组"。（S 老师）

阳光小组采取更多不同的形式，S 老师带着他们画画、学习书法、写字、做手工、做游戏等，还走访社区，帮别人打扫卫生。但是阳光小组不属于残联，在残联这个大组织中没有一席之地。

S 老师的一位朋友想和 S 老师一起租房子继续开展小组，S 老师说：

> 我觉得不现实，私人不好做，干脆我去问领导，看他们想不想做，如果想，就由残联做会更好一点。我跟领导讲，领导开始怀疑可行性，我再进一步沟通，并跟他要一间房，他就同意了，

并且说残联空着的整个二楼都给我们，我很高兴。谢老师（新加坡社工）听说后觉得地点够大，可以办个会所了，我当时还不知道会所是什么。我又去找领导，告诉他我们既然空间那么大，就不用局限在我们小组，可以将我们所有的精神病人集中在一起创办会所，他不知道会所是什么，我说我也说不清，让谢老师跟他讲。讲了以后他也觉得不错，老一代的领导嘛，很干脆就同意办，问谁来办，我说我愿意做。领导觉得将他们融合在一起，促进社会和谐，就叫"H 会所"。

会所运作资金、员工工资都是残联出。早上是残联日常的康复工作，下午 2 点到 5 点才是会所开放的时间，以娱乐活动为主，如下象棋、打扑克、打乒乓球、歌舞等。区内的心智障碍人士都可以入会，获得免费的服务，30 多个残联康复员成为会所的"老师"，带领会员活动，2008 年 4 月到 2010 年，会员在这两年内发展到 100 多人。

会所模式的成型与完善是在 20 世纪 90 年代末，人们认识到"去机构化"和"机构化"的关系以后，美国政府提出"以社区为会所的服务"理念。也就是"会所模式"的前身。法案规定各州应该在社区的理念上，提供必要的支持系统，不要出现硬性的机构安置与不必要的隔离。精神病患者应该享有和普通人一样的尊严和权利，人们不应该因为他们的不同，而把他们排除到社区的圈子之外，我们应该也有必要为这些精神病患者提供一个康复的会所，让他们找到归属感。[1]

这种会所模式所提倡的充权以及尊重人们的基本权利的方法，不仅对于精神病患者的康复可以起到积极作用，更重要的是可以带动社会的良性发展。这种康复模式的关注点在于怎样改善精神病患者的生活状态，如何培养他们适应社会的能力，以及怎样通过自己的优势争

---

[1] 参见王占傲：《精神病人康复会所模式研究——以长沙心翼会所为例》，武汉：中南民族大学出版社，2013 年，第 16 页。

取到必要的社会资源,尽量做到让他们在几乎接近正常人的环境下,可以过上正常人那样的生活,同时进一步为这个社会做出贡献,服务于其他人。这种会所模式也恰恰符合了现代精神康复的理念,即"帮助有精神障碍的个人增强其功能,使他们能在最少的专业协助下,于他们所选择的环境中过着成功且满足的生活"。所以,这种会所模式将是"去机构化"发展到极致的一个最终归宿,因为这种康复模式提供了一套完整的"社区支援系统"。

(2)难以达成共识的两个系统

2013年,X会所的创办者为了继续开办会所,投标Y社区的居家养老项目,虽然投标成功,但是对于居家养老项目和精神病人康复两个完全不同的服务对象和方式,社区居委会和会所没有达成共识。

社区把居家养老项目以"社会管理"的形式完全交给会所,根据居委会领导的说法,社区没有多余的资金和人力来做这个事情,只能全权交给社会组织,不反对社会组织将其进行市场化的运作。资源方面,由于是"社会管理"而不是"社区管理",政府没有资金的支持,社区自觉没有投入的义务。社区对在居家养老服务站里开办精神康复会所的态度方面,S老师说:

> 后面我去找社区谈,社区不理解我,他们只知道要做居家养老,其他的不管。叫办爱心食堂,逼着办的,没办法。跟他们讲精神康复,他们听得晕乎乎的。主任跟我们开会的时候更是说,我们可以进些健身器材摆着,老年人来可以卖,不管我们……把我们当什么了,又不是做生意的。麻将室还是开了,社区又让我们周末也开,因为有老年人去社区反映。我就和他们讲:"你们做居家养老,政府拨钱了,你们可以给我们钱吗?"他们说没有钱。

接受现实的会所创办者用其他的方式来使两种类型尽量容纳，如申请"慢病失能老人及其困难家庭社区综合服务"项目的合作，还有走访其他居家养老服务站，希望能够使居家养老服务和精神健康服务更广泛地融合在一起，实现场地、功能上的互补。除此之外，机构负责人还主动联系社区其他组织，与社区卫生服务中心和敬老院也有所联系，向群体互助的方向发展，达到融入社区的目的，对以往的会所模式进行了创新。

理想的会所模式有着比较完善的"社区志愿系统"，社区是人们生活的基本区域，现代人在社区中工作、安家、交往，始终生活在一个或多个社区中。社区成员的支持是一个刚进入社区的外来组织全力发挥作用的关键，是否支持、支持程度的大小取决于原有的社区自治组织的自治能力和组织领导者的社会发展意识。目前我国城市社区的管理体制主要是"两级政府、三级管理"的体制，虽然政府权力的重心下移到街道办事处，街道办事处又下移到社区居委会，同时又强调政府在社区管理中的主导作用。但是这种体制有利于组织结构科层化而抑制了组织功能专业化。这就使社区委员会和工作站组织运行被上面的组织牵着走，没有权力、精力和资金建设自治型的社区组织。缺乏民主自治，因而缺乏真实和效率。

不管是居家养老服务站还是精神康复会所，两者的实质都是"社区照顾"，都离不开外界的支持。"社区照顾"理论之所以备受青睐，乃是因为人们发现社区生活最能满足服务对象的多元需求，可以在最大程度上让服务对象生活得更像一个"正常人"，可以尽可能地让服务对象按照一般人的生活方式，正常地过日子。社区照顾不仅强调精神疾病康复者在社区的居住权利，在自己家或社区中得到照顾，还要让他们尽可能地过上正常化的生活，有自由选择生活的权利；社区照顾还强调社区本身承担了照顾者的角色，由社区提供适当的服务和资源，支持和协助康复者得到帮助，使其尽可能独立自主地生活。但是把这种理论完全地照搬到精神病康复模式中，在目前的社区是不太可能的。当初进入社区的精神康复会所就被社区居委会质疑过，居委会的权力决定了会所的活动和行为，社工或者会所的集体行动和倡导可能会受到阻碍。在这个自上而下的行政体制内，会所（居家养老服务站）要实现外部发展还需长期地介入与服务，但是前提是有一定数量的专业工作人员的努力，目前会所的资源还较缺乏。

X会所的地理位置和外观并不显眼，里外的挂牌是"Y社区居家养老服务站"，寄居在小区楼栋间一个面积300多平方米的房子里。这就让笔者这个进入者开始有点疑惑，为什么既是精神康复会所又是居家养老服务站？而这是机构与社区连接的关键，虽然它们之间的联系仅仅是一些资料上的往来。

进入Y社区居家养老服务站室内，墙上有两个标语，第一个是"服务老年人"，第二个是"尊重""合作""分享""学习""平等"，前者是居家养老服务的宗旨，后者是会所精神康复服务的宗旨。右边是比较宽敞的开放的麻将室，每天有几桌老人打着麻将，服务站为会员和老人提供热水。里面还有"夕阳驿站（网吧）"（实际上是行政办公室）、"医疗保健室"（实际上是会议室或办公室），右边有三个区域，分别是手工室、活动室和用餐区，左转往里走是男女卫生间。工作人员一般在"夕阳驿站"工作。由于设备和专业人员的匮乏会所没有上网和医疗保健两项服务，老年人服务流于形式，精神病人康复服务则受到诸多限制。

两类群体的服务不但得不到基层政府组织的重视，社区居民也将其与其他组织一样视为某些利益群体而保持距离。原因不只是体制的问题，还有现代社区中人的异质性和独立性，使得大家对于公共事务并不关心，当然也是由于参与公共事务的机制较少。这就使得社区组织和社区工作站与居民在一定程度上是脱节的，而社区工作站和上级的组织却关系十分紧密。社区工作人员也形成了些许官僚组织人员的风气，不得不对上级唯命是从。这是社区工作站组织垂直结构的运行方式带来的问题。这些问题不但不被居委会重视，更不在居民的考虑范围内。

2. 机构发展的新选择——社会企业的尝试

近年来越来越多的人开始关注社会企业的发展，社会企业俨然成为世界各国非营利组织研究中的新宠。社会企业活动简单来讲就是为了实现社会目标和经济目标而进行的任何私人活动，它运用商业手段来实现组织运作，但它的目的并不是利润最大化，而是实现一定公益诉求。社会企业属于非营利组织，不能进行利润分配。[1]

中国社会企业发展的现有模式包括以下几种。

①直接参与商品的生产与销售。通过直接生产商品，社会企业从中获利并用于实现社会目标。

②直接提供有偿服务。社会企业在组织宗旨及组织使命限定的范围内，向服务对象提供服务，并收取少量费用。

③政府购买服务。政府为提高绩效，向专业的非营利组织购买服务，委托代理经营和管理。

④就业整合。为在市场功能或社会中受排斥的弱势群体提供就业指导和技能培训，在盈余的同时解决弱势群体的就业问题。

⑤公益创投。由企业或 NGO 提供组织发展所必需的管理技术所成立的具有发展潜力的快速成长的公司。

⑥企业联盟。企业为 NGO 提供服务资金，而 NGO 则为企业提升企业形象。

⑦合作社。相较于其他模式，合作社更强调组织成员参与组织事务管理，并允许成员获得有限分红。

---

[1] 黄剑宇：《社会企业：非营利组织发展的新方向》，《湖南工程学院学报》，2010年第7期。

EMAS的资助虽然支撑了整个机构，但是不能以逸待劳，机构创立者S老师和Y老师以会所的名义开了3个商店，商店的盈利用在会所的运营上，同时，商店可以提供会员一些过渡性就业岗位，提升会员的工作和交往能力。会所把这些商店叫作"社会企业"，在笔者查阅相关资料后发现，社会企业的发展尚处于起步阶段。

虽然会所有向社会企业发展的趋势，只是如今商店规模不大，盈利很少，不能支撑会所的所有开支。但是加入市场竞争的做法对于这个弱小的机构来说是一大跨步，从会员的有偿培训这点来看会所似乎正在步入正轨。部分有做销售工作意愿和能力的会员参与会所的管理更多是在商店的销售工作上，他们实行轮班制，每个人一个星期去一天或两天，还有已经康复的会员在商店做全职的收银员（管理员）。会员来到会所不是封闭地康复，里外的资源和信息可以顺畅交流，融入会所是会所实现目标的第一步，也是让会员进入社会的前提。通过各种社会交流和学习的服务内容提高生活技能、社交技能和工作技能，达到提升自我效能感和自我倡导的目标。

过渡性就业是会所服务的一大内容，是会员在会所内部开发的社会企业中学习和工作的服务。为了继续推进职业康复训练工作，以及满足康复较好的会员对工作有很大愿望的需求，会所正在发展属于会所性质的社会企业和努力寻找社会上的社会企业合作伙伴。

（1）会所的自主企业化尝试

会所搬到哪里，哪里就开办新的商店，目前会所有3家商店，分别是超市、小卖部和足疗养生馆，3家商店的投入资金不全是会所的，但是都以会所的名义注册，因足疗养生馆专业性较高，会员被安排到另两个商店工作，工资从个人的销售额中按一定比例提取。从这一方面可以看出，会所在完善服务和寻求资金支持的过程中逐渐走向企业化的道路，而且这种企业化是自主的。

3个商店供给会员工作岗位。在3个社会企业工作是有报酬的，会员要学习摆货、销售、收银、电脑记账、结账等，采取自愿参与和自我负责的原则。对于新会员，根据其能力，在第三周与第五周期间安排其参与3个社会企业的销售和管理工作，老师根据其在工作中的表现适当调整其工作内容和工作量。参与过渡性就业的前两周是适应期，老师帮助会员在第二周决定以后是否继续参与此活动。

稳定的"员工"会员，分为两种，即带班会员和学习者。带班会员是从所有会员中筛选出来的工作能力较强和入会时间较长的会员，负责管理社会企业，带领学习者学习和工作，主要工作有每日卫生打扫、货品查整、带领会员、服务顾客、销售。带班会员由负责该社会企业的老师安排轮班，可以选择不参与会所的活动，实行轮休制，其他时间自主安排（找工作或参与其他兼职）。

学习者是新会员和没有达到带班会员水平的老会员，按照《小卖部工作流程》和《小卖部工作职责》中的规定工作，主要工作有配合带班人员理货、加货、录入系统、销售、服务顾客。同时还要学习使用收银系统，识别真假币和进货等，做好签到、签退相关工作。由会所老师安排轮班，以1个工作日为1次，学习者当月至少安排4次工作。

负责某一商店的老师除了销售，还要指导和评估带班会员的职责，根据相关的制度和要求指导带班会员的工作，做好考勤表、工作表现表、当月销售额登记表、当月工作奖励明细表。

会员参与商店的运作使他们与外面的人有很多的交流，对于他们中的一些人来说，这是他们实现劳动价值的地方，当然也有个别会员由于病情的影响害怕或没有能力做这项工作。从组织整体上来说，潜在社会企业的方向对会所是有利有弊的，利处前面已做详细描述，而弊处是分散了会所成员的精力。这是因为会所人力资源不够，没有专职管理企业的管理者，老师和会员都参与管理，有些会员一心只想去商店工作赚点生活费，于是对会所的活动不感兴趣；负责人也将大部分精力投入商店的运作上,将专业服务交给实习生。

(2) 与其他社会企业的合作

这项服务是会所待发展的潜能,希望能够与一些外面的社会企业合作,每个企业至少接纳1位会员参与工作。这项工作在Z老师的带领下推进,通过Z老师在社会企业代表人会谈上的倡导和负责人走访社会企业来逐渐实现。根据会员的意愿,会所内部社会企业工作良好的非新会员可以安排参与外部社会企业的过渡性就业。

但是这项内容进行得并不顺利,单凭会所的力量,能够联系的社会企业少之又少,再加上社会对精神病的污名化,几乎没有社会企业愿意提供岗位给精神病人,它们宁愿给肢体残疾人工作机会或者接受罚款。形势变得不容乐观,如果继续这样,会所结构变得单一,与外界的沟通变少或没有得到回应,那么机构只会越来越封闭,而它原有的开放性也不足以抵御环境的变化,如人员的流失。

目前与会所有较多合作的是社区的一个养老院,养老院一负责人对会所很感兴趣,主动提出与会所合作,并帮助会所在某些活动上联系社区的资源,如医疗卫生会所、学校、街道办事处等。

从以上分析可以看出,像X会所这样的社会工作机构,作为社会系统的一部分,受社会生态环境的影响,它经常面临其他组织和个人侵略或帮助。能够存活和发展,实施正面社会功能,既说明了从政府选择变为社会选择的可行性,又说明了会所发展的可能性。社会选择也是一种考验和筛选社会工作机构的机制,因为社会选择要基于一定的经济条件、政治目标、共同价值观。

一方面,对于X会所来说,会所成员与会所合作的组织、个人及会所资助方具有共同的价值体系,在服务型社会体系建成的过程中,社会和个人以此来帮助实现公共利益。另一方面,会所的服务特别是精神康复服务具有很大的社会需求,只是政府不能抓到细节,而社会工作机构刚好弥补了这一点,它在实现组织价值的同时,完成了政治目标，达到维稳和服务社会的目的。以上两方面是理想状态下一个组织生存的条件，然而，即使是为了公共利益，即使帮助政府达到政治目标，整个社会的价值观也并不会在经济上给予无条件的帮助，一切还是看组织自身的本事。沟通成为适应新环境的关键因素，帕森斯认为，环境既具有封闭性，又具有开放性，各组织功能的相互结合是社会系统能够正常运转的关键，一味吸取资源的组织较封闭，也许这种组织只适合做某一政府组织的职能部门，而不适合在社会系统中生存。

因此，可以感受到，X会所的转型和服务拓展对于系统结构来说是必要和合理的，除了自身的适应性得到提高，它的存在和延续必然对社会结构和社会系统具有正面的功能。然而组织机构上的不得已也对组织管理、服务的专业性和服务对象的满意度提出了严峻的挑战。

二、X 会所转型的评估

随着社会公益组织的发展，X 会所作为云南省的一项社会福利事业，引进和实行国家先进的社区精神康复会所模式，并派员工前往中国香港地区、中国台湾地区和广东等地进行会所模式的知识培训，机构开始向国际会所模式发展，这种模式能够为精神病患提供"以人为本"的恢复社会功能的康复服务。

搬家后的 X 会所由原来的 50 人缩减到目前的 20 人左右，究其原因主要有：①会所离家比较远，一些智力障碍的患者不方便过来；②会所地方比较狭小，有些会员无法适应；③一些会员已经找到了工作。会所的会员以精神分裂症患者为主，也有少部分的抑郁症患者和智力障碍患者。而另一个服务对象——老年人在该社区有许多服务的需求。

根据社区的资料，X 会所目前所在社区是一个 20 世纪 80 年代的老小区，社区里居住的 60 岁以上的老人 2400 人，占总人口数的 22.7%，其中独居老人 38 人；孤寡老人 68 人；80 岁以上老人 258 人，90 岁以上老人 25 人，100 岁以上老人 1 人。笔者实习期间，除了会员的服务，在老年人服务上也花了很多心思，完成了一个与云南省健康发展研究会合作的老年人服务项目。

本研究中的评估从内部工作管理、资源、服务对象满意度和员工学习与成长四个维度来对机构进行全面评估。内部工作管理包括组织架构与决策、伦理和职业守则、运行规范性三方面；资源包括财务资源和专业人才资源，两方面都是组织运行的实质性保障；服务对象满意度包括会员的满意度和老年人的满意度，两者虽然分开但又相互联系，从服务对象的角度更能说明会所的服务效果和问题；员工学习与成长包括员工培训和员工职业前景。之所以借鉴该评估体系，是由于社会工作机构的非营利性和复杂性，经济和效益不是最主要的评估指标，虽然组织内部结构和外部环境复杂，但它价值的体现也不外乎以下将要评估的这些方面。

（一）内部工作管理评估

会所的组织建设是管理的前提，同时要使会所能够有效地发挥功能，则必须在机构伦理以及机构运行方面制度化和规范化。因此在本维度的评估中，主要从组织架构与决策、伦理和职业守则、运行规范性三方面来考察会所是否不断推动专业发展。其中组织架构与决策主要考察其是否有利于社工的组织决策的民主性和专业自主性；伦理和职业守则主要考察目前的建立情况以及员工的遵循情况；运行规范性考察的是会所管理和有关服务提供所遵循的规范建立、执行以及相关的监督机制。

1. 组织架构与决策

X会所的业务主管单位是区民政局，民政局对会所放任自流，会所无业务主管单位的约束，也没有政府购买服务，处在一个约束很少、支持很少的环境。会所内部有1个法人、1个行政主管、1个协调志愿者（会所负责人之一）、3~4个员工，还有一起工作的20多位会员。

组织架构上，组织的3位负责人各司其职，分管会员精神康复、老年人工作、会所倡导。他们在各自负责的领域努力拓宽资源，特别是负责老年人的法人 Z 老师虽然已 60 多岁，但是整天不是到处联系其他养老机构求合作就是在电脑前制作表格和打字，完善会所的各项制度；作为协调志愿者的 Y 老师负责社会倡导和资源链接，虽然她在政府部门工作，但是她说更喜欢社工的工作，自己也经常参加各种社工团队组织的培训，觉得很有意义。机构的 3 位负责人的工作都不是被安排的，而是自己对所感兴趣的事业的投入，对自己，他们有追求；对员工和会员，他们经常关心。员工在没有一套严格制度和科层制的环境中，有很大的发挥空间，能够认真投入服务。这样的管理体系没有严格的规定和门槛，依据的是个人的能力、掌握的资源和一腔热血，因此，在工作时富有激情。

决策上，会所的宗旨是："尊重、参与、工作、分享、学习、平等。"即会员之间，会员与员工在尊重和平等的氛围下参与机构的岗位体验和工作学习，分享和交流经验。工作人员没有绝对的权威，要与会员间以平等的身份共同体验工作，同时协助或帮助会员。会所的任何活动都要所有人员的参与，任何有关会所利益和会员利益的决策都是大家公开探讨与决议，整体上的管理和决策比较公开，注重平等。这点除了体现在日常活动中，还根植于会员的思维中。例比，如有员工或会员偷懒不做事或不参加活动，会员会向会所反映，领导就会警告当事人，视情况而给予一些惩罚。这些是做得好的方面，但也有一些不合理方面。

首先，管理层与一线工作人员比例失调，管理层占多数。一线工作人员只有一两个（实习生除外），负责会员活动以及会所的一切基本事务。除了一线工作人员，就是 3 位管理人员，他们具有决策权、财权、执行权、人事权。与"占多数"的管理者共同工作，员工的权利少，事务多，价值感不高。

其次，权责规定不明确。据笔者与往届实习同学的谈论，笔者去会所实习前，有位 C 老师，他和 S 老师的职权有所重复，所以在实习生或者一线员工有事情向上报告时，不知道该找谁。于是员工也抱怨一层一层上报太麻烦，不一层一层上报容易得罪另一方。究其原因，是因为 X 会所没有一套规范的管理体系，它的管理两极化，负责人都是领导，且没有明确的职能和职位高低之分，因此从上至下的管理和从下至上的汇报比较混乱。员工在会所和会员一样，对会所的很多决策的影响不大，地位不高，影响工作热情。另外，会所的所有资源几乎都掌握在关键的一两个领导者手中，其他的员工在资源沟通和连接上比较被动和封闭，这样的管理方式比较偏向集权，导致民主的形式化和一定的威权主义，因为在会所，多数人的意见就是负责人的意见。因此机构的管理应该适当地分权，当然前提是在开放一些资源，吸引社会工作者进入机构工作。

2. 伦理和职业守则

伦理是社会工作的核心组成，反映了社会工作的价值观体系，是社会工作专业性的特征之一，伦理建设是其立身之本。伦理和职业守则要求社会工作者自觉地遵守社工伦理和机构规定的职业守则或规范，社会工作者不得违背伦理，做出有损社会工作专业性的举动；另外，伦理和职业守则为考察社会工作者行为是否有违专业伦理提供了参考。因此，伦理和职业守则发挥着融自律和他律于一体的约束机制的作用，对于提升组织的公信度、促进机构的专业发展有着积极的意义。

机构的价值观是："我们是一个目标长远的发展机构，我们坚持，只有不断地开拓创新，才会有 X 的明天，因此，X 将不断地寻求发展才能满足不同会员的需求，同时，我们要求每一位员工必须植入爱心及耐心，不断地提出机构与个人发展的各种新观点并脚踏实地地行动。"

由于中心工作的重心不在居家养老服务站，服务站虽然也有自己的一套守则和规范，但是目前还没有能力实施，因此这里不做讨论。

X会所没有正式的明文规定的伦理和职业守则，但是通过对机构领导和员工"职责"的资料收集和"价值观"可以看出，该机构员工的主要导向就是很好地完成本职工作，即员工职责。结合资料和员工工作日常，笔者总结出该机构重视的员工的伦理和职业守则主要是以下四个方面。

一是工作性质和伦理。规定员工与会员建立尊重、友好、平等的沟通关系，并对会员的隐私给予保密，能用亲切和肯定的方式与会员交流，让会员在会所有安全感，认真听取和尊重会员意见。

二是对会员的责任。具体有：让会员参与决策及鼓励和帮助会员学习新的技能和工作；鼓励会员说出想法、需求，发挥他们的长处和潜能；帮助会员设定目标计划，并实现；跟进会员各方面情况，耐心提问，对每次跟进会员给予干预计划并做好记录；认真聆听会员需求，并发现存在问题；做好会员的小组工作和培训工作，带领会员做好每天的小组会议及反馈意见，帮助会员保持和社区的连接。

三是对机构的责任。鼓励员工开拓创新，不断地提出机构与个人发展的各种新观点并脚踏实地地行动；了解和明白会所的目标及宗旨，积极配合会所协调开展各项活动；积极、热心地对待会所的工作和活动，多动脑筋、想办法；调动一切有利资源（社会团队等）配合开展会所活动。

四是对会员家属的责任。将会员在会所的学习和工作情况向家属进行反馈，让家属了解会所工作流程，争取家属对家属互助小组活动的支持。利用会所现有资源，帮助家属不断增强对会员康复的信心，引导家属正确对待会员，积极配合会所做好康复工作。

这四点员工都能够很好地遵守，他们与会员相处的一言一行都体现了社会工作机构工作者的专业素养，社会工作伦理的遵循和环境的影响都促使社会工作者更多考虑服务对象的意见和感受，用恰当的方法进行行为矫正和增能。对于一切有利于会所发展的工作，员工都全身心投入，因为他们也期盼会所能有所发展。其实，在职业伦理和职业守则这一块，负责人表现得很好，员工和会员的关系很容易建立与巩固。

伦理和职业守则的不完善是发展中的一个问题，受规模的影响，制度建设都还处于探索阶段。目前伦理和职业守则的规定对象主要偏向会所和服务对象，员工自身的问题少有涉及，包括专业能力的提升。所以大家普遍认同的职责是最好的行为参考依据，然而理想与现实也有一些差异，领导或员工在履行职责时可能由于不专业的方法或者权力的干扰产生一些负面影响，如有时领导或者员工的身份可能会抑制会员提意见的权利或左右决策的意向。况且，职责的完成程度也视员工的能力而定，一些职责不用去做或无暇去做很正常。

3. 运行规范性

X会所的组织运行原则是："民办公助、政府补贴、社会赞助、适当收费、自愿参加。"运行原则里主要体现的是资金的管理，在与会所负责人访谈的过程中，笔者发现会所的资金问题较严重，会所的基本财政情况属于负债经营。主要表现在：没有政府补贴；会员少；捐助者少；会所的两个商店负债经营。

资金的匮乏使得会员的活动经费极少，有时候会员的活动需要自己出钱。再者，不管是会所内的工作还是会所外销售的工作，会所没有一套合理规范的管理办法，有时会员的劳动得不到相对公平的回报。例如，会所内部的工作属于会员的职前训练，会员在会所内工作奖励一般是口头表扬和奖状，没有实质性的奖励却有金钱上的惩罚，有些会员在会所发挥很好的带头作用，带领其他会员做活动和培训，这些有能力的会员得到的回报较少。

为了会员可以更好地走上工作岗位，适应社会的发展，会所在机构内设立了4个工作部门，让会员在会所的生活中体验工作生活，积累工作经验。这4个工作部门的设立一方面结合会所运行发展的需要，让会员可以更好地融入会所，为会所提供力所能及的服务；另一方面根据会员的能力与潜能，会员的喜好与意愿选择4个部门，即餐饮部、文书部、清洁部和行政部。

餐饮部工作主要有买菜、择菜、做菜以及洗碗。目前会员的主要任务是记账与洗碗。

文书部是关于表格、期刊、QQ群、微博等的工作。这一部门主要针对拥有较高学历、对电脑有一定了解的会员。但是大多数会员知识水平有限，原文书部的会员走了以后，这块工作全由老师管了。

清洁部的会员带领其他会员一天进行三次卫生的打扫。每天早上打扫完以后，都需要进行检查，检查工作由负责人进行，如果不合格则需要返工。有些会员并不喜欢这项工作，一方面是感觉累；另一方面比较重要，即个别会员和员工偶尔不参与打扫使其他会员有意见。不只是打扫卫生，在平等互助的宗旨下和在回报都差不多的情况下，如果大家付出劳动不平等的话，偶尔的怨气和烦躁的情绪就会产生。

行政部的会员负责对外来参观的组织和个人介绍与展示会所工作，然而一直以来只有一位会员做这样的工作。

这些岗位缺乏继替的原因是会所没有多余的员工和精力培训会员，会员的工作集中于清洁和餐饮这些基本的技能，而奖惩制度似乎不足以激发会员工作的激情。有些部门名存实亡，会员与会员之间工作性质差异大，有的善于动脑，有的善于动手，而物质奖励只有一人才能获得，实行下来，每个月获得"大奖"的都是一个人。衍生的问题还有，最佳会员总是同一个人，那个人经常因为认为其他会员会对她心存芥蒂而感到不安。

这些岗位的设置是会所服务的基础，也区别于其他社会工作机构的服务，为服务对象找到了具体的事做，增加会员的价值感，只是如果增加一些较高层次的服务内容会更好。还要继续做好制度建设，制定一些支持性的制度，现今的奖惩制度、资金管理比较模糊，这些模糊制度甚至还造成一些不公平和组织利益的缺损。

（二）资源评估

1. 财务资源

机构的资金来源主要是加拿大 EMAS 医援会，爱心人士和企业捐助较少，政府和社区居委会没有资金支持，而作为一个自强不息的社会工作机构，能够募集到资金才能保持机构的运作。在中国，社会工作机构发展主要有两种模式：一种是政府购买社工机构的服务，一般是个人成立的民间社会机构；另一种是政府购买社会岗位，即政府授意成立的社会工作机构。这两种模式都离不开政府资金的支持，一旦失去政府资金支持，机构可能要从头开始。

没有政府资金的投入，为了弥补资金上的缺口，提升机构的综合水平，X 中心采取两个途径：一是与其他社会组织和社会企业合作，争取获得项目经费；二是采取社会企业的形式从"非营利"向"营利"发展。在近几年中，中心只有两个合作项目，合作方分别是云南省 J 研究会和某国际助残组织，前者已结项，后者即将启动。

会所在已完成的项目中，J 研究会是众多合作单位之一，并且项目的主要目的是改善慢病失能老人的生存质量，鼓励部分有能力、有积极性的社会组织参与项目工作，同时提升 NGO 的服务能力，有限的资金几乎都用在受助者身上。

承接项目是一方面，会所还为心智障碍人士（主要是会员）开展了职业培训的拓展活动，即义卖活动项目。此活动的主题是"'敬老助残'志愿者行动——爱心义卖"，是"进社区、进校园"义卖项目一系列活动。这一系列爱心义卖与以往的设置在会所内的义卖不同，得到了政府部门、社区组织和学校的支持与帮助。义卖是很多社会工作机构的一项服务内容，机构的服务对象能够在机构的组织下低价销售自己的手工艺品从而获得报酬，义卖所得的去向必然成为各方关心的问题。在笔者策划组织的两次义卖中，由于之前管理得不规范，会员的手工劳动无报酬、无标记，在分配义卖所得的时候，绝大部分资金成为机构发展基金。

义卖手工艺品分两种：一是会所材料所做，二是会员在会所外所做或代销，因此义卖所得也有两种分配方式。为了会员和会所的共同发展，义卖所得除了用于支付会员的劳动所得，还设置了会所发展基金。这样一来，在实际操作中，会所在财务这一块还是较保守，但是事后拟出"义卖所得管理办法"，以后的义卖所得能够得到明确合理的分配。

从以上会所已做的项目笔者了解到，机构的财务与行政是同一个人负责，所有的收支情况其他成员不了解。在这种情况下，不论是3个社会企业的收入还是捐赠者的捐款，都由同一人调度用于会所的日常运作和支付员工工资，没有多余的钱用在拓展的服务上。而在即将启动的项目上，机构可能会用该项目可观的资金做更多的服务，现已联系了一些专业人士和成功的亲历者来为会所的发展做贡献。

根据观察和评估的结果，笔者认为，会所的财务资源本来是有一定的保障的，只是因为拓展了服务才分散了资金的去处，继而会员的外出活动减少，设备老化或缺乏修缮，服务成本大大降低。在社会企业没有收益的情况下，项目资金和其他组织的支持是很重要的。

2. 专业人才资源

会所作为一个与精神康复相关的机构，它的专业人才资源似乎比财务资源要丰富得多。外部资源主要有：主要捐赠方医援会成员的服务技术支持；省内医院医生、心理专家的服务支持；国内外高校社会工作专业和其他专业学者的志愿服务以及社区其他组织的支持。经常提供专业人才的是高校社会工作专业的学生，其他专业人才资源很少在专业技术和实际服务上提供帮助。因此，会所的外部专业人才资源虽丰富，却主要集中于高校实习生，专业技能有限，服务时间不能保证。负责人和员工都是机构内部专业人才资源，学历普遍偏低，但是两位负责人在前几年获得商务人员专业技能证书资质，其他员工的专业知识也在工作和培训中有所提升，而专业技能有待提升，还应努力引进专业人才。

社会工作专业的大学生有一定的社会工作专业知识，尽管目前直接进入社会工作职业的比例较低，但还是有很多刚毕业的大学生想要进入社会工作机构做社工助人和锻炼自己。因此从某种意义上说，大学生是社会工作组织潜在的资源。实习的大学生在某种程度上提高了社会服务的专业标准，研究人员对社会机构的专业发展的作用也是不言而喻的。

在社会工作的专业实习中，被派去各福利机构的实习生会与机构签订实习协议，协议上规定了双方的权利和义务，双方都处在互惠的规则中。机构协助实习生解决实习过程中遇到的困难，包括安排实习督导、处理情绪问题，使实习生在实习期间有所收获。一般情况下，交通补贴等实习补贴也会写在协议书上，但金额较少。而实习生在机构要积极、认真完成实习任务，保护机构和服务对象的隐私。X会所的服务性质比较容易吸引大学生，实习生在专业人才极其缺乏的机构具有较强的自主性，能够帮助机构更好地完成服务，但是做的事情略多。还有，机构资金匮乏，财政大权又只由一人掌控，协议上的实习补贴没有保障。诸多原因使得本有意留在机构工作的实习生最后放弃，专业人才资源逐渐减少。

虽说专业人才常会缺乏，但是不可否认，一些潜在的人力资源不难被发掘。偶尔来会所活动的医学院学生就是最好的潜在资源。精神康复是一项专业的工作，社会工作的专业知识固然重要，但配合医务知识技能对服务对象来说更有助益。笔者在做慢性病老年人的活动时,其中两节活动邀请了参与教育工作的两位医生来给老人们做活动,通过互动学习的形式把慢性病知识灌输给老人,老人反馈和活动效果问卷调查结果都显示他们需要医学方面专业的指导。同样,精神病康复者也需要在专业精神健康知识的指导下完成他们的活动,这对社会工作专业的学生来说也是一种学习的方向和警示。

拓展潜在的专业人才资源具有较强的可行性,需要的是机构人员与高校更多的沟通,用自己的诚意让更多精神病学专业、康复专业和社会工作专业的学生乐意提供志愿服务。

(三) 服务对象满意度评估

1. 会员的满意度

针对会员的满意度,由于会员的精神障碍类型和程度不一,有些会员自我意识、阅读、理解等能力较弱,问卷的方式不适用,笔者采用参与观察和访谈的方法。笔者在与每一位会员的聊天和相处中知道了所有的会员对会所服务的整体评价是满意的,虽然满意的程度难以用数据说明,但是可以在互动和谈话中体现出来。

老会员对 X 会所的感情很深,会员从少言寡语、自卑、无工作、无收入、社会功能退化到开朗、积极、有工作、有收入、才能得到发挥是一个恢复或康复的过程,他们很感激会所对他们的关爱和帮助。所有的服务项目对有功能障碍和功能退化的心智障碍患者都是很重要的,即使他们在会所能够参加的工作只是职前训练或者过渡性就业训练,报酬没有社会上的工作多,但是能够得到培训和受到友好、平等的对待就对未来有希望了。除了安全、团结友爱的环境和职业训练,小组活动和其他活动能够增加他们的自我效能感。但是在满意的背后也有一些不尽如人意的地方,笔者在观察和访谈中发现某些会员在某些问题上持不满意的态度,这些不满意的地方是会所长期存在的问题。

对于会员的日常活动,经常有会员不想参与或不参与,有些会员经常在活动中坐得远远的,特别在会所忙于拓展服务、工作人员又减少的时候,大家积极性减弱,表现为应付活动。他们的行为和情感体现出消极态度。除了对环境的消极看待,还有活动的分享形式化,本来很多活动有一些情感和认知方面的东西可以分享,但是就连睡觉的会员也和认真看了的会员一样一致对它好评却说不出所以然。笔者以前和老师带活动也发现,分享很难形成一种互动和讨论,大家纯粹为了完成"分享"而分享,所以也听不到真实的想法。因此,我认为会所的小组活动形式存在问题,长期不变的活动形式给会员带来的可能是习惯,也可能是压迫,因为他不得不回答出点什么。在这种情况下,会员的自我管理和被管理都显得不是那么民主、自由。

为了从个案上剖析会员在会所的感受,笔者对会员 HS 和她母亲进行了访谈。HS 是会所的骨干会员,她有大学文凭,是个热心、单纯、可爱的女孩。在笔者看来,作为会所最有资历、最能干和表达能力最好的会员,HS 的观点和想法最能体现大部分会员的感受。

笔者:会所的服务中,你最喜欢的活动和工作是什么?为什么?这些活动对你有什么作用?

HS:我喜欢的活动是智力大赛、看电影,工作是会所行政部的工作,设计展板,会所内部设计。我不喜欢的工作,比如,外面展板上写我的工作是介绍会所,凡是有比较正式的参观团或参观者,比如说外国人、外省领导,我就介绍会所,不是很喜欢。因为外国人讲外语我听不懂,即使他们带着翻译,交流起来还是困难。

笔者:如果语言沟通没问题的话,你喜欢这个工作吗?

HS:我也不知道(喜不喜欢),因为这个工作是 S 老师给我的，从老会所开始就是我在介绍会所，如果我有事情，比如带着会员做手工，就由老师来介绍。

笔者：你为什么会喜欢你刚刚说的这些活动和工作？

HS：感兴趣啊，我觉得好玩。但是我不喜欢拼图、书法，心静不下来。

笔者：小组活动呢？

HS：喜欢啊，就是分享环节有一点难，我不像其他会员，其他会员每次都是说很好玩，锻炼了身体和大脑，我觉得这样说不好玩，我想跟他们说点不一样的，但是又说不出来。我每次说出来和写出来的感想都差不多，每次都是动手动脑，培养责任心，锻炼会员的能力，展示自己的才华，通过活动展示出来的东西让自己有成就感，恢复自信心，其他的我也不会说。

笔者：这些活动对你有什么作用？

HS：缓解病情啊，做的时候不用去跟幻听说话。有一段时间我对会所的这些活动特别抵触。（笔者：什么时候？）犯病的时候，2012年和2013年都是这样，我说我不去了，他们拿八抬大轿抬我我也不去。

大部分会员在会所能够发挥自己的特长，不管是在工作还是活动中，他们有的能够带领会员做兴趣活动，有的会出节目给大家带来快乐，不同的经历使得他们的特点差异大，一旦有个机会让会员发挥，他们会表现得淋漓尽致，只是如果活动和工作都能从培养他们的自我认知与自主性角度出发就更好了，如今的一些活动和工作显然没有激发他们的能力。除了有报酬的工作，如去小卖部或超市卖东西，对于其他工作，他们的积极性不高，视为不得不做的工作，有时候因为工作的压力和偶尔相处得不愉快出现负面情绪的爆发。

有一位来会所做志愿服务的医生在对他们进行病情的观察和建立

档案时，表达了一些自己对于会员康复的看法。她认为好几个会员是已经康复了的，但是因为他们没有能力融入社会，不想承受压力，不想被别人指责才不愿意改变自己，于是用自己的病情作为借口继续现在的状态。她还认为很多时候家属的心理状况也很重要，一些案例中，精神障碍人士的家属也有一些情绪或心理障碍，而且，家属帮助患者康复的观念和言行对患者的病情也会有影响，如果家属消极面对患者和家庭的未来，或者家属一味地宠溺患者而不让他接受一些磨炼，患者是很难康复的。在对 HS 母亲的访谈中，笔者试图去了解患者家属的感受和对会所服务的看法。

笔者：她在会所会感到累吗？

HS 母亲：是有点累，一天睁着眼，做着事。以前在会所，老师、会员，一大帮人围着她转，有一次就犯病了，没去会所了。现在也是，经常好几个围着她问（串珠的问题），还好她现在搞熟了，谁串到哪里她都知道，现在也习惯了被大家围着。

接下来笔者问 HS 母亲和 HS，HS 为什么不去便利店卖东西，HS 说她不喜欢去卖东西，HS 母亲说 HS 只去过一次，那次就犯病了。

笔者：我感觉她发病是在碰到她不喜欢的人和事的时候，或者说是她心烦或感到压力大的时候。因为上次您说她去便利店卖东西的时候犯病，可能是她不自信，怕算错账等等，才会感到压力，导致犯病。您认为呢？

HS 母亲：嗯……有一次，大家要轮流洗碗，Z 不洗，孙老师就让 HS 洗。还有扫楼梯，做了一段时间她就不来了，累着了。2012 年 12 月她犯病，12 月 27 日以后我们就不来了，2013 年在家，去年（2014 年）9 月才来。

笔者：后面为什么又回来？

HS母亲：会所又开业就来了……幻听的事情，幻听一直陪着她，她不会自己做主，幻听叫她做什么她就做什么，幻听让她过来她就过来。（有一次聊天HS母亲说是S老师让HS来的，HS不太会拒绝别人。）

笔者：那您是希望她来还是不来？

HS母亲：希望她来，我听她的。她以前说她的幻听让她找一个组织，加入那个组织，我让她跟我去打拳（HS母亲加入了一个社区组织的太极拳组织），她又干不了那体力活，所以知道残联有H会所，就领她去（加入组织）。

笔者：您自己觉得她在会所好还是在家好？

HS母亲：在会所好，以前在会所，他们（会员）自己去买菜炒菜，每个人炒一个菜，她还会用韭菜炒鸡蛋，这些活动很好玩。就是算账、收钱，关于数字，她就头疼，那天就搞乱了（便利店那次）。去小卖部一天才7块钱，她觉得太少了，没意思，从此以后就不去了。

笔者：除了会所，她有没有朋友，或者还在联系的同学？她以前的同学知不知道她生病，会不会来看她？

HS母亲：没有，那些都是有工作的，谁会找她？没人知道她的病，只有一个知道，但是那人还刺激过她。

笔者：她什么时候开始变的？

HS母亲：好像就是来会所以后，会所去社区开展活动，表演节目给老人看，她去表演，还化妆，诗歌朗诵、跳舞这些让她开朗起来，这些就是会所的成绩。

笔者：那不好的影响呢？对她身体或心理上，有吗？

HS母亲：就是有点累，还不敢请假，生病也要来。

笔者：会所请假有什么后果吗？

HS母亲：没有什么后果，她实在需要请了，老师也会让她在家休息不用来了。

笔者：她以前多久发一次病，现在多久发一次？

HS母亲：没有规律。

结合家属的态度、会员的态度和笔者的观察，会所的服务让会员在病情、自我意识和社会交往能力方面都得到了较大的改观，这是一般的精神病院所不能达到的效果。但是不同能力的会员的工作内容和受到的待遇差不多，使得能力强的会员对会所重复的工作有些疲惫，能力弱的会员则容易被忽视，依赖骨干会员，产生惰性。这个问题是可以解决的，就是把会员分为不同的层次来活动和培训，香港社工也曾经在H会所这样做过。但如今常来的会员不多，不便于分层，每次活动，智力障碍的那几个都听不懂看不懂，少数精神障碍会员智力、思考能力也不佳，难以投入。要解决会所的这些问题，还是要致力于会所的发展，可以有针对性地向会员提供服务，让他们做感兴趣的工作。

2. 老年人对居家养老服务站的态度调查

通过实习阶段的参与观察，笔者对居家养老服务站的运作和老年人的受益情况有了基本了解，形成以下基本假设：①老年人对居家养老服务的认知度低——认知层面；②老年人对永兴社区居家养老服务的期待较高——情感层面；③老年人对接受社区居家养老服务的愿望不强——行为层面。并通过问卷调查三个方面的情况。老年人对社区居家养老服务站这种老年人与精神病人相融合的服务模式的认知、情感和行为之间相互联系，认知、情感是同时影响行为的。笔者通过问卷了解他们的认知情况，即对服务站的人和事的看法是什么样的。再结合他们的实际行动来评估该服务站的绩效，从而反思社区老年人服务的内容。满意度调查只能针对接受过服务站服务的老年人,主要是三项服务:爱心食堂、文娱、项目小组活动,这部分老年人占所有调查对象的85%。具体见表1。

表1 有效样本的基本信息（$n=47$）

类别	分组范围	有效频次	比例/%
性别	男	13	27.7
	女	34	72.3
年龄	60~69岁	19	40.4
	70~79岁	19	40.4
	80岁以上	9	19.1
居住情况	独居	11	23.4
	只和老伴	20	42.6
	只和子女	11	23.4
	和老伴及子女	5	10.6
健康状况	无病或小病	10	21.3
	不严重的慢性病	31	66
	重大疾病	6	12.8
去服务站情况	听说但没去过	7	14.9
	去过	15	31.9
	经常去	25	53.2

（1）居家养老服务站的社区认知度低

在会所工作时,笔者用询问或活动问卷的形式对在服务站接受服务的服务对象进行过调查,发现许多老年人不知道他们此刻在的地方是居家养老服务站,还以为是社区的一个活动场地。精神康复会所和会员更是听都没听说过。后期到社区下花园做问卷时,老人们也是一无所知,少数听说过或去过。

笔者选取的问卷调查对象要求是知道或去过居家养老服务站的老年人，不能代表服务站在社区的认知度，但是通过①"您认为居家养老服务站应该为老年人提供哪些服务"；②"您知道该居家养老服务站也是'X精神康复会所'吗"；③"您知道的该服务站（会所）的其他成员有："这三个问题可以检验他们对服务站的了解程度和认知。因为去过服务站的老人必然会看到穿梭在里面的"奇怪"人士，或者推测或询问出他们是精神障碍人士。调查结果见表2。

表2 老年人对该服务站的基本认知情况（$n=47$）

认知类别	分组范围	有效频次	比例/%
1. 您认为居家养老服务站应该为老年人提供哪些服务？（多选）	文化娱乐	41	87.2
	生活照料	25	53.2
	精神慰藉	13	27.7
	医疗保健	29	61.7
2. 您知道该居家养老服务站也是"X精神康复会所"吗？	知道	25	53.2
	不知道	22	46.8
3. 您知道的该服务站（会所）的其他成员有：（多选）	精神障碍人士	14	29.8
	高校实习生	13	27.7
	社工	20	42.6
	不知道	15	31.9

从表2三个客观问题的回馈可以看出：

首先，Y社区老年人对居家养老服务站的概念模糊，问卷所提供的四个服务是标准的居家养老服务站应该提供的服务，老人鲜有知道的，认为服务站是提供老年人娱乐和聊天吃饭的地方，所以"文化娱乐"的认同度达87.2%。"生活照料""医疗保健"认同度差不多，55%左右，说明实际身体生活的服务的存在是必要的。"精神慰藉"

对于老年人来说是一个陌生的服务内容，觉得这种服务是大家所陌生和"不切实际"的。就像笔者做一些老年人健康评估问卷时问他们是否需要心理安慰或者陪伴时，一般的回答是："不用了，我自己会解决"，或者说自己会通过参加社区和其他的活动来放松与娱乐自己，因此能理解"精神慰藉"的认同度只有27.7%。但是，这不代表精神慰藉是不需要的，而只是认知度较低而已。笔者访谈、观察老人后发现，老年人特别需要家庭的关注和关爱，一旦在家庭这方面不能满足，就会对社区和社会的要求增多，这是他们调适自己的积极方法。但是现实中接受社区和社会关爱少的老人就抱消极态度，认为社区老年人服务形同虚设。

（2）老年人对居家养老服务的期待较高

对于居家养老服务站的各方面，老年人大都持有正面的感觉。感情是消费者对态度对象所产生的正面或负面的情绪与感觉，笔者虽然没有精确测量调查对象的情感，但是从问卷和访谈中可以感受到，该社区的服务站对于居家养老服务，不管多少，符不符合标准，重要的是让每一个老年人都能有机会享受到应有的服务。从表3的问题可以直接得出，老人对居家养老服务站的整体满意程度为比较满意，但有接近40%的是"一般"和"不满意"。

表3　老年人对该服务站的基本情感（$n=47$）

认知类别	分组范围	有效频次	比例/%
1. 您可能需要的服务？（多选）	文化娱乐	38	80.9
	生活照料	12	25.5
	精神慰藉	7	14.9
	医疗保健	24	51.1

续表

认知类别	分组范围	有效频次	比例/%
2. 您觉得社区居家养老服务的需求情况是?	需要	38	80.9
	可有可无	7	14.9
	不清楚	2	4.3
3. 对会所满意度评价	满意	29	61.7
	一般	15	31.9
	不满意	3	6.4

从表3可以看出，老年人最希望居家养老服务站能够提供的服务是文化娱乐，其次是医疗保健，而生活照料和精神慰藉需求度很低。这是社会行为的结果，影响了服务对象的感觉。社会上的老年人服务中只有文化娱乐和医疗保健广为人知，但是生活照料和精神慰藉不被大家看好，因此情感上觉得有没有都无所谓，但是这正是老年人服务需要提升的内容。老年人更务实，不太看好纯粹的服务，如调查员或者社会工作者告知老人除了一些物质上的帮助，如果身体不便或者有家庭矛盾，可以请人帮助做一些家务，请专家来介入解决。一提到介入他们的生活和家庭，他们就会比较警惕地说："我们没有什么需要帮助的。"但是你再强调物质上的帮助，对方就会考虑或乐意接受服务。一方面是他们对于生活照料和精神慰藉的了解不够，另一方面就是对社区服务的评价不高。

（3）居家养老服务的宣传和服务质量有待加强

从情感中可以推断老年人对于服务站的期待和实际接触感受是有差距的，这个差距直接影响现在和将来的行为。该服务站的优缺点在笔者日常工作中能够观察和感受到，服务人员和服务质量可能得不到保障。首先，为老年人服务的主要是会所里的精神病人，他们本身是特殊群体，具有很多不确定性，老人的服务又是必须谨慎和细致的，会员可能只能做一些简单的服务,因此服务质量得不到保障。其次,缺乏专业工作人员,居家养老服务站属于老年社区照顾的一种,老年社区照顾有两个基本含义:一是使老年人不脱离他所生活和熟悉的社区,在本社区内接受服务;二是动员社区资源,运用社会人际关系资源开展服务。社工固然可以成为这个资源的整合者和服务的计划者,这就要求工作人员具有基本的专业素质,但是该机构的专业人员极其匮乏。

问卷中显示,他们的实际或可能的行动就是对居家养老服务站的服务效果最直接的评价。对于最后一个问题"如果打电话邀请您去参加活动或讲座,您会?",从表4可以看出,意愿不高。而且去服务站频率越高的反而不愿意参加讲座或活动的比例越高,表现为没去过的没有不愿意参加的,去过(偶尔去)的不愿意参加的比例为7%,但是经常去的不愿意参加的比例高达24%。因此,更说明该社区的老年人在情感层面不看好除了文化娱乐和医疗保健以外的活动,也说明了他们的实际行动比起情感要保守。

表4 对该服务站的了解程度、对接受服务意愿的影响($n=47$)

		如果打电话邀请您去参加活动或讲座,您会?						合计
		很愿意去		看情况,可能去		不愿意		
去服务站频率	没去过但知道	4	57%	3	43%	0	0%	7
	去过	8	53%	6	40%	1	7%	15
	经常去	9	36%	10	40%	6	24%	25
合计		21	45%	19	40%	7	15%	47

(4)结论

对老年人来说,生活在熟悉的社区,保持原有的生活方式和人际网络，迎合了老年人的亲缘、地缘心态；老年人足不出户在家享受天伦之乐的同时，还能得到养老机构的专业化服务。社会工作者将老年人集中在社区某一固定场所，通过开展各种活动，缩短不同家庭老年人之间的距离，增加他们之间的联系，逐渐搭建起老年人之间、老年人与社区组织之间的互助平台。虽然社区中的很多老年人还不知道居家养老的含义，但是我们可以通过活动的开展和走访社区、给老年人做问卷让老年人对社区居家养老服务站有一定的了解。可以将会所和居家养老服务的概念都介绍给他们，并询问他们对于会员为他们提供服务的态度。

笔者的问卷只是开展质性研究的一个统计基础，每一个问题似乎都是很基本、很简单的，但是从这些简单的问题中可以看出该社区知道该服务站的老年人对该服务站的态度是比较复杂的。我们不能用简单的好不好和满意不满意评价一个社区服务机构，居家养老服务站的存在是社会发展的产物，它的普遍存在本身说明老年人服务的迫切需求，特别是我国有很大比例的空巢、独居、孤寡和特困老人。但是存在了就要实现它的价值，在实现的过程中，由于机构自身和社会环境的问题，难免有需要克服和提升的地方，而笔者在这样一个机构实习也实现了这个探索的愿望。

实习之前，笔者认为老年人都是需要这些服务的，但是实习下来，我们感受到了比想象更多的冷漠和无奈。有些老年人明明身体或心理方面受到了障碍，但是对于"好心"的我们的询问与关心，却表示拒绝的大有人在。他们认知里很少觉得外界的机构能够帮助他们，更多的是靠自己消化和调节，所以，笔者对于他们消极的社会观念和坚强的内心感到一丝无奈。但是，对于参加过笔者所组织的老年人康乐活动的老年人，他们对该服务站、对社区的认识会比没参加以前更乐观，甚至表示需要那样的活动，需要社区的关爱。

分析问卷得出，老年人在这种社区照顾的机构中的收获是基本需要得到满足,即娱乐、陪伴的心理需求,以及对于会员所营造的特殊的良好氛围的肯定。机构需要发展和加强的是他们所"避免"被服务的,即生活照料和精神慰藉方面,同时提高服务站娱乐和医疗保健服务质量。

(四) 员工学习与成长评估

1. 员工培训

员工培训的目标是提升服务提供者的实务能力,参与会所的发展和建设。对此,会所的规定是:①新员工加入机构后,由行政部指派一位入职引导人,帮助新员工了解机构情况并顺利开展工作,行政部将组织新员工接受短期的入职培训,让新员工了解机构的宗旨、目标、服务内容及服务人群等;②员工所在部门主管根据部门所负责的业务或职能制订出相关培训计划,为员工进行专业技能的培训,帮助员工发展成为本部门或本领域的专家能手;③机构将根据机构发展需要邀请国内和国外的一些专家、学者对员工进行所需技能的相关培训,以便员工了解更多的资源信息,帮助员工学习和了解他们所需要的知识和技能;④机构会根据情况为员工提供参加国外专家团队的培训机会。

普通员工的培训机会很少,一年可能只有几次的学习机会,是会所全体成员一起参加的学习和培训,培训者面对的不仅有职员,还有会员,因此时间短,内容不够深刻。普通职员几乎没有针对他们的专业培训,而这些专业培训和外派参观学习的机会留给了机构负责人或项目负责人,员工小H就抱怨她不会做小组活动。

不管是员工技能培训还是员工素质培训,会所都是缺失的,整体服务在形式上虽然是具体到专业的个案管理、小组活动、职业训练等,实质上都事务化了,员工很少能够有机会提升专业方法和技能,专业性方面工作主要靠高校社会工作专业实习生的阶段性服务。

2. 员工的职业前景

X 会所的员工除了少有培训外，也少有社工专业的专家或老师督导，实习生回到学校有专业督导老师，员工只能靠会所领导的现场督导，督导的专业性不足，一部分是靠员工的自觉和自查。总结员工的职业问题有以下四点。

（1）工作门槛低，入职要求不严

机构对于求职者（虽然少有）和实习生门槛较低，在笔者实习期间，流失了一位社会工作研究生毕业的员工，会所就没有了社会工作专业毕业的员工和持有社会工作证的员工。后面入职的一位新员工因为基本的组织能力和认知能力有问题，被协商去小卖部做事。在机构发展不顺的情况下，招聘条件有所降低。员工的整体水平代表社会工作机构的实力，专业水平不高，一方面使在职员工缺乏相互学习与提高的机会，对机构和自身的发展前景不抱积极态度；另一方面也影响潜在求职对象和潜在服务对象对机构的选择意愿，前者可能更喜欢有竞争和挑战的工作，后者的家属怀疑服务的针对性不强、专业性不高。

（2）工作环境较以前封闭

这里所说的工作环境指的是人的环境和周围事物的环境。对于人的环境，会所大小事务基本上都是由一位负责人说了算，其他负责人和员工在一般情况下不会反对。原来有其他老师在的时候，参与会所决定的人多，多方的意见共存，"老师"之间的争执很正常，代表会员意见的可能性更大。现在"老师"减少，虽然负责人经常采取"民主""公开"的方式来进行决策，但基本上会员不会反对负责人的意见，只能说这样的"民主"被长期的惯习误导了。对于周围环境，机构在老 X 会所时期，周围的高校资源很多，现在的地理位置不仅离各高校很远，还被居家养老服务站的招牌所"覆盖"，环境相对封闭。据笔者走访社区调查和问卷的结果，知道"X 精神康复会所"的居民比知道"Y 社区居家养老服务站"的居民少得多。

对比老 X 会所时期，员工对新会所的环境不太满意，员工 H 说：

> 那时候感觉真的很不错，大学生组织各种各样的活动。最重要的是那时经常有小组活动，现在没有，你们不在的时候就没人带，我也不知道怎么带……当时还有一位学健美操做了三年社工的 C 老师，他与社区医院社区居委会都有联系，医生每个月来做一次活动，还去社区小广场做活动，他一走很多资源就断了。

这是 2015 年 8 月 7 日对员工 H 的访谈，如今会所与社区居委会几乎没有往来。还好，社区卫生中心的一位医生比较支持，不仅亲自服务，还帮助联系其他的社区资源。

（3）服务的理想化不够，服务水平有待提升

根据以往的经验，会所的会员在刚进入会所的两三个月里变化最大，有些会员原来待在家里不出门，胡子拉碴，有些会员经常被迫连续 3 个月关在精神病院，他们的认知和情感停滞了，直到加入会所才有所改变。而员工在会所成立初期看着会员一一有大的改变，心里很是欣慰，觉得工作很有意义，但是时间长了，会员的发展开始变得缓慢，甚至停滞，更高的目的达不到，员工就会有一种无奈和挫折感。

> 活动做着做着感觉没意思了，原来他们的确变化很大，但是现在好像没有进一步的改变了。

实际上，员工也知道自身专业能力有限才使得服务效果不佳。的确，如果会所没有新的机制引入人才，会所的服务再怎么样也发展不起来。

（4）薪酬待遇低，生活水平不高

会所没有为员工买五险，每个月的工资分为两部分：一部分是微

薄的底薪，上班迟到扣当天工资，由出勤情况决定；另一部分是绩效工资，绩效工资一般是在会所社会企业上班的员工才有，这部分工资由当事人的销售额决定。所以，想要在机构获得高一点的工资是很困难的。再者，升职空间不大，要想升职，按照层级从低至高也只有三个等级，分别是普通员工、项目专干、主管，项目专干经常空缺且对专业要求高，一般的员工根本没有能力晋升。

综上所述，员工的职业前景不是很好。离职员工和在职员工都认为薪酬待遇低、晋升空间小、培训学习机会少，所以员工的流失率较高，而员工进来时都觉得这是一个很有意义的工作。与国外相比，我国专业社会工作者还没有较好的职业声望、社会地位和福利待遇。在深圳，社工的流失率达20%以上，其他不发达地区甚至超过50%。因此，社会工作机构在行业的推动下应该结合高校专业资源组织培训，并在福利待遇上有所改善。

（五）评估结论

在会所转型和服务拓展过程中遇到诸多困难的情况下，会所依然尽量保持原有的理念，暂时缺失的服务也计划一项一项做回来，服务水平不稳定的原因有自身的不足和条件的限制，但并不代表会所服务差，只是需要更多的支持和转变。

第一，从会所的服务内容和效果上看，会所虽然遵循国际会所的准则，为会员提供一定的职业训练，职业训练提升了他们的基本生活、工作能力和社会交往能力，但再就业的目标实现的确很困难。再者，会员的主体性不够，虽然会所的整体运作遵循了主体性的原则，即以会员为中心，关注到会员"人"的那一部分，会所所有的活动、部门设置都是为会员而设置，以会员的需要为重点。但是在日常工作中，会员对自己的选择没有信心，不知道自己这样说会不会得到老师的认同，因此有时压抑了自己的需求。

第二，对于增加的居家养老服务站，老年人养老观念还停留在家庭养老，对社区居家养老并不抱太大的期望。因此，即便服务站提供的老年人的服务内容不多，接受过服务的老年人的满意度还是较高，"满意"的占50%以上，结合老龄化加剧的社会背景，社区居家养老有很大的服务空间。会所慢性病老人服务的项目就说明了中心的服务弹性很大，一旦有自主策划或外来项目，都能很好地实施。

X中心在"慢病失能老人及其困难家庭社区综合服务"项目中按要求完成了91例老人的信息收集、健康评估、受益者确认书的签署；6位特困老人"一对一"帮扶；组织完成10次小组活动，其中5次"病友互助"小组活动、5次"家属互助"小组活动。服务的意义是多方面的，一方面，这些服务提升了中心原本较弱的老年人服务水平，得到了许多服务对象的认可和支持；另一方面，也锻炼了中心的工作人员和实习生，在项目的支持下，有机会为社会或社区做一些贡献。

总结中心的老年人小组活动，有成功经验，也有值得反思、学习的地方。做得成功的地方包括以下几方面：一是服务对象和中心的服务提供者建立了良好的关系，服务对象接受服务的愿望越来越高，小组人数从低到高到稳定；二是服务提供者成功地应用了行动研究，和受益对象一起完成服务，双方的信息交流是较平等的，而不只是教育型小组，主持人也能从老年人之间的互动和与老年人的互助中获得很多健康、人情、家庭的信息；三是老年人对类似于健康知识讲座结合互动式学习的小组活动比较接受，由此中心也可以根据服务对象的需求继续改进和调整活动内容。这些成功的经验一方面基于中心专业社工和高校实习生的精心计划；另一方面是项目提供的资金上和信息上的支持，使中心和小组成员能够掌握到服务对象和项目的最新需求。

第三，组织管理、资金管理和志愿者管理规范性有待加强，三者需要在"新鲜血液"加入中逐渐地改善，促进明确的制度和分工，便于汇报和管理。志愿者是"新鲜血液"的一部分，会所的工作人员专业差异大且具有社会工作专业背景的不多，因而在专业人才吸纳上，与高校建立联系很重要。但有一个问题，有些实习生只有两个月左右的实习期，刚刚熟悉了环境，工作开始步入正轨的时候，实习期就结束了，不得不离开，之后会所又要迎来一批新的实习生。如此循环下去，工作缺乏连续性。针对这一问题，会所可以优化志愿者（包括实习生）管理，建立志愿者服务档案。这样，新来的志愿者才能够在会所已经做过的内容的基础上延续或另做计划。

第四，会所对社区具有一定的积极影响和作用，而且具有较大的发展空间。心智障碍群体和老年人群体是目前社会上需要被关注和帮助的两大群体，而这两大群体正是政府难以全面服务到的。在做老年人问卷调查时，让笔者感到欣慰的是，调查对象大部分都对精神障碍人士抱以同情的态度，而不是觉得他们危险（参照表5）。这让笔者对学术界普遍认为社会歧视精神障碍人士，把他们视为危险人士的情况有所怀疑。在 X 会所，老年人经常看见会员在工作和活动，见识他们好的一面的时候，歧视或害怕的问题是不存在的。而不了解才是导致社会上认为他们可怕的原因，足以见得，富有同情心的大有人在，只是需要一个正面的群体展示或者评价才会消除这种恐惧和歧视。

表5 服务站的精神障碍人士对调查对象态度的影响 ($n=47$)

对精神障碍人士的认识		是否知道该服务站有精神障碍人士			
		是		否	
		人数	占比	人数	占比
	社会应该给予他们更多关爱	13	93%	25	76%
	没感觉	1	7%	6	21%
	危险人士	0	0%	2	6%

知道该服务站有精神障碍人士的调查对象一般是经常或偶尔来服务站打麻将、吃饭的老年人，他们对会员的包容和理解更多。而不知道的，可能代表了社会上大多数的老年人，包容度没有前者高，甚至还有人认为他们是"危险人士"。该居家养老服务站对会员的影响是正面的，也是提升精神障碍人士社区或社会包容度的一种途径。

除了老年人群体和心智障碍人士之间的包容和理解，机构的一些外展活动和倡导活动得到社区组织、社区居民和学校的大力支持，这说明心智障碍人士在有组织、有社区帮助的情况下，人们更能客观地、富有同情心地看待这个群体，至少给他们的标签从"危险人士"转变为"弱势群体"，虽然不应该被标签化，但是在社区的活动和宣传已经达到减弱"污名化"的效果了。

三、社会工作机构转型与服务拓展的反思

本文中笔者展现了社会工作机构既成转型和潜在转型的现状与问题,以及由转型所带来服务拓展的现状和问题,不同于以往学者研究的发展较好、类型专一的社会工作机构。在对机构进行整体、专业的评估后,笔者试图用实证研究说明社会工作机构的发展具有很强的创造性,环境越是复杂,创造性越强。而在理论的指导下对转型和服务拓展的社会工作机构提出一些发展的可能性。转型只是一种生存和更好服务受助者的途径,而真正重要的是如何在转型中不被环境所控制,避免资源枯竭和能力下降。

(一)现实层面反思

1. 转型与拓展必要性

资金上过度依赖政府的社会工作机构自身缺乏造血功能,使社会工作机构产生了许多问题,包括:资金供给不足,融资渠道单一,服务自主性不足,偏离社会工作机构目标和宗旨,等等,这些问题大大阻碍了社会工作机构的发展。为了使社会工作机构实现其可持续发展,许多社会工作机构也开始寻求通过改进机制来解决问题,但很多尝试都是暂时性的解决方案,不能解决其根源问题。在这种情况下,多种模式共同发展成为解决问题的方法。例如社会企业也是一种非营利组

织，通过商业活动和经营模式来解决社会问题，实现社会目标。

在 X 会所这个个案中，会所由于其自身服务对象的特殊性和先进的服务理念，虽然地理及环境优势被打破，但也还能发展，没有残联或政府的制约，自主性和创造性优于其他组织。不仅如此，深受新加坡社会工作者和加拿大医援会医生的影响，会所在很早以前就已经接触精神康复会所的概念，并通过本土热心社会工作人士的努力，从小组发展到会所模式再发展成为一个独立的社会组织，其所具有的群众基础深厚，具有社会工作渊源，不管会所发展是否困难，总有机会获得服务对象和其他社会组织支持。

2. 互补与互惠关系对组织发展的影响

社会工作机构能够通过直接或间接地转型，拓展服务内容来增加自身的潜力和价值，不仅丰富了服务行业，还让社会弱势群体感受到更先进、更全面的全人服务。从以上评估可以看出，会所的转型正是吸引各方合作组织的重要原因。福利组织、民间组织与社会工作组织之间可以自由合作，它作为独立的组织，转型和服务拓展成为与社会其他系统互惠的筹码。依附残联时，会所的发展是因为与残联的互补关系，阿尔文·古尔德纳在《互惠规范：一个初步的陈述》这篇文章中通过澄清互补和互惠概念的方式说明社会系统的稳定性与不稳定性。文章中对这两个概念简单的解释是："互补意味着一方的权力是另一方的义务，反之亦然。而互惠意味着每一方都有权利和义务，这远远超出了一种分析性的差别……"[1]

在 X 会所这个个案中，会所与残联的关系更像是互补关系，残联的前任领导支持开办会所代表了会所权力是某一掌握话语权的人给的，会所具有为残联服务的义务。虽然残联也是为残疾人服务，但是两个组织之间的差别和权力关系是：一个是有权力的领导者，一个是没有

1　冯钢编选：《社会学基础文献选读》，杭州：浙江大学出版社，2008 年，第 351 页。

权力的被领导者，这样的关系具有很强的不稳定性。"假如一方当事人的需求的满足并不视另一方当事人的反应而定的话，那么他们之间的关系的稳定性就是不确定的了。"[1] 上级组织的领导不再视下级组织的服务为自己需要的话，他很可能解除这种关系。另一种情况，如果下级组织的活动想脱离上级组织的控制也会导致关系的破坏。总之，两个组织之间稳定的互补关系只能建立在没有交换的前提下，而这对于社会工作组织来说几乎是不可能的。因此，转型成为当前一些社会工作组织摆脱束缚、自由发展的出路。

转型后的组织成员，如会员，他们怀念从前在残联免费吃喝玩乐的日子，不得不承认，没有资源压力的社会工作组织的确能够让众多受助者感到满足。但是现实社会环境的复杂、体制的限制使得很多福利组织不能在经济上无忧，具有经济负担的社工组织就只能通过互惠的方式与服务对象和其他组织合作。

服务对象付 200~500 元的会费，并在会所接受一些工作安排，维持会所的运作，而会所为他们提供国际会所应有的服务，包括个案管理、小组活动、职业培训、心理咨询，帮助他们康复，这是双方的义务，在权利上，双方都有权利参与会所的管理，会所有权力要求会员工作，会员有权利得到报酬。但是在众多情况下，双方的满意度不一，负责人有时觉得会员在工作和活动中表现不好，会员觉得负责人给予的报酬低，活动没创新点。双方有不满但却不终止合作关系，在这里，笔者发现双方之间的关系是阿尔文·古尔德纳所说的功能自主。也就是除了利益的交换，还有其他原因使双方维持较好、稳定的关系。

对于会员，患病以来身心的遭遇曾经让他们觉得社会是无情的、人情是冷漠的、自己是没有前途的，而这些正是会所真正想要改变的，会所的一切服务都是为了会员能够融入社会，事实证明会所基本上做到了。另外，会员在会所的康复是人生的一个重要经历，在会所的人

---

[1] 冯钢编选：《社会学基础文献选读》，杭州：浙江大学出版社，2008年，第349页。

际可能是最重要的朋友圈。积极的情感加上会员依赖会所的服务，少有或没有其他的替代性选择解释了权利不平等的抵偿机制。对于会所（负责人），会所的性质本来就是福利性社会工作组织，因此具有文化上共享和价值观上无条件宽大的抵偿机制。

因此，对于福利性的社会工作组织，互惠并不是原则而是补偿，社会工作者和弱势群体，两个身份群体，在普遍的社会道德中，社会工作者具有帮助弱势群体的责任，而弱势群体可能要或不要回报社会工作者。而互惠的普遍规则可能使受助者有所回报。总之，组织转型瓶颈期的各种问题是通过功能自主的方式解决的，互惠、权利差异和依赖程度三种因素维持内部关系的稳定性。

这种互惠关系在机构的倡导关系中也有所体现。机构作为独立和少有约束的组织，任何活动都是代表自己，不依附于其他组织，因此与社区和其他组织的往来更直接，双方的关系也不复杂，这对会所的发展来说是很有利的。因为，一些社会组织，如学校，认为心智障碍人士的遭遇和励志事迹具有教育作用，可在认知、道德和情感上培养学生对他人奉献爱心，这是学校认可的好处，而不只是"奉献爱心"。另外，在我国，公益活动通常需要其他政府组织和社会组织的支持才能顺利开展，而如果具有其他现实意义，如适当的有交换服务功能或教育作用，双方的合作会更直接和方便。会所就有这个优势，可以继续利用、维持和增加与其他组织的合作。

（二）理论层面反思

1. 机构转型与惯习滞后效应

从布迪厄的理论逻辑上看，残联和社会工作组织属于两个不同的场域，这两个场域的运作逻辑不一样，在本研究中，会所的工作人员发生了场域的转换，在转换的过程中，工作人员原来在残联的行为、思维习惯和运作方式这些惯习影响后来进入新场域的发展，惯习作为调和剂面向再生产。接下来分析体制内的惯习在体制外场域中的影响如何能朝着有利于场域的方向发展。

X会所的创始人S老师具有在残联和政府部门工作的经历，康复对象的需求、新会所的成立和体制环境的严苛促使他与其他在政府有关系的、热心于社会公益事业的人士合作。每个人都具有政府工作的经历，对政府的管理方式极为熟悉，过去和现在的人脉、身份为会所成立和运作提供了很多方便。在会所的服务工作和管理上，S老师比Y老师和Z老师熟悉，后两位老师在管理上给予建议和帮助。会所最大的资助方是由行政主管联系的，她在会所最具有话语权，权力贯通上下，这个权力体现在所有员工和会员对她的遵从，这种氛围经常引起在里面工作的社会工作者的注意，因为有时会影响社会工作者的专业服务。诸多的活动和事件表明，机构的成员对集体利益的认同有偏差，他们关注集体的感受要比关注自己的感受多。

可以说，随着会所的发展，最初的服务提供者逐渐升级为管理者，家长式的管理是来自原来的惯习，社会工作者在会所工作时很难与"家长"的权威抗衡，唯一发挥的就是自己的专业技能和利于会员发展的资源链接。

协调志愿者和法人不受其他组织或个人的约束，但他们绝对是公务员系统中的社会事业爱好者。Z老师的基层工作经历十分丰富，退休前在政府部门做过各种工作，当过领导，退休后在各福利性的社会组织工作。他是连接机构和政府部门的纽带，一向主张主动与社区居委会和其他政府部门搞好关系，他认为这是机构生存最主要的一点。Y老师因为自身对社会工作很感兴趣，于是也通过各种方式结识了很多服务行业的人员和组织，虽然他从来没有一线服务的经验，但是对社会工作的基本工作方法有较好的认识。这些核心工作人员具备的知识和能力完成了会所的转型，但是服务的专业性一直得不到提高，而只是服务得到拓展，这就是惯习滞后性的直接结果。

惯习的滞后性还表现在惯习可能带来资源的阻碍上，在上一节中说到合作双方互惠来往是稳定两个类型组织的重要规则。虽然 X 会所是福利性机构，应该得到政府组织、事业单位组织的支持。但是残联新一批的领导班子评判 X 会所没有达到开办会所的条件，因此拒绝做会所的业务指导，资金上也不可能提供帮助，S 老师对于区残联的做法很气愤，她认为是新领导人的阻挠才阻碍了会所的发展。

2. 拓展服务：减弱环境的干扰

X 会所服务的拓展发生在转型时期，转型后的会所拓展的服务按时间顺序依次有职业康复训练（过渡性就业、技术培训、手工培训、餐饮服务）、老年人服务（爱心食堂、棋牌活动）、承接外来项目、义卖。这些服务是否有拓展的必要性在前面已实证说明，环境的影响促使"系统的各个组件之间在其相互关联与同期环境的交往中进行自我区分和相互区分，实现经过沟通而环环相扣的自我确认、相互区隔和相互作用，同时又完成与其他组件之间的相互关联"。[1] 这些活动的开展都为会所注入新鲜的血液，自我指涉地发展自己。

职业康复训练建立在社会企业发展的基础上，具有稳定性和可持续性，未来的盈余可以用于会所的发展，但存在部分会员对这项训练产生依赖的问题。商店和会所的运作是完全不一样的，除了提供过渡性就业岗位，它的运作算不上社会企业。对老年人的服务增加了机构在社区的认知度和公信力，项目要求的老年人服务、居家养老服务站的老年人服务、去社区敬老院的老年人服务三种服务都能增加社区老年人群体对机构的好感，从而影响整个社区的态度。承接外来项目既能提高会所的服务水平，还能培养社会工作的管理者，并使活动经费

---

[1] 高宣扬：《鲁曼社会系统理论与现代性》，北京：中国人民大学出版社，2005 年，第 37 页。

有保障。会所接下来要做的项目就是一个扭转局势的机会，达到社区、省残联和会所之间的相互协作，该项目的目标是服务500个残疾人和1000多名家属，提升他们的能力以达到可以自我倡导，同时通过服务和项目管理的锻炼在社会组织和残联中培养几十名核心管理者。

这些拓展的服务都是与社会其他个人和组织沟通的结果，这一过程也构成了功能分化的过程，就是在系统之内重新引入系统——环境这一区分来形成子系统。从环境中截取资源和可能引入自身系统，系统自身的复杂性被迫或主动增强，其化简环境之复杂性的能力也会增强。该理论为系统在环境中的发展提供了许多可能性。转型期的社会工作机构具有高度的自律性、独立性和不可化约性，这些性质是因其独特的功能而形成的。像X会所的社会工作组织在结构和功能上都是独一无二的，虽然会所现有各个服务类型都不是业界做得最好的，但是它们在功能上相互补充，与环境相关联，在结构上相互独立，使自身在快速变化的环境中能够有效地作出调整，实现系统的正常运作。

从本文对会所的描述可以发现，会所内部各类型之间存在冲突，冲突是必然的，这是环境对系统影响的结果，但是社会工作组织必然要通过一些机制化解冲突，这个机制就是有目的地增加服务项目或服务内容，同时保持自身的独特性。例如，居家养老和精神康复会所的合作一开始不被看好，社区居委会领导和会所领导相互不支持对方的项目，但是会所为了融入社区，社区为了完成上级的任务，双方达成协议，协议的内容和执行效果说明双方对两个项目的态度就是：不做过多的干涉。对于刚进入社区、资源缺乏的会所，如果真的把大部分精力花在居家养老服务上，那么精神障碍的康复活动必然会受影响，"主业"变"副业"。笔者之所以反面假设是对会所服务的一种支持，是认为在这个社区或社会，社会工作机构保持个性或独特性是非常重要的。为了自身的利益，会所作出一些牺牲来谋求更大的好处是明智的，至于居家养老做得不好的根本原因是社区、政府执行、监督和管理的问题。

然而，拮据的现状也许能够改变，笔者后期的回访了解到，会所老师正在与其他社区的居家养老服务站沟通，希望将会所现有的这种模式扩张到其他社区，改变现在的场地和资金的问题，这种扩张不只是量的增加，也是质的改变。因为其他社区居家养老服务站的硬件设施和其他资源优于Y社区，但是服务质量和创新度不够，X会所想把会员带到其他社区居家养老服务站学习一些简单的老年人服务，顺便带动其他社区的老年人和心智障碍人士加入机构，这样就可以解决地域上的束缚，但不改变场域的运行逻辑。

综上所述，会所的转型和服务拓展的历史、现状和问题都是该机构独特性的体现，这种具有很强自律性的机构在卢曼看来永远不会受到其系统本身之外的各种因素的直接影响，而是主要靠其内在各因素间的特有关系来决定。这不是说环境的影响不那么重要，而是把环境的影响当作外在因素，系统本身就是靠其内在因素特有关系运作的，环境的影响只是促使内部自我调整的次要因素。对现实的启发就是，完善X会所的内部各类型是首要任务。在前面的评估中，会所的优缺点已明确，现在要做的是在已有类型的基础上适时增加其他项目，同时继续完善有经验的类型，包括解决工作人员不足、服务专业性不强和制度不合理的问题。而这些问题的解决途径在评估时提到过，如机构应该更主动和积极地把握高校专业人才资源，尽量保持会所的专业服务不会出现空档期。而这还需要会所建立志愿者管理制度，从互惠的角度进行合作，对志愿者的进入和管理更有益。

结　语

　　随着社会的发展和社会工作组织自我意识的增强，有些社会工作组织开始主动同社会的需求接轨，它们不再是政府部门的附属机构，而是具有独立决策和社会价值观及社会责任的组织。这类组织大部分是官办色彩比较浓的组织，它们通过改变自身的内部管理、经营方式和价值观念，正逐步把自己变成一个能够真正回应社会需求、影响社会政策的非营利组织。X会所的转型也如此，但是它的创造性得以实现是因为它本身具有很强的民间性，虽然历经领导组织内部整顿，这个会所从有到无，但是由于历史渊源、相关成员价值观念的影响和社会的需求，这个组织又重新建立起来，并向社会工作机构和社会企业的方向发展。它一直保留着在残联时的一些特征和资源，然而，环境的频繁变化让它不得不加快改变的步伐，资源的断裂和环境的复杂迫使社会工作组织开放自己的系统，不拘泥于某一模式，这才造就了现在多面的这一社会工作组织。

　　社会工作机构存在的最重要的目的和作用是助人，特别是帮助社会的弱势群体，组织的规模与模式并不是服务对象及其家属最看重的，他们最看重的还是服务的专业程度。会所模式往往能够吸引一些精神障碍人士的家属前来了解，有些家住昆明的海外留学人士在回国后知道昆明有这个会所模式的精神康复机构，更是为自己患病的家属的康复抱有希望。会所模式发展和成型于美国，它的服务和其他社会工作服务一样，具有很强的专业性，政府和社会都有庞大的资金作为支撑，而且精神健康、医疗康复、家庭服务、公共援助、矫治等方面的专业性通过证照制度和相应的管理机制得以保证，X会所则更多的是文娱活动和浅显的职前培训。虽然我国社会服务事业的发展没有宗教和普遍奉献社会观念的推动，但是作为一个拥有世界最多人口的国家，利益共同体的建立可以帮助社会服务事业的发展。

从宏观层面上说，目前社会工作职业共同体的建立还没有那么明显，只有上海和广东这些发达地区在省市一级成立行业协会。社会工作行业协会是政府与社会工作机构之间的缓冲带，虽然政府有时需要社会工作组织的帮助来缓解社会矛盾，但是在行业协会这个利益共同体的影响下，社会工作和政府的联系更紧密，有些社会工作原来没有涉及的领域都能让社会工作有发挥功能的机会。另外，在行业协会的组织和推动下，社会组织、社区、专业社会工作人才"三社联动"的社会模式才能真正形成。但是目前只是在发达地区有行业共同体建立，在西南地区和其他不发达地区，国家层面的社会工作行业协会尚未出现，它们对政策的影响也难以在省一级很好地实施。

总之，X会所目前的生存之道是在保证组织和环境的相互协调下，社会工作的服务质量要尽量不受到影响。目前可行的方法是加强与各合作高校的联系，高校同社会工作组织一起做社会工作服务研究，并在内部各种管理体制和机制上做一些调整，提高组织的规范性和专业性。

"三社联动"在社区治理中的成效与困境研究
——以昆明市G社区为例

作　者：肖　雅
指导教师：马居里

绪　论

（一）研究问题的提出

自 20 世纪 70 年代末改革开放以来，我国在社会经济发展中取得了辉煌成就，通过经济体制改革，实现了由高度集中的计划经济体制向充满活力的社会主义市场经济体制的转变。社会主义市场经济体制的全面确立，标志着我国在资源配置方式上基本实现了由国家计划配置为主到以市场配置为主。然而，经济体制改革在取得显著成绩的同时，一系列社会问题也伴随而生。由于偏重经济发展，从而忽略了社会建设，一些社会问题和社会矛盾得以滋生，影响了社会的良性发展。鉴于此，经济体制改革需要与行政管理体制改革和社会管理体制改革相结合，把提高经济效率同促进社会公平结合起来，从而使社会得到全面进步和发展。行政管理体制改革关键在于转变政府职能，而在社会转型快速推进的今天，政府职能转变的重心聚焦在社会治理与公共服务上，以便进一步推进社会治理体制改革和公共服务体制改革。

基于上述制度环境及政策背景，社会治理体制改革显然是有一定的必要性和必然性的。社会治理与社会发展密不可分，社会越发展，对社会治理的要求就越高，社会治理水平越高，越有利于推动社会发展和进步。我国城市基层社会的治理体制由单位制演化成社区制，社区制又经过"社区服务""社区建设"与"社区治理"三个历程。在计划经济时期，全权全能的政府是社会治理的唯一主体，这个时期的社会治理可以说是没有社会的政府社会管理，单位负责国民的衣食住行，是国家控制社会的基本单元。在经济体制改革和行政体制改革走向深入后，对政企分开、政社分开、政资分开的需求强烈起来，相应而来的一系列变革加速了单位制的崩溃，很多社会职能和社会问题又交还到社会，这时候就很需要一个新的承载平台。在这样的情形下，20世纪80年代民政部着手推行"社区服务"。社区服务的施行虽实现了居民大部分的基本愿望，但要囊括政府希冀城市基层社区所要具备的社会职能又不那么容易。于是，民政部在20世纪90年代初提出了"社区建设"，进入21世纪后就在全国广泛推进城市社区建设。在此过程中，形成了具有代表性的"沈阳模式""上海模式""青岛模式"及"江汉模式"。这些"社区建设"的实践取得了较好的效果，但还是没有解决政府在社会领域"政社不分"的弊端，没有调动社区内各类主体的积极性，社区行政化增强，自治性不足。社区建设体制明显需要进一步改革，据此，又倡导在社区建设中纳进职业化、专业化的社会工作制度，让社会工作机构的使命功能在社区建设中能够显现出来。[1] 2004年上海市民政局提出了社区、社工、社团"三社互动"的说法，随着对社区治理认识的加深，用"三社联动"替代了"三社互动"的说法，以突出三社之间的联结与协调。中共十八届三中全会把"完善和发展中国特色社会主义制度，推进现代国家治理体系和治理能力现代化"定作全面深化改革的总目标，并对创新社会治理进行了基本安排和部署。用"社会治理"替代以往"社会管理"的说法，这说明社会被正式赋予了主体性，社会中的各种力量都可以成为社会治理的主体，即打破政府主导模式，实现多元主体共同参与社会治理，丰富公共服务的形式及类型，实现国家治理现代化。

作为一种社会管理机制的"社区治理"，在经过一段时间的实践

---

[1] 李慧凤：《社区治理与社会管理体制创新》，杭州：浙江大学，2011年，第5—19页。

探索后,得到社会各界的广泛认可,在社区建设中的地位也越来越高。不过,在这个过程中,其也显露出不少缺陷,诸如治理化程度偏低、治理方式较为单一、治理技术有待提高、对治理的理解相对浅显等。有学者指出,当下,国内的社区治理模式普遍性地遭遇"居委会困境"和"共同体困境"。前者指社区居委会经历的体制性困境,其一般表现为"行政化困境"和"边缘化危机"。居委会承担着街道下派的大量行政事务,丧失了其领导社区居民开展自我管理、自我教育、自我服务,实现社区自治的功能,导致居委会不堪重负、功能错位,社区管理和服务的效率不高,社区发展受到明显制约。为破解"行政化困境",各地在实践探索中建立起类似于"社区工作站"等形式的办事机构,来承担下沉到社区的各项繁杂的行政事务,居委会的行政管理职能被剥离,权力被架空,地位迅速下跌,出现"边缘化危机"。而"共同体困境"是指社区建设中社区认同度和社区参与度都偏低的情况,社区在很大程度上只是一个地域概念,社区建设几乎也还是由国家自上而下运动式地进行推动,社区居民对所居住的社区没有太多的归属感,参与社区事务的积极性也偏低。[1] 社区治理遇到的困境让政府不得不思考突破之策,进行社区治理创新。

在上述背景下,"三社联动"作为社区治理的新型框架,也是社区治理创新的一种有效机制,一经提出,就引起了政府相关部门的重视,在国家的大力推动下在全国各地开始了探索。其大规模的实践始于 2013 年,民政部将"三社联动"作为基层社会治理创新的重点工作,要求在各城市社区展开。2015 年 10 月,民政部在重庆举行全国社区社会工作暨"三社联动"推进会,会上对各地经验进行了总结,对各省市提出了加快推进速度的要求。现今,一些地区更多地在提"四社联动",甚至有些地方在探索"五社联动""六社联动",在原

---

[1] 郑杭生、黄家亮:《论我国社区治理的双重困境与创新之维——基于北京市社区管理体制改革实践的分析》,《东岳论丛》,2012 年第 1 期。

来社区、社会组织、社工这"三社"的基础上,把社区志愿者、社区基金、社会企业等力量也联合到基层社会治理创新工程中,更加强调了参与社会治理的主体应实现多元化的要求。[1]

目前,"三社联动"机制在昆明市一些社区的实践已经积累了一定的成功经验,但其在运行过程中也遭遇到很多困境,一定程度上阻碍了社区治理现代化的建设进程。笔者在昆明市西山区 G 社区的社工站进行了为期 8 个月的实习,在这个参与过程中观察到 G 社区的"三社联动"实践在促进社区治理上取得了一定的效果,但不可否认的也存在不少问题制约着"三社联动"在社区治理中的机制性作用。这些内容都需要反思,并在反思的基础上提出可行性的对策并付诸行动,才有助于解决困境,提升"三社联动"实践的成效。但就目前的情况来看,"三社联动"的相关方特别是社会工作者在社区工作事务领域做了大量的工作,却缺少对经验的梳理和反思,更不用说上升到理论高度用以指导实践。在"四社联动""五社联动"早已经取代"三社联动"成为基层社会治理新模式的实务领域中,西山区才开始"三社联动"的试点工作。笔者希望通过对"三社联动"机制运用于社区治理的成效和困境以个案研究的方式进行探索分析,对困境产生的原因及如何提高"三社联动"的运作成效进行反思,让"三社联动"机制中体现出来的社区治理主体多元化思想在创新基层社会治理中发挥指导作用。

(二) 研究意义

笔者从 2016 年 5 月中旬开始在昆明市 G 社区 L 社工机构实习,8 个月的实习过程中,既参与了对儿童、妇女、老人等特定群体的服

---

[1] 徐永祥、曹国慧:《"三社联动"的历史实践与概念辨析》,《云南师范大学学报(哲学社会科学版)》,2016 年第 2 期。

务，也参与了针对社区居民的一般性服务活动。对机构对外的服务内容和对内的管理运营方面都有了一定程度的了解。从西山区社会组织培育服务中心组织评估专家团队对 G 社区"三社联动"项目一年试点工作进行中期和结项评估的结果来看，"三社联动"机制运用于 G 社区治理取得了较好的工作效果。但就笔者在实习期间的所观所感，L 机构在 G 社区"三社联动"实践的运作成效离"三社联动"创新基层社会治理的理想目标其实还有很大的差距。把 G 社区运用"三社联动"机制推动社区治理的实践当成一个个案，对 L 社工机构运用"三社联动"参与 G 社区基层社会治理的阶段工作取得的成效及遭遇的困境进行探索与研究，作为第三方人员，也是非正式内部人员，可以比较客观、全面地展现一个小型社工机构在社会大环境下的管理和运营情况，以及在项目运行中的优势和瓶颈。这种观察有益于促使机构良性发展，对如何通过"三社联动"机制更好地推进社区治理具有一定的理论意义和现实意义。

1. 理论意义

在社区发展过程中，凭借多年实践探索，我国已经出现了各具特色的社区管理新模式，这些模式和传统控制型社区管理模式相比，社区自主性得到了提升，但是社区管理在社区建设与发展过程中仍然不足，"政社不分"的行政化表现还是主要的问题，民众参与社区管理的意识很薄弱。"三社联动"的出现或兴起可以说是基于全面深化改革的背景，特别是为满足社会治理体制机制创新的要求。作为对传统社区治理模式的机制创新，这种具有中国特色的新社会治理模式被赋予了重要的历史使命。只有对"三社联动"的内涵加以整合和澄清，并从学理层面对其理论基础和实践框架做更多的完善，"三社联动"才可能最大限度地实现其在社会治理创新和社区建设中的机制性作用，实现基层社会治理创新，从而完成国家治理体系和治理能力的现代化。

目前对"三社联动"的研究中,存在一个"实践先行",却没能及时上升为理论,再用以指导实践,理论落后于实践的问题。本文期望从本土"三社联动"实践的经验出发,通过对实践过程和成效进行分析,进行制度理论层面的思考,以期丰富"三社联动"社会治理模式的理论。

2. 现实意义

在国家和政府倡导创新社会治理的当下,体制创新是关键所在,推进"三社联动"正是对创新基层社会治理模式的探索。从"社会管理"到"社会治理"的过渡,一字之差,却表示社会从此拥有主体性,强调社会治理的主体包括社会上的各种力量,它们将不仅仅是作为配合政府工作的补充力量,打破了政府主导模式,多元主体共同参与社会治理,主体之间相互渗透,在冲突中融合,缓解了社会矛盾,保障了社区安定,丰富了公共服务形式和类型。多元主体一起来"管理"社区,实现社区自治,从而实现国家层面的治理现代化。

本研究以昆明市 G 社区为案例,对"三社联动"机制运用于社区治理的成效进行研究,便于清晰当前"三社联动"运作的大致情况以及多个社区治理主体对"三社联动"的体会与认知,并对"三社联动"机制运用于社区治理的过程和阶段结果进行反思,检查和发现多元主体之间联动机制的优势与不足,使"三社联动"机制能更好地发挥它在社区治理和社区发展中的作用,推动和加快和谐社会建设的进程。

(三) 研究对象

G 社区、L 社会工作服务机构和 G 社区社工站的社会工作者是"三社联动"实践中的三个重要主体,三者自身的情况及相互之间的关系直接影响着"三社联动"的实效,是本研究中的主要研究对象。

1. G 社区

昆明市西山区 G 社区是一个地缘型社区,辖区共有 5 个居民小区(西一区、西二区、东区、X 小区、H 小区),公共户单位 15 家,是一个集机关企事业单位、商贸、住宅为一体的居民密集的城市型社区。现有住户 5651 户,总人口 16900 余人,户籍人口为 2100 人左右。因社区内机关、单位众多,从居民构成上来说,老人和儿童居多,主要以不同单位离退休干部或家庭为主,也有少部分是昆明"去城中村时代"的"产物",因拆迁或回迁房迟迟没有着落,而过渡安置金又不及时发放,已经在 G 社区租房居住好几年,这一特殊群体中有很多都是上了年纪的老人。仅从社区老年人群体的退休金来看,社会层级分化在这个社区表现得较为明显,低者每月只有 700 元到 2000 元不等,多者可以上万。而且一时难以消灭的城乡意识形态的二元结构让这些因地缘聚居在一起的人很难实现融合(这个融合过程包含文化融合、心理融合、身份融合以及经济融合)。

G 社区居委会于 2013 年 6 月成立,办公地点设在 G 社区西一区小区内,目前总共有 12 名工作人员。通过两委换届选举,社区党支部、社区居委会、社区为民服务站"三位一体"机构健全,制度完善。居委会入驻社区后,社区一切事务由其和几家物业公司共同协调管理。居委会主要负责社区的人文、生活娱乐、活动策划及执行、计生宣传、保险、辖区商铺等一切事务的规划、协调与管理工作。物业公司则主要负责社区住户的水电、安全及宣传、社区环境卫生等工作,也会配合居委会的工作及宣传管理等。

G 社区作为西山区第一批"三社联动"工作的试点社区之一,几乎没有多少可以借鉴的本土经验,要靠"三社联动"的相关各方进行摸索。G 社区运用"三社联动"机制进行社区治理虽然取得了一定效果,但其实并没有完全发挥"三社联动"在社区治理创新和社区建设中被寄予的机制性作用。笔者在G社区社工站进行了长达8个月的实习,在参与各项工作的过程中对此有较深刻的体会,故希望通过梳理"三社联动"在社区治理中的成效与困境,分析困境产生的原因,提出一些建议和期待,助力本土"三社联动"的实践能更加扎实有效地开展。

2. L社会工作服务机构

L社会工作服务机构是2015年2月在西山区社会组织培育基地的孵化支持下,在昆明市西山区民政局注册成立,服务城乡社区居民的民办非企业单位。由于机构法定代表人之前的从业经历主要是在外来务工人员(建筑工人)这一领域,在筹备成立L社会工作服务机构之初得到的也多是同一领域或相关领域的帮助与支持,种种因素的影响,机构在注册时对自身的定位和愿景自然向城乡社区的流动人口以及建筑工人倾斜。通过链接社会资源,按照党的十八大推动社会组织参与社会治理的精神,为昆明市以外来务工人员为主的城乡社区提供一站式的综合社区服务项目,提高社区居民生活质量,构建学习型的和谐社区,提升外来务工人员的城市生活适应技能和基本法律知识普及,促进社区融合。其注册业务范围含:①服务以外来务工人员为主的城乡社区居民。面向社区有需要的城乡居民提供活动空间,链接社会资源,提供帮助和支持,如职工服务、亲子辅导、儿童阅读等,对有需要的居民提供援助和支持。②共创学习型和互助型社区。以讲座、论坛、工作坊等方式,在社区内开展多样化的培训和特色的活动,内部包括职业规划、城市生活技能辅导、人文课程等,调动社区居民学习的氛围和参与意识。③承接政府及相关单位委托的各类社会工作服务项目并协助政府开展社会工作与管理的评估。

经过近两年的发展,L社会工作服务机构已经有6名全职社工、1

名兼职工作人员,承接了 3 个服务项目,其中两个是昆明市西山区"三社联动"社区治理模式试点项目,还有一个是由某基金会支持的外来务工人员城市融入项目。

3. G 社区社工站

2015 年,西山区委组织部、区民政局推行"三社联动"社区治理模式试点项目,G 社区成为第一批试点社区,与社会组织 L 社会工作服务机构合作,设立 G 社区社工站。目前,社工站有 2 名全职社工,还有笔者一名实习生。

自 2015 年 5 月落地西山区 G 社区以来,经过第一年项目的实践,在社区党支部的领导下,通过提供专业服务、激活社区社会组织和链接资源的形式,与社区居委会、街道建立了良好的合作和互动,结合街道和社区打造的融入式党建、网格化管理及 66810 服务管理平台等,通过提供专业社工服务,激活和培育社区社会组织,链接内外部资源等形式延长社区服务的手臂,共同服务社区居民。初步达到了社区、社会组织和社工"三社联动"服务社区居民,开展社区建设的目的,同时,也为"三社联动"本土化提供了宝贵的经验,初步探索出一种以政府购买服务为牵引,以社区为平台,以居民利益需求为导向,通过引进外部资源和力量,由社工提供具有针对性的专业服务,让居民在社区内就获取多元化、精细化服务的新型社区治理模式和社会服务供给方式,一定程度上缓解了社区服务资源匮乏、服务力量单薄的局面。

在此基础上,2016 年,G 社区与专业社会组织 L 社工机构继续合作,结合 G 社区"智慧创熟"建设,在原有的"社区一刻钟服务圈"的基础上,开展以常规基础服务为基点,进一步动员社区内部力量,挖掘社区居民骨干,培育社区社会组织,尝试探索社区互助养老等特色服务活动。

一、G 社区实施"三社联动"的过程

2014年4月,昆明市西山区社会组织培育基地和西山区社工人才服务中心正式成立,至2015年3月,培育出专业社会工作组织12家、专业社工上百人,为西山区"三社联动"的推广提供了社会承接资源。2015年3月,西山区委组织部和区民政局组织专人对全区"三社联动"试点工作进行前期调研,分别走访西山区几个社区服务极具代表性的街道办事处和辖区居委会,对社区目前服务情况、品牌亮点、存在的问题以及试行"三社联动"的可能性进行了深入的访问和调查。经过多次召开专门会议,最终把3个社区确定为2015年西山区"三社联动"工作的试点社区。在试点社区设立"三社联动"社工站,由承接的社工机构为其配备3名全职专业社会工作者,以项目的形式参与社区治理。G 社区就是3个试点社区之一。2015年5月,L 社会工作机构进入 G 社区后,进行居民服务需求调研,形成调研报告,并结合调研报告制订出详细的服务方案书,在方案书得到社区、街道的认可后,居委会和社工机构双方签订服务协议,正式开始西山区"三社联动"实务工作。总的来说,G 社区"三社联动"的实务工作可以分为两个阶段。

(一)"基础服务+特色服务"(2015年6月至2016年4月)

这一阶段是"三社联动"机制运用于 G 社区社区治理的第一年,

因为没有太多的本土经验可以借鉴，一切实践工作都是摸着石头过河。在这一年，G 社区社工站开展的所有大大小小的服务活动都基于一个出发点——建立群众基础，让社区居民知道社工站，知道社会工作者这一职业，知道社会工作这一专业。

2015 年 6 月社工站开始进驻社区，得到了 G 社区居委会在场地等硬件设施、信息共享、活动协调等多方面的大力支持。社工站成立后，配备 3 名专业社工，采用"基础服务+特色服务"的模式，以社区居民需求为导向，依托社区居委会，由专业社工统筹，在提供专业社工服务的基础上，激活社区社会组织，链接社区资源，服务辖区居民，建立群众基础。到 2016 年 4 月项目结项时，基本上完成了各项指标，有些服务项目甚至是超标完成。

在基础服务方面，建设儿童之家并日常开放，依托此平台，开展亲子、周末成长营暑期安全教育、兴趣小组等儿童活动，并建立了一支小小志愿队，利用"课后一小时"、周五电影时间、玩具广场，基本上让社区不同年龄段的孩子都被纳入服务范围。通过妇女小组活动、权益保护工作坊、室外拓展社区活动提高社区妇女群体之间的熟识度及参与社区事务的积极性，尝试培育妇女群体的社区社会组织。链接资源为社区老人义诊义剪，开设老年餐桌，日常走访老人，与老年人群体建立起良好关系。在个案服务中，多为服务对象基本情况了解（如建立老年人健康档案）及陪伴协助性质的个案。

在特色服务方面，搭建"15 分钟服务圈——社区线上信息平台"开展针对不同人群的主题互动活动，有"社区观影会"、大型游园活动、旧物置换暨欢度圣诞节、"今天女做主"三八妇女节活动等。

在一年试点工作中，社工站通过与居委会合作或在其支持下，组织开展了大量的活动，提供社区公共服务，在社区居民中建立了比较好的群众基础。这一阶段 G 社区"三社机制"社区治理的主要内容有以下几方面。

1. 提供专业服务

G 社工站自入驻社区以来,社区居委会在办公地点为社工站提供了办公场地,社工站派驻 3 名社工进驻,每周 6 天日常开放,提供诸如接待居民来访、书报借阅、问题咨询等基础服务。并且与居委会协商建立了错时上下班的工作制度,以便更好地服务社区居民。

(1) 儿童青少年服务

①亲子共乐,服务于学龄前儿童。在 G 社区,由退休的祖辈抚养照看孙辈的情况随处可见,也有儿童是由保姆照看,在天气晴好的情况下,他们闲散地活跃在社区的每一个公共场所。隔代教育又缺少相应的公共资源,导致了一些低龄儿童教育问题的出现,如儿童不懂得分享的自私性格等。社工站的社工从儿童亲子教育和沟通出发,设计了一系列亲子共乐的活动,如读本故事、玩具广场——让小朋友一起来分享玩具、主动找朋友等,促进低龄儿童品格的养成。

②课后一小时 & 周末成长营,服务流动人口子女为主的学龄儿童。G 社区是一个典型的城市社区,以城市居民为主,城市居民家庭的学龄期儿童相对享受的各类资源也较多。与这些城市儿童相比,G 社区还有大面积的商铺、菜市场等服务社区居民日常生活的流动人口,这些流动儿童放学后大多在狭小又嘈杂的店面里临时搭个桌子写作业,父母文化水平较低或忙于生意,在辅导孩子功课方面力不从心。社工站入驻后,依托社区儿童之家,与社区居委会联动,利用社区居委会有限的场地,开设课后一小时,为社区儿童尤其是流动儿童提供了一个可以写作业同时能得到功课辅导的地方。在此基础上,开展儿童周末成长营、儿童兴趣小组等活动,旨在促进儿童良好的生活习惯和品格的养成,协助这些流动儿童健康成长。通过儿童活动,社工站也建立了一个社区家长的交流群,借此进行活动宣传的同时,也方便增进家长之间、社工站与家长之间的互动交流。

③玩具广场,社区小小志愿者,从接受服务到参与。社工站的社

工借鉴学习中国台湾玩具图书馆的经验，策划了"来玩具广场，我们一起找朋友吧"的系列活动。借助玩具这一媒介，家长、不同年龄段的小朋友共同参与，结识新朋友，大小朋友照顾小小朋友，学会分享；家长在这个过程中也可以收获如何与孩子更好地沟通，怎样的教育方法和理念更适合孩子的成长。玩具广场已经开办了近10次，除了分享玩具外，有时候会在开场前进行"找朋友"的热身游戏，加强互动。玩是孩子的天性，从儿童喜欢的玩具出发，在轻松的环境中引导家长树立正确的养育理念。

（2）老人服务

G社区自然环境舒适，社区内居住的退休中老年群体人数较多，还有很多因城中村拆迁或改造租住进来的老人。G社区社工站的社工在入驻小区后，经过两个多月的社区走访调查和需求信息收集，发现社区内平均年龄在78岁以上的高龄老人，仅社工站记录下具体信息的就有30多名。在了解老人信息和基本需求后，社工站开展了有针对性的服务。

①老人陪伴。G社区老年人尤其是高龄老人较多，这些高龄老人大多都存在行动不便的特点，针对这个情况，社工站对这一群体的服务采用走出去的方式。首先对社区老年人的基本信息进行了摸底和调查，尤其是高龄老人，为接触到的每一位高龄老人建立档案，档案内容包含老人基本信息、居住状况、民族、是否有慢性疾病、老人需求以及社工服务方案和服务记录等信息，并且针对不同老人的需求开展陪伴服务、老人家庭矛盾介入等服务。同时，社工在服务过程中，通过陪伴，收集和整理高龄老人故事，将老人的人生经验进行整理，让老人有倾诉机会，同时也让老人感受到年老后的价值。

②长者长廊乐。社工站的社工在社区走访过程中发现，社区老人（主要是城中村拆迁后农转非的老人）在天气晴好时会聚集在小区内的长廊里。社工因地制宜，将社区老年人尤其是高龄老人的服务搬到

了户外，在长廊里组织服务活动，如健康手指操、共度各种节日、义诊、义剪等，社工站的社工还会定期开展"来长廊听您说"的活动，聆听社区长者讲述自己的生命故事，然后走进社区里独居空巢老人的家里，开展陪伴服务，给予情感支持。

③老年餐桌，链接社区资源，尝试开展居家养老服务。在前期调研以及平时的社区走访、入户探访中，G社区社工站的社工了解到社区老人特别是独居老人在一日三餐上存在一些困难，没有办法自食其力的老人往往要等子女把饭菜送上门，或是子女为老人在饭馆里订餐。经过社工站与居委会协商，社工站积极与辖区的餐饮单位对接，为社区老年人办理就餐优惠服务卡，并邀请商户开设老年餐桌。商户还为两位行动不便的高龄老人提供上门送餐服务。

(3) 妇女群体服务

通过妇女座谈会、妇女需求问卷调研、儿童之家儿童服务链接等形式，与社区妇女建立关系，发现社区妇女需求。社工站在"三社联动"项目的基础上，为了更加深入地推进社区妇女服务，将妇女权益保护作为单独的项目，申请了西山区公益创投项目配套资金的支持。在这一阶段，针对社区妇女的服务主要集中在个案接待、妇女权益保护及妇女家庭关系处理辅导上。以健康及家庭关系处理讲座或妇女互助、权益保护工作坊的形式，回应妇女最关心的议题，普及妇女权益保护知识，如对家暴个案的分析、妇女之间的互助等。

(4) 其他群体服务

社区，是一个不同年龄、不同职业、不同背景的人群共居的地方，社区不同群体之间的交流和互动对于社区的融合与建设尤为重要。除了对儿童、老人、妇女这三大人群的服务，社工站还联合社区居委会，开展书香G社区、旧物置换、社区观影会等多类型主题活动，宣传社工和社区服务的同时，为居民反馈建议提供平台和渠道，促进社区不同群体之间的交流和互动。

2. 激活社区社会组织，协同社区内部服务力量成长

社区社会组织，是社区服务的重要力量，也是社区服务得以延续和持续的保障。社工站入驻 G 社区后，根据社区实际情况，对辖区内的社会组织采用激活、陪伴成长、引导居民参与等多种形式，旨在让社区内原有社会组织的作用得以充分发挥，真正服务社区居民，推动社区治理主体多元。

（1）社区儿童之家常态化运营

为更好地服务社区辖区内的儿童，在社区已经成立的儿童之家的基础上，社工站对儿童之家重新进行了装饰，使儿童之家的运营常态化，为社区儿童提供日常活动场所的同时，也借助这个平台为儿童的养育者提供亲子沟通、亲子教育以及隔代教育的引导，同时也引导孩子在玩乐中学会分享，与同龄群体之间建立良好的关系。儿童之家每周开放 6 天，平均每天有 10 位左右小朋友来到儿童之家。依托儿童之家平台，开展课后一小时、流动儿童成长营等服务辖区流动儿童的活动。在第一阶段的工作结束时，通过儿童之家平台及开展的多次儿童活动，发展出 6 名社区小小志愿者，成立了 G 社区的小小志愿者服务队，参与协助儿童之家日常活动、玩具广场、课后一小时及图书管理等工作。

（2）在妇女之家基础上推进的 G 社区妇女志愿服务队

社区开设的社区公共文化学校中女性学员相对较多，社工站以这一人群为切入点，推进社区妇女之家的组织工作。通过提供一些针对妇女群体的专业服务，增进了妇女之间的相互了解和交流，促进妇女群体之间的自助和互助，同时对社区事务也越来越有兴趣。继 3 名妇女志愿者对妇女之家成员开展社区公益服务产生兴趣后，在社工站的组织下，召开了"G 社区妇女志愿服务队成立讨论会"，参与讨论会的社区妇女就组建的这支志愿服务队伍未来的服务内容、可能会遇到的阻碍、组织内部职责分工等问题进行了讨论，确定了成立"G 社妇女志愿服务队"的意向，讨论会的成果产出主要聚焦于服务内容，都是与社区居民紧密相关的，譬如高龄老人、社区治安、家庭关系等。同时，社工站在推动志愿服务队制定志愿者管理、激励方法上也做了一些努力和尝试。例如，在2015年年底召开妇女志愿者的年会上，讨论志愿服务的内容、志愿者自身建设等内容。

3. 资源链接

（1）一刻钟线上服务圈——链接和动员社区内资源

一刻钟线上服务圈是社区居委会委托社工站开发的特色服务项目，结合G社区辖区内商铺资源多、社区相对远离市区、居民生活基本需求大的特点，通过在G社区微信公众号设置"一刻钟"板块，链接和动员社区内部资源，收录、发布、展示社区15分钟距离内的各类衣食住用行服务信息，定期发布社区动态和社区办事指南等，便利社区居民的生活，拉近社区与居民的距离。

（2）链接和吸引外部资源进入，服务社区居民和辖区附近外来务工人员

通过链接企业、基金会等资源，在资金、专业能力和技术、人员等方面提供支持，开展服务居民的活动。社工站和居委会链接了科技公司、理发店和基金会等资源，分别面向社区高龄老人开展慰问和义剪活动，面向G社区辖区附近外来务工人员开展温暖关爱和职业安全健康宣传活动。同时，通过居住在社区的居民的力量，引入居民自有的资源，如由省妇联工作人员及专业老师开展的亲子教育讲座，服务社区亲子家庭。

4. 社区议事协商民主

按照第一年的项目要求，社区议事协商民主是项目的重要部分，建设民主议事厅、开展民主议事活动。社工站协同社区居委会，与辖

区居民就社区公共卫生环境、社区停车问题、太阳能维修等开展民主参与、民主讨论、民主协商的会议，邀请辖区物业、居民代表共同参与，在表达意见的基础上，与相关方（如物业）商定问题解决方案。但由于目前G社区居委会和社工站的办公场地有限，相关民主议事规则并没有印刷上墙，采用的是在会议中宣读及居民自主取阅的形式进行。不过，社工站已与社区居委会商定，民主议事厅今后将设在居委会新的办公场地。

5. 社会工作及"三社联动"交流学习

在这一阶段，社工站组织开展了两次活动，旨在宣传倡导社会工作专业基本知识以及对社区工作的基础知识进行培训，分别面向本社区工作人员和街道辖区内的另外5家城市社区，同时为街道新成立社区的工作人员开展社区工作基本知识、社区社会工作的知识讲座，并介绍和分享"三社联动"经验，还与另一家社工机构承接的两个"三社联动"社区治理模式试点社区进行交流，分析和总结在试点工作中遇到的问题与积累的经验，与社区居委会一同到盘龙区盘江社区参观学习，学习其他同行社工机构关于"三社联动"及社区服务的经验，参与社会组织培育基地和社工人才服务中心举办的培训及讲座多次。

同时，G社区社工站"三社联动"的经验也得到了多方的关注，盘龙区B社区、M社区到社区进行实地参观，来自广东顺德的社会创新中心、社会工作协会以及社会组织也与G社工站交流双方各自经验。

L社会工作服务机构作为承接社工站服务的专业社会组织，也通过对社工的内部培训、读书小组、交流访学等形式，提升专职社工的能力，更好地服务社区居民。

（二）"个案服务+培育社区社会组织"
（2016年5月至2017年5月）

在第一年的工作基础上，G社区社工站结合社区居委会的意见对第二年度"三社联动"社区治理模式项目的试点工作的侧重点进行了调整，有选择性地持续原有服务，在巩固2015年"三社联动"社区治理模式项目试点成果的基础上，以"智慧创熟"为第二年工作的终极目标，提升社会工作个案和小组工作手法的专业性，深化基础服务（主要覆盖社区老人、儿童及青少年），提升服务质量，促进社区居民的参与和互动；培育社区社会组织，储备社区内部服务力量，促进居民自助和互助网络的形成；协助老年人意识到自己的价值和贡献以帮助老年人重建自信心。

这一阶段以个性化的个案服务和社区社会组织培育为重点的工作框架，旨在深化社区服务、提高服务质量、打造熟人社区。

1. 持续性的基础服务

（1）儿童服务

在这一阶段的儿童服务中，周六玩具广场、课后一小时、周五电影时间在持续，并在一期玩具广场活动中进行了玩具募捐。不过，因举办社区夏令营而暂停的玩具广场在夏令营结束后，这个活动并没有续接下来。

这一阶段的儿童服务，主要是暑期社区夏令营和以推动成立社区社会组织为出发点而设计的亲子系列活动。为期两周的社区夏令营，以生活的社区为主要活动场地，以认识社区、熟悉自己的社会支持网络为目的，以年龄为分组依据，分为幼儿班（小于6岁）和青少年班（6~12岁），根据处在不同年龄段的儿童需求不同的特点为孩子们设计夏令营课程，两个班分别配备3名工作人员（1名专职社工、2名社工专业实习生）。在设计课程时，社工站邀请有相关活动经验的社工进行指导，根据建议，设置了一名物资统筹人员。幼儿班和青少年班一共有40余名儿童、青少年参与其中。在夏令营即将结束时，社工站以问卷调查和访谈的形式对此次夏令营活动中家长的满意度进行了了解。以推动成立社区社会组织为出发点而自行设计或链接资源的亲子系列活动一般也是在周六开展，替代了以往的玩具广场。但这一系列的活动，服务对象是有动手能力的亲子家庭，3岁以前的儿童则基本上被排除在外。

此外，由社工站和社区居委会共同策划组织的六一儿童节的节日主题活动——同手同脚趣味运动会，也为社区亲子家庭加强互动创造了机会。根据儿童在不同年龄段生理机能发展的特点，将活动报名者分为3岁以下的爬行和步行组、3~6岁的家庭组以及6岁以上的少年组。考虑到活动场地的安全性及儿童父母工作时间等问题，活动安排在室内和室外两个场地分两天进行。在活动现场，社工站还张贴了一些手绘儿童安全知识画报，宣讲儿童防拐骗、防性侵、防家暴等小常识，将近60个亲子家庭参加到此次活动中。

（2）老人服务

基于社会上频频出现的老人走丢事件以及G社区高龄老人较多的现实情况，G社区社工站和社区居委会联合辖区内派出所的力量，为辖区内的高龄老人或提出需要的中老年人办理银龄防走丢手环，出于社会工作专业价值观对实务工作的指导，社工站在银龄手环内统一记载的是社工站、居委会、派出所的联系电话，以保护社区居民的信息安全和隐私，并借此建立起社区长者信息库，服务辖区老人。到目前登记办理银龄手环的社区老人已经有40多人，该业务长期可以办理，不断扩大服务的覆盖面。

2. 挖掘个案服务对象

通过前一阶段的大量服务工作，社工站和社区居民中的一部分人建立起了较好的关系。在挖掘个案服务对象时，有些热心于社区事务的居民会和社工站的社工或居委会的工作人员反映自己了解到的居民需求情况，有助于社工站发现个案。

社工站持续跟进的个案对象曾有两个。这两个个案对象在某些方面具有相似性，如都是两位老人独自居住，都不是昆明本地人等，其中一位老人行动不便。

案例一：Y叔叔70岁出头，其老伴Y阿姨68岁，两人是于2008年从云南地州来到昆明投奔女儿，儿子一家则还留在老家。Y阿姨因多次脑部疾病致偏瘫而行动不便十几年，意识清晰却失去言语能力，一直由Y叔叔照顾。Y叔叔随着年龄逐渐增大，身体机能慢慢走向衰退，照顾老伴儿开始力不从心，在心理上也承受着较大的压力。Y阿姨多年被疾病缠绕，口不能言，生活基本无法自理，在听到他人谈及其病情时会情绪激动。根据服务对象Y叔叔自述以及社工站社工的观察，其主要需求是链接资源，减轻Y叔叔的照顾重担，还有对Y阿姨提供情感支持以及帮助身为照顾者的Y叔叔减缓心理压力。

案例二：M爷爷已经是90岁高龄，G奶奶也快80岁。两位老人从大儿子家搬出来自己居住已经3个多月了（2016年10月初搬出独居，据G奶奶自己和社工讲述，是因为和儿媳妇相处有摩擦）。两位老人听力都不太好，M爷爷行动不太方便，搬到新住所后摔跤好几回（G奶奶扶不动，没有及时的求助对象），活动范围基本就在楼栋下的空地，G奶奶有高血压、骨科疾病（天气变化会引发腰腿痛，影响行动）。老人的大儿子、孙子、孙子的女朋友会来看望，顺便买些菜果、药品等，以及拖地。大儿子工作忙，小儿子家离得较远，对两位老人照顾有限。两位老人所住小区的物业公司某工作人员平时对他们提供很多帮助，还有社区社会组织"巾帼志愿服务队"的一位成员和他们居住在同一楼栋。根据G奶奶自述及社工观察，两位老人的主要需求是简单的家政服务（主要是拖地）、精神陪伴、建立社会支持网络等。（笔者2017年1月17日结束在L社会工作机构的实习工作，20日从机构同事处得知，住院近10天的M爷爷在18日去世，因为担心G奶奶精神崩溃影响身体，两个儿子在办理完M爷爷的身后事才告知G奶奶。）

G社区社工站的社工从最简单的陪伴聊天开始，从服务对象的兴趣爱好切入，了解服务对象的基本情况，与之建立专业关系，再慢慢发现服务对象的需求，针对具体的需求，链接社区内可用资源提供服务，让个案工作逐渐走向深入，如让社区社会组织"社区巾帼志愿服务队"的一位成员看望上述案例一中的Y阿姨，提供情感上的支持。这位成员有和Y阿姨类似的患病瘫痪经历，通过积极的治疗再加上乐观的心态，离开了病榻，重新活跃在社区和社会活动中。在案例二的服务中，社工也动员了"社区巾帼志愿服务队"的力量，动员巾帼志愿者为服务对象打扫卫生，并帮助G奶奶与同栋居住的巾帼志愿者建立起关系。另外，针对案例二这样的服务对象（不是昆明本地人），社工站与昆明高校随迁老人课题组开展了随迁老人的服务，将社区内有需求的老人转介，将专业社工服务引进社区，延长服务手臂。

此外，G社区里居住着很多回迁户，在城中村拆迁失地农民农转非后，老人和子女分开居住的现象屡见不鲜，仅仅G社区西一区社工站了解到的数据就有24户独居老人[1]。因子女在外地或在国外而产生

---

1 注：此24户独居老人的信息由G社区物管公司的一位工作人员提供给社工站。

的空巢老人也不在少数。疾病、独居及行动不便的老人个案是社区和社工站合作开展工作的重点，在今后也会投入更多的精力。在用个案手法跟进的同时，透过社区社会组织培育，采用社区内部力量互助养老和低龄反哺高龄的形式，链接社区多方资源共同为其提供服务。

既是回应国家针对养老问题提出的各项新政策，也是从开展老年人个案工作过程中得到的启发，社工站在提供社区服务的同时尝试探索社区内部低龄反哺高龄老人的互助型居家养老模式的意识也在逐渐觉醒。

3. 培育社区社会组织

阶段二是G社区运用"三社联动"机制创新本社区治理模式的第二年，项目的重点之一就是激活和培育社区社会组织，协助居民形成和储备属于自己的社区服务力量，逐步推动社区居民自我服务、自我管理和自我教育，让服务对象不只是接受服务，还学会从给予和助人中获得自我价值感，同时延长社区服务的手臂。截止到2016年11月，在社区居委会的支持下，G社区社工站共推动成立2个社区社会组织，即社区巾帼志愿服务队和社区商会（商会名称为暂定，正式名称需在注册备案时另行确定），以及正在推动成立中的社区家庭教育指导服务中心（此社区社会组织为昆明市创建全国文明城市实地测评中的一项考核内容）。社工站的角色和作用主要是为社区社会组织提供团队能力建设、注册或备案的咨询协助、管理及服务内容讨论等服务，协助社区社会组织开展各类社区服务活动。目前两家社区社会组织已经初步可以组织开展服务活动以及内部成员之间的互助。

（1）社区巾帼志愿服务队

在阶段一社工站开展社区妇女群体的服务活动中，已经做过大量推动成立这一群体的社区社会组织的工作，2015年的年度总结上就成立志愿服务队的各项事宜经过商讨也初见成果。但在2015年春节过后，社工站开始准备结项工作，加上 L 社工机构因项目变动而发生的工作人员岗位调整以及其他因素，使得这个社区巾帼志愿服务队的推进工作在 2016 年 8 月之前几乎处于停滞状态。直到 2016 年 8 月中旬，这项工作才重新捡起来。组织召开成立巾帼志愿服务队的讨论会，会上共同商议团队外出拓展、参观学习的事项；社工站和居委会的工作人员带领近 30 名巾帼志愿者集体去到昆明团结乡参观当地的社工站和一家兼具公益和教育环保特点的青年旅社；在中秋节，由社区居委会和社工站牵头组织第二届社区居民自制美食品尝活动，在此前的"品美食"基础上增加了"评美食"的环节，还有巾帼志愿服务队的成员为社区居民（以老人为主）义演。这些巾帼志愿者出谋划策、组织招募、收集表演节目、布置活动现场、活动当天协助现场工作；在重阳节，巾帼志愿者齐聚一起学习制作中国结送给社区高龄老人，同时社区居委会也为老人准备了手套等小礼物，还有社区居民志愿表演节目，一齐敬老爱老。在为社会居民办理帮助走失老人回家的银龄手环活动中，社工站鼓励巾帼志愿者从自己身边的人入手收集需求，慢慢扩大活动受益者的覆盖范围。在参与过程中，她们产生了成就感，有助于提高其对社区实务的积极性。在社工站跟进的个案服务中，巾帼志愿服务队中的个别成员也开始参与其中，为社工站的服务对象定期打扫卫生、测量血压。

在参与社区公共服务的同时，社区巾帼志愿服务队内部成员之间互帮互助的氛围也越来越浓。一位张姓成员的老伴儿瘫痪卧床多年，志愿服务队的其他几名成员知道这个情况后，经常到张姓成员家探望，帮忙买菜、做饭，提供情感支持，带动她一起参加社区、社会活动，帮助她慢慢树立起积极的心态。就是通过这个组织，很多本来是互不相识的人慢慢建立起联系。

（2）社区商会

G 社区辖区内有 200 多家店铺，其中以餐饮业为主，有"中华美食一条街"的称号。不过,正是因为商家同质性高,竞争压力大。有些店家门庭若市,有些则是门可罗雀。社区为给各商家搭建一个互相交流、互通信息、互通业务、提高整体知名度的商网平台,借此也能更好地促进社区建设与发展,服务辖区居民,实现互利互赢,由社区居委会和社工站一起推动,在2016年7月初举办了G社区商会协商筹备会暨第一场G社区市集活动。在这次筹备会上,与会商家代表表达了对商会的期待,并提出了各自的意见与建议。在交流互动环节,其就辖区银行对中小企业的扶持政策、沿街商铺受到各自停车收费影响、如何打造品牌效应以及商会的管理制度等议题也进行了讨论。之后几个月的时间里,基于传统的"赶集文化"的G社区市集活动又陆续开展过几次,基本形成了每月定期举办一次的惯例。除了辖区内的商户参加外,还吸引来辖区外的商家,甚至还有居民拿着自家老人手工缝制的布鞋放到集市上售卖。G社区的市集上有实惠、有形的商品,还有免费、无形的服务,如义诊、义剪、派送窗花等。这样一个社区社会组织在为社区居民的生活带来极大便利的同时,也带动了辖区内经济的发展,活跃了社区氛围。

(3) 社区家庭教育指导服务中心

成立社区家庭教育指导服务中心虽然是昆明市创建全国文明城市实地测评中的一项考核内容,具有必然性,但就意义和作用来说,其也有存在的必要性。构成G社区的家庭主要有三种类型,在这三类家庭中,孩子的养育者或照看者的情况也存在差异性(见表1)。流动人口家庭的父母忙于生意或工作,容易出现对孩子只养少育的情况;在介绍G社区基本情况时已经获悉,小区的原住户家庭在经济条件和文化素质等方面都是比较占优势的,父母工作,孩子基本上由退休的老人照看,在周末,父母则带孩子出外游玩;回迁户家庭(很多都是农转非家庭)中,孩子的照看者是年龄偏低的爷爷奶奶,在养育理念或方式上可能会存在一些不合理之处。

表1　三类家庭的养育者（照看者）的情况

流动人口家庭	原住户家庭	回迁户家庭
父母是孩子最主要的养育者（或照看者）	孩子的养育者（或照看者）主要是爷爷奶奶、外公外婆，也有一些孩子是由保姆照看	年龄偏低的祖辈会成为孩子的照看者

在社区很多家长的观念里，社工站的儿童之家或社工站组织的活动，如玩具广场、暑期夏令营等，都成为托养孩子的场所。应该让社工站提供的活动场所以及开展的活动变成养育者和被养育者能寓教于乐、照看者教养意识觉醒的桥梁或平台，在社区服务中实现工具性与人文性的统一。出于对这一现实与理想追求的反思，也是配合居委会的工作，社工站推动成立第三个社区社会组织——家庭教育指导服务中心。借助这个组织为社区创造一个专属或共享的家庭教育场所，让社区的小朋友们在非正式环境下有一个轻松愉快的成长氛围，社区家长通过这个平台有一个可以相互认识交流、资源共享、开展实践教育的机会。社工站将主要通过链接社区内外资源的方式，以亲子教育讲座、社区"亲子棒棒堂"系列活动、亲子户外拓展等形式，从自然教育、环保教育、安全教育等主题出发，在实践中培养孩子的品格、品行习惯，让孩子们快乐学习、快乐成长。同时，让家长也能在此收获作为养育者的理念和技巧，提升家庭教育水平。另外，各位家长也可以通过微信平台，获取相关信息以及进行交流，建立起社区邻里互助网络。截至2016年年底，社区"亲子棒棒堂"系列活动已经开展三期，两期是引入社区外部资源，一期是由社工站自行组织策划。在推进此社区社会组织工作的前期，社工站主要以线上平台为工具，宣传活动信息、与家长互动。

目前，社区巾帼志愿服务队有近50名成员，社区商会吸引了辖区近40户商家加入，家庭教育指导服务中心的微信交流群也已经有40

多名家长加入。由于各方面因素的影响,三个社区社会组织的注册或备案工作还没有完全落实,组织内部成员的登记或注册工作基本上也是空白,用于描述其发展规模的数据主要来源于线上交流平台。

二、G 社区"三社联动"社区治理取得的成效

本研究中所陈述的"三社联动"机制在推动社区治理中取得的成效,其主要评估维度参考 G 社区"三社联动"项目书中的项目目标。纵观两年项目各自的总目标,第一年主要是通过开展基础性服务与社区居民建立关系,第二年则主要是通过特色服务培育社区社会组织,逐步达到社区居民自助和互助的目标,不难看出其中有一个递进深入的过程。

由 L 社会工作机构承接的 G 社区社工站自 2015 年 5 月落地 G 社区以来,在社区党委的领导下,经过近两年时间的"三社联动"实践,与社区居委会、街道建立了良好的合作和互动,在服务社区居民、搭建社区服务平台、激发社区活力、促进社区自治、创新社区治理等方面都取得了一定成效。同时,G 社区作为昆明市西山区首批运用"三社联动"机制促进社区治理的试点社区之一,也为"三社联动"本土化提供了宝贵经验。

(一)社区公共服务的水平得到提高

1. 社区公共服务质量上升

自 G 社区居委会与 L 社会工作机构双方签订昆明市西山区"三社联动"社区治理模式试点项目协议书达成合作以来,落地 G 社区的社

工站在第一年以打造"乐活社区"为服务工作的目标,在前期调研了解 G 社区居民的需求情况后,通过"基础服务+特色服务"的工作模式,在社工站和儿童之家的日常开放之余,开展了大量针对社区各类人群的服务活动,大大增加了社区公共服务的供给频次和覆盖面。在进行自我宣传的同时,与 G 社区的一部分居民建立了良好的关系基础,工作得到服务对象的肯定。在"三社联动"机制运用于 G 社区社区治理的第二年,社区居委会和社工站在共同制定项目策略时思路更加清晰,以"智慧创熟社区"为目标,在深化基础服务的同时,着力培育多种类的社区社会组织,以老年人服务为依托开展社区互助特色服务。这种在一定程度上基于社区居民需求的服务形式和社区居委会粗放式的公共服务形式是明显不同的。

以下是笔者就"三社联动"项目中服务内容和方案制订的情况访谈 L 社会工作机构的负责人,节选部分内容如下:

笔者:G 社工站每一年度"三社联动"项目活动的内容是如何确定的呢?

机构负责人:在筹建社工站之前,我们对辖区内物业、居民、商铺进行了走访,也从居委会了解到一些社区的基本情况。在总结调研成果的基础上制订出项目活动方案。

笔者:那是直接就由机构来制订的吗?

机构负责人:在第一年,因为机构只有 G 社区社工站这一个项目点,制订项目方案的时候,就是机构所有人一起商讨的。第二年,就是在(G 社区)社工站工作的(社工)一起来制订。不过,居委会那边也会参与进来。

笔者:制订出的项目方案会完全得到实施吗?

机构负责人:这个不一定。在项目实施的过程中会作出一些调整。小的调整可能只需要和居委会协商一下,如果是项目要发生很大变动的话，就需要跟资助方协议了。

G社区居委会和L社会工作机构如今更多的是在发挥各自链接外部资源的能力，动员社区内部力量，搭建社区服务平台，尝试转变角色，从社区公共服务的提供者慢慢过渡到统筹者。

2. 居民满意度、居民参与度提升

社区居民对社区公共服务的认知和评价直接影响着其参与社区事务的意愿。立足社区需求提供有针对性的社区服务，注重不同群体之间的融合、互动，打破了传统的集中服务模式和平台的局限，服务类型、服务方式、服务内容多样化，在社区室外场地就开展服务活动，突破场地的限制，如玩具广场、长者长廊、书香社区等类型的服务就选择社区人群集中或人流量大的场所，主动走进居民，受益对象有特定人群，也有面向辖区所有居民的活动，赢得了越来越多居民的认可，他们对社区的评价也越来越高，对社区事务的关心程度和参与意识也得到提升。以社区里的妇女群体为例，社区居委会和社工站的办公场所原是社区居民活动室，被占用之初引起很多抱怨与不满。经过一次又一次的服务活动，如妇女健康养生讲座、妇女权益保护及家庭关系沟通讨论会、户外拓展、节日活动、公共文化学校等，居民们变不满为认可，并催生出妇女群体的社区社会组织，内部互助、服务社区相对弱势人群的意识、热情和积极性越来越高，对社区事务的参与和认识程度也有了很大的提升。

笔者：您觉得我们这些社工姑娘进来G社区后给居民的生活带来了哪些变化？

王阿姨（居民）：肯定是有变化的嘛。就说社工站现在这个办公区吧，以前是居民活动室，大家都来这里打乒乓球、玩牌，后面居委会进来了，物管把这栋楼租借给他们办公，很多居民都是很有情绪的，那时候我们来居委会也就是办事情。你们这几个小姑娘来我们社区后，活动多了好多，还有社区公共文化学校，我家在另外一个小区还有房子，但我都不乐意去那边，平时都在这边玩儿。现在，感觉很多居民都和你们还有居委会很亲近了啊，平时你们组织什么活动，大家也很积极。

可以说，"三社联动"机制在G社区的实践在一定程度上解决了长期以来存在的社区服务供给不足、社区服务内容单一、社区服务质量粗糙、社区居民参与度不高、服务力量薄弱等问题。

（二）提供社区公共服务的主体之间合作更多、关系更紧密

在社工站入驻G社区伊始，无论是在硬件设施如活动场地、办公设备等方面，还是在相互之间的沟通磨合或意见指导、资源引荐等方面，社区居委会都给予了社工站很多的支持。在近两年共同治理社区的实践中，G社区社工站与社区居委会保持了较好的沟通及合作，双方在沟通制度、合作开展工作、资金使用、人员合作方面都进行了良好的尝试，通过在开展服务工作过程中的分工与合作，在日常例会中的沟通交流，制定相关制度和方案时共同商议，双方之间形成了彼此相互支持、配合的联动关系，服务社区居民的效率得到提高。此外，社工站与居委会之间还形成了一种独特的团建方式，即每隔一段时间双方工作人员自制一道美食大家一起分享。这样的聚餐文化拉近了彼此之间的距离，有利于在开展工作的过程中更好地配合与协作。

笔者：居委会和社工站在社区工作中是如何联动的呢？

C社工：这种联动主要体现在双方的合作与分工上。比如说，

上次组织巾帼阿姨们去××地方进行参观交流式学习，在地点选取上，就是综合双方的想法，在活动经费上居委会也提供了部分支持，团队游戏时，他们也会有一些协助。其实，就我个人的观点来看，这种联动关系嘛，就是"八仙过海，各显神通"，结合各自的优势一起做好同一件事。

笔者：这确实是一个不错的比喻啊。双方沟通的过程中，就是一个发现困难寻找解决方法的过程，其中，各自都有自己的思路和资源，需要良性沟通及合作才能达到很好的联动效果。

C 社工：是的。居委会在群众工作方面其实很多时候比我们要有经验，我们在服务中可以借鉴，但也要时刻保持自己的本真，这种本真既是一种专业手法，也是一种专业价值观。

在"三社联动"的实践不断深入的过程中，社区服务的力量也在不断壮大。首先是社区社会组织参与社区治理。社工站入驻 G 社区后，采用激活、推动成长、引导参与等多种形式，培养了 2 个社区社会组织并使其在社区居委会和社工站的带动与支持下能参与或提供一定的社区公共服务，组织内的个别成员开始服务社区居民，同时，社区社会组织内部的很多成员都通过这个平台相互认识，扩宽了自己的社会关系网络。社区社会组织培育初见成效，居民自我服务、自我管理的意识在不断觉醒。其次是社区居民志愿者协助社区事务。在社区居民之中发现、挖掘、发展志愿者，协助社工站或社区居委会开展社区服务活动。如在社区全民路径运动会中，居民担任裁判；在六一同手同脚亲子运动会上，居民为获奖家庭写奖状；等等。居民的社区参与热情在一步步提高。居民与社区居委会及社工站的关系进一步推进，除了到居委会或社工站直接反映意见和建议，居民还通过自己组建起来的各类微信群与居委会或社工站的工作人员交流反馈服务活动，以此进行监督。最后，社区物业管理公司的工作人员协力共同服务居民。

社区物业管理公司的工作人员在独居老人的入户探访服务中给社工站提供了很多线索与帮助,经过双方沟通交流,在社区居家养老模式探索这一块的工作上有了合作的可能,有利于推动社区治理主体走向多元化。

笔者:阿姨,你们是什么时候开始参加社区活动的?

王阿姨(居民):要说开始参加社区活动,可能应该是居委会进来(社区)后,2014年吧,不过活动也不是特别多,你们社工站进来后,活动才多起来啊。

笔者:能看出来王阿姨您对社区的一些事情还是很关心、很积极的。您还在社区公共文化学校的舞蹈班当班长呢?很厉害啊。

王阿姨(居民):厉害啥吖。就是姐妹们看得起我。我们这个舞蹈班的人可好了,大家平时也在一起玩,心里都没那些弯弯道道,玩得可开心了。

笔者:舞蹈班的这些姐妹以前都不认识吗?

王阿姨(居民):有些认识,有些是在这个班里才玩到一起的。我和那个尹阿姨(舞蹈班成员)就是在班里跳舞认识的。现在我俩关系可好了,她啥事儿都愿意跟我叨咕。

此外,G社区作为昆明市西山区"三社联动"项目的首批3个试点社区之一,由L社会工作机构根据居民需求,结合社区实际,制订项目方案,项目方案经过街道、社区审核通过后,由社区居委会与社会组织签订购买协议,明确社区和社会组织双方的权利和义务、服务内容、操作规范等,既避免了社区公共服务的重复和冲突,又使得整个项目能够顺利推进。在项目执行的过程中,G社区社工站把社区居民是否满意作为根本的评价标准,与服务对象通过满意度调查、访谈等形式开展自评的同时,接受多方的监督和第三方评估(项目中期评估和结项评估）。项目执行得到了社区、街道、区民政、区组织部门以及其他上级部门或其他社区的广泛认可，广州、深圳、北海、昆明盘龙区和五华区等省内外多家社区和社会组织到社区与社工站交流学习，前来参观的本土社区不同程度地表达了想要引入"三社联动"社区治理模式试点项目的意向。另外，项目主要相关方在辖区内部进行宣传的同时，也争取了很多社会媒体资源，扩大了试点工作在社会上的知晓度和外界影响力。社区儿童互助成长、亲子棒棒堂系列活动、以社区为主题的夏令营、智慧互助反哺养老、社区商户单位参与社区服务、社区巾帼志愿服务队等服务活动都形成一定的特色，获得《云南日报》《昆明日报》《都市时报》《都市条形码》等多家媒体的报道。2016年，G社区还被民政部评选为"全国社会工作服务示范社区"。可见，G社区近两年的"三社联动"实践经验在某种程度上为后来者进行相关学习提供了借鉴，同时，其也产生了一定的外界影响，社会影响面扩大，提高了大众对社工、社会工作专业、"三社联动"或社区治理等的知晓度，在一定程度上发挥了其作为试点社区的作用。

三、G 社区"三社联动"在社区治理中所面临的困境与思考

G 社区开展"三社联动"实践以来,辖区内部力量参与社区治理的积极性得到调动,提升了社区服务水平,居民对社区治理的满意度也有所提高。但笔者在实地研究及访谈中也发现,G 社区运用"三社联动"机制进行社区治理过程中还面临着很多困境,存在着一些不足,严重影响到社区治理的成效。

(一) G 社区"三社联动"在社区治理中面临的困境

1. 参与社区治理的三个主体之间建立关系的困境

(1) G 社区居委会与居民间的关系:"官民关系"

虽然是群众性自治组织,但 G 社区居委会和大多数居委会一样,组织功能行政化明显,与居民的关系更多的是一种"官民"关系,大部分社区居民与居委会工作人员主要都是因为办理譬如医疗保险、生育证等民生事务才会接触。在社区居委会组织的一些社区活动中或提供社区公共服务时,社区居民的参与度和参与积极性会直接受到物质的刺激与影响,有无物质回报成为很多居民是否参与社区活动的首要考虑,分配发放物质奖励时甚至会引起居委会与居民之间的摩擦。

(2) G 社区社工站与居民间的关系:不了解带来不信任

相对于整个 G 社区的居民人口数来说,G 社区社工站只是与极少

部分居民建立了较为稳定、长期的关系，这极少部分居民主要是社区巾帼志愿服务队的成员、一些儿童家长以及数量不多的社区老人，他们基本上是社工站在开展各种服务活动时的服务对象，对社工站的社工比较熟悉，有较好的信任度。这群人遇到问题会来社工站求助，但一般都只是些小麻烦，譬如手机使用问题、下载公共文化学校舞蹈班或柔力球班所需要的音乐视频等，若遇到更复杂或私密性较高的问题，他们大多不会向社工站求助。除了这部分居民后，还有很大一部分居民对社工站和社工都缺乏了解，在社工进行活动宣传时，居民出于自我保护很容易启动防御机制。在与居民建立关系的过程中，存在着范围小、深度浅、关系层次难以深入的困境，影响到服务的质量。

（3）G社区居委会和G社区社工站间的关系：地位潜在不对等阻碍联动

虽然在各种论述"三社联动"这一创新社会治理模式的官方和学术文字表达中，都对"三社"的关系、角色扮演有了明确定位，确认社区、社会组织、社会工作机构这三个主体的平等地位，但在进行基层社会治理的过程中，三者的地位不自觉地出现上升或下降的现象。导致这一现象出现的原因和上文叙述的"三社联动"被提出的背景有紧密联系。社区居民委员会从一个基层群众性自治组织慢慢向一个基层行政机构转变，掌握了很多和居民公共福利直接相关的权力（这种现象在农村社区表现尤为明显），出现地位上升。并且，社会工作机构、社会组织进入社区或在社区提供公共服务时得到了社区居委会的很多物质上或其他层面的支持，尽管这是一个互利双赢的过程，但多少会影响主体之间的主动被动关系。

L社会工作机构承接昆明市西山区"三社联动"项目试点工作，配备专业社工入驻G社区成立了社工站，与社区居委会协同进行社区治理。在进入社区之初，居委会就给其很多支持，如办公场地、办公设备等，在社工站开展社区服务活动时也提供了很多人力和财力上的援助。社工站向社区居民进行自我推介时,为降低居民的不信任感和抵触感,往往自称是社区居委会的工作人员以省一番口舌,"大树底下好乘凉"的动因减少了社工站开展工作的阻力。在种种主客观因素影响下,本应该是平等关系的主体实际上变成领导与被领导的关系,社工站的很多事项决定要向社区居委会"请示"。有些时候,在由社工站主办、居委会协助开展的社区服务活动中,可能会出现喧宾夺主的情况。因双方在服务宗旨和工作理念上的差异,社区居委会更关注活动场面的热闹壮大,向上级部门传达自己的"政绩",而社会工作者则更希望在服务中渗透专业价值观,让服务对象感受到人文关怀。

笔者:您觉得社工站和居委会的关系如何?

P社工:到了"三社联动"第二年这个阶段,居委会对于社工站是"买卖关系",或说是"雇佣协议关系"我觉得更明显突出出来,他们会说我们花钱请你们进来做事,假如你们工作上有什么落下,就会提出"你们若一直没有做出活动效果,我们可能考虑下一年就换一家机构来做"。在一起举办社区活动虽然在策划阶段彼此沟通合作,但一旦活动现场出现状况,他们与我们就以"你们这边,我们这边……"这样的口径来区别,明显感觉出来他们还是把我们两者关系有一定区分。

笔者:除了工作例会外,还进行过哪些形式的沟通?

P社工:除了工作例会,一些大型社区活动彼此会沟通经费上双方承担,活动前期现场分工上有一些区分。每次社区活动开始前都会和居委会一起来开分工会,再者我们会做一些社区工作人员工作坊,让他们学习一些社会工作方法,有一些专业上的澄清与介绍。但这种在观念上的影响不是一时半会儿就能做到的,他们还是会保持自己的工作风格。

笔者:您认为目前"三社联动"实践遇到了哪些困难?

P社工：就是与居委会关系处理上，很多时候虽然要去努力联动一起工作，但居委会长久的工作模式想要一下子改变，对他们来说是很困难的过程。

由上述对话可以看出，G社区社工站作为"三社联动"实践中专业服务的提供主体，在与社区居委会共同参与社区治理的过程中更多程度上只是合作，尚未形成更加和谐、高效联动的关系，削减了社区治理的成效。

（4）居民间的关系：缺乏建立关系的平台

伴随着城市化进程的延伸，人们从平房住进了楼房公寓，居住空间的私密化与封闭性越来越强，居民越来越重视居住空间的私密性，这种情况其实从客观上限制了邻居之间的联系，传统文化中的那种邻里关系渐渐不复存在。居民有问题有物业帮助解决，邻里互助的机会减小。楼上楼下的居民住户多年互不相识，居住对门却互不往来的例子屡见不鲜，邻里关系日渐趋于淡漠。G社区就是一个典型的城市型社区，邻里之间往来不多，年轻的父母白天出门上班，周末假日带着孩子外出游玩，退休的居民也有自己的娱乐消遣方式，外来务工人员、原住居民、回迁户人口之间潜在的隔阂，诸多因素连同城市社区自身的诟病，导致G社区邻里间的互动也相对匮乏。居民之间以社工站和居委会为纽带或通过社工站和居委会开展的服务活动而建立起关系的情况较多，对社工站或居委会的信任可能会在私下产生交流联系，如某家长在社工站建立的社区家长交流群里发布英语外教资源共享邀请的信息，得到很多家长的响应，并互相添加微信好友进一步商定细节。但当缺少了这样的"中间平台"后，居民间的相互往来就不多了。

2. 提升社区公共服务质量水平的困境

运用"三社联动"机制进行基层社会治理，一个主要目标是通过社区、社会组织、社会工作者三个主体的力量，在专业社会工作人才联动其他主体提供更加专业的社区公共服务的同时，带动多元主体参与社区建设和自我管理，居民之间形成互助，社区实现自治，打造和谐社区。所以，专业社会工作人才在进行社区治理的创新道路上担负的使命十分明确。但实际上，在提供社区公共服务的过程中，社会工作者很多时候只是提高了社区公共服务的"量"而非"质"，在一整套社会工作专业方法的运用中专业性也体现得不够。提升社区公共服务质量水平面临着几个互为因果的困境。

(1) 社会工作者队伍的职业技能水平偏低

L社会工作机构的专业社工多是本科刚毕业，项目统筹能力不够，专业实践经验较为匮乏，职业技能水平偏低，也缺少有资历的督导配备。而且，机构虽然有给每位员工培训学习的经费补贴，但从培养建立高水平的专业社会工作人才队伍的角度来看，这笔费用只是杯水车薪，社工职业技能水平的提高更多要依赖于实务领域的实践以及不断地自我修养。社工在还没有积累下丰富实务经验的情况下就开始担任机构各服务项目点的负责人，对专业社会工作者个人的成长来看，无疑是很好的锻炼机会，但对项目执行而言，就显得不利。

社会工作者人才职业技能水平偏低对提升社区服务质量水平的影响在针对居民个体的服务中体现尤为明显。G社区社工站的社会工作者在对居民个体进行服务时，更多的是在扮演一个似乎没有发挥什么专业技巧的陪伴者角色。如在上文所述案例一中，当服务对象提出需要一位家政保姆以及为偏瘫的老伴儿进行按摩的资源时（由社区推荐的资源会比较信任），社会工作者在链接资源上的能力和行动力明显不足，家政保姆是服务对象自己经家政公司找到的，按摩资源的需求最后则是不了了之。在案例二中，服务对象提出每周一次的简单打扫卫生的需要，G社工站发动社区巾帼志愿服务队的力量，社会工作者在居民个体服务中的角色从陪伴者转变为资源链接者、支持者，体现了一定的专业性，但也存在着一个很明显的困境，即在社区社会组织培养上缺乏经验，巾帼志愿者的志愿服务无法自觉化、常态化地运行，社会工作者难以脱离出来。

这一问题，社工站的社工自己也能明显感受到，以下是笔者就社工个人工作困境问题采访G社区社工站的项目负责人的对话节选：

笔者：现在您是这个项目点的负责人，那在工作中，您个人遇到了哪些困难？

C社工：机构项目多了以后，我们这几个老一点的员工就成了项目点的负责人，是可以锻炼自己，但有的时候真的还是觉得自己的能力不太够。就说社区社会组织的培育，就推进困难。个案的话，简单的陪伴倒还好，要是遇到有特殊情况的，就会觉得自己缺少应对方法，还是需要参加一些专门的培训的。

（2）社会工作机构的人力资源管理欠缺规范

社会工作者人才是"三社联动"中重要的一极，L社会工作机构于2015年2月注册，完全是一名新生儿，可以说它的成立完全是应运而生，因为正好需要一个社会组织来承接昆明市西山区"三社联动"社会治理模式试点项目工作。在项目开始时，L社会工作机构的人员就存在严重不足的情况，机构纳新后情况才得以改变。彼时，L社会工作机构只需运营G社区社工站，配备4名专职社工（包括机构负责人），人员充足，但在第二年"三社联动"项目开始时，L社会工作机构已经承接了包括G社区社工站在内的3个项目服务，虽然机构人员规模有所扩大，也有高校实习生加入，但人员的流动会导致有时候G社区社工站的人员配备达不到项目协议的要求，并且L社会工作机构的社会工作人才队伍的性别构成也和目前国内社会工作从业者人群以女性居多的现状一样，人员不足，女性为主，在选择提供服务的场所时会优先考虑就近的场地，制约了服务惠及的范围。

从G社区居委会主任接受笔者访谈时的回答中不难看出G社区社工站目前在人员上的问题，节选对话如下：

笔者：您怎么评价社工站近两年的工作？

G社区居委会主任：社工站进来的第一年开展了大量的活动，像儿童之家你们会带着玩，周末菜市场那条街的那些小孩也会来社工站玩，整得多好啊。第二年活动就明显减少了。现在社工站这边一个最主要的问题就是人员不够啊。

笔者：人员确实有点紧张。不过第一年是要与居民建立关系，社工站组织的活动会多一点，第二年工作重点在个案和社区组织上，可能活动数量就会减少很多。

G社区居委会主任：这是可以理解的。但是上面也不会管那么多啊。他看不到你们的活动，就会觉得你们什么也没有做。

此外，L社会工作机构还存在一个比较特殊的情况。机构的几名工作人员（皆为女性，其中包括机构负责人）居住一处，在共同生活的过程中彼此之间建立了亲密的非正式关系，这种关系一方面有利于加强团队凝聚力，员工相互之间形成情感支持，更好协作；另一方面，这种非正式关系在一定程度上也会影响到在工作中的正式关系，可能会出现机构人员在工作中没有发挥正常作用或没有完全肩负起自己职责却能免于被责难的情况，既不利于项目工作开展，也不利于社会工作机构和社会工作者自身的长远发展。

针对这一特殊情况，笔者询问了社工站社工的看法，节选访谈内容如下：

笔者：您觉得这种和同事们租住在一起的情况，给生活和工作带来了哪些影响？

C 社工：这个影响是肯定有的。中国本来就是人情社会嘛，我们几个住在一起，因为各自生活习惯、性格这些方面的差异，生活中的一些摩擦带来的情绪有时候可能就会带到工作中。再说，上班在一起，回家后还在一起，肯定是有视觉疲劳嘛。

笔者：有没有比较具体的例子可以说明这种情况呢？

C 社工：有很多啊。例如，我们的共同生活开销和一些因工作发生的个人经费报销就混杂在一起，这就很不好啊。还有，因为关系太熟了，有些时候谁要出现一些工作上不负责的行为，大姐（L 社会工作机构负责人）碍于面子也不好说什么。就说 X 姐姐吧，有什么培训学习的机会她就会去，她那边负责的工作就丢下了，还要让大姐来处理，大姐也不好说什么……

（3）社区社会组织发育不健全

G 社区在 2016 年（第二年）运用"三社联动"机制进行社区治理的目标之一是要激活及培育 5 个社区社会组织，目前有 3 个初步成形，其中社区巾帼志愿服务队是作为一个重点培育对象。但就其目前的发展阶段来看，志愿服务队还只是处于起步阶段，就像爬行期的婴儿，虽然在社工站和居委会的推动下，巾帼志愿服务队的成员可以协助一些社区事务，在社工站为居民个体提供服务时个别服务队成员也发挥了力量，但都只局限于一些成员可以共同参与的公共服务或社区活动，社区成员的内部活动和对外的服务活动具有很大的主观随意性，在自己不感兴趣或认为对自己没有益处时，参与度极低。志愿服务队成员缺乏对社区参与的认识及社区共同意识，社工站的社会工作者在社区社会组织培育方面缺乏经验，没有推动建立起规范的管理制度和激励制度，在没有外部强制力而内部自我约束力又不足的情况下，发育不健全的社区社会组织在社区公共服务质量水平提升的过程中发挥的力量是微弱的。

(4) 社区居民总体参与度不高

这种参与意识薄弱的情况不仅仅存在于社区社会组织内部，辖区居民的总体参与率都不高。在衡量一个社区的治理工作是否达标的参数中，社区主体的参与率是一个重要维度。在 G 社区，参与社区治理和社区建设的大多数是社区中的离退休人员和中老年妇女，而且这部分人主要是辖区内两个区（西一区、西二区）的居民。而社区中的中青年与学生群体因为在职及上学的原因几乎没有时间参与到社区事务中。虽然存在一些客观因素，影响到居民的社区参与，但社区居民总体参与度不高很大程度上是因为社区在基础工作方面有所不足，社区居民认识交流的平台缺乏，从而影响到了参与社区活动的热情。充分调动社区社会组织、社区居民参与社区事务的积极性，提升居民对社区的归属感，激发参与热情，是提升社区治理成效亟须解决的问题，也是关键的一环。

(5) 社区居民信息获取困难

社区居民在社区公共事务或社区活动中参与度不高除了直接受到居民的主观态度影响外，还与社区居委会和社工站在开展工作时的宣传力度不够有很大关系。G 社区辖区内共 5 个小区，居委会和社工站的办公地点都设立在其中一个小区的内部，空间上的距离缩小了社工站和居委会的服务范围，也增加了远离提供服务主体的居民获得公共服务的难度。一些对社区事务或社区活动积极关注的居民会比较及时地了解到社区工作的动态，除此之外，居民获取信息的难易程度主要取决于居委会和社工站的远近程度。在较大型的社区活动中，如社区公共文化学校汇报演出活动、全民健步走活动，居委会和社工站发布传播消息主要通过短信、微信群还有口耳相传。针对特定群体的活动，如亲子棒棒堂系列活动、社区巾帼志愿服务队的相关活动等，会通过特殊服务人群的线上交流群（如社区家长的微信群）、在小区里走动进行口头告知或电话通知的形式来传递活动信息。总的来说,覆盖面对于整个社区来说是很小的,社区居民在服务和活动信息的获取上存在困难。例如,在举办中秋节居民自制美食评鉴会的宣传工作中,有一位居民虽然就居住在居委会和社工站的办公楼对面的楼栋里,却在活动当天才知道此次活动。

笔者在访谈某居民如何获知社区社工站时,其回答如下:

笔者:您这是第一次带着孩子来我们儿童之家吗?

某居民:是呢。第一次上来。

笔者:那您是怎么知道这上面有儿童之家的啊?

某居民:我在楼下经过,看到这走廊上放着很多玩具,像是儿童活动场所,就上来看看。

虽然可能是个例,但从这位居民的回答中不难看出,在一定程度上,居民获取这类社区服务信息的渠道还是不怎么畅通的。

(6) 社工站场地受限、经费不足

场地局限表现为办公场地和室外活动场地两个方面。在办公场地方面,G社区社工站的办公地点是借用的社区居委会的党建室,里面张贴着社区的很多规章制度,社工站没有挂牌,直观看上去社工站就像是居委会下设的服务窗口。办公场地平时用于社会工作者处理一些行政工作,接待居民来访,有时候也会开展一些不适宜在室外进行的服务活动,如六一同手同脚趣味运动会中,3岁以前爬行组宝宝的运动项目在室外场地进行,可能会存在安全隐患。另外,社区公共文化学校开设的手机班、书法班、手工班每周有3个下午在此授课,影响到社会工作者的正常办公。这个空间俨然就是一个多功能活动室,没有私密空间,在为居民个体提供专业服务或开展小组工作时,社会工作专业价值观中的保密性原则往往无法实现。在室外活动场地方面,没有空旷的社区文化广场，社区居委会和社工站在开展服务活动时，一般选择在小区内楼栋之间面积较大的空地，活动现场的热烈氛围有时候会引起附近居民（周末不上班在家休息的年轻居民）的抱怨和不满，甚至会招来投诉，不利于与居民关系的建立。

L社会工作机构通过政府的购买服务承接了昆明市西山区"三社联动"社区治理模式的项目试点工作，与G社区居委会签订合作协议，在G社区设立社工站，由L社会工作机构配备专职社工管理运营社工站。项目经费作为社工站的运营经费，主要用于项目工作人员服务费用、开展专业活动等项目运营支出，专款专用，由区民政部、街道、社区居委会三方按比例出资，资助资金分三期支付（分别是协议金额的70%、20%、10%）。协议中对资金拨付方式和时间有明确规定，但很多时候都会出现资金不能准时到位的情况，社会工作机构工作人员的工资发放时间不稳定，员工利益受到损害，专业人才流失率大，项目运行不畅，并且，出资方不资助社工站工作人员的工资，社工的收入表面上主要是来自各项服务中的人员费用，如社工组织开展一次小组活动可获得酬金××元。如果按照这种方式计算，那么社工的收入几乎完全与服务次数挂钩，结果可能会出现水平浮动的情况，但实际上，社工每月的工资收入基本上是固定的，用于支付专职社工的劳务费占到项目经费的60%，可能还要大于这个比重。

笔者就项目经费等相关问题访谈了L社会工作机构的某员工，节选对话如下：

笔者：您认为目前"三社联动"实践遇到了哪些困难？

P社工：没有专项经费，项目资金都为活动经费，但要求项目点配备3名社工，就项目经费支撑对于新机构是很有压力的。而且也会存在项目经费拨付不准时的情况，工资不能按时发，也不好意思再开口向家里要钱啊。

笔者：除了工资收入外，您还能获得哪些员工福利？或者说，您觉得机构为员工应该提供哪些方面的支持？

P社工：还有年假、体检、生日机构给订购蛋糕、学习经费这些。我觉得我个人需要更多情感生活上的支持，物质上当然也需要，工资能够更高，有住房公积金福利就更好了。

笔者：现在这种薪酬待遇会对您的职业生涯规划有影响吗？

P社工：肯定是有的。不是昆明本地人，目前的薪资待遇要在这里留下来还是有较大的生活压力的。后面我可能选择换个专业考研，如果没考上可能就离开这边回家换个工作做。

（7）对实践经验缺乏系统的总结

G社区运用"三社联动"机制进行社区治理的实践已经有近两年的时间，积累了一些值得他人借鉴的经验，在G社区社工站和社区居委会联动的过程中，双方的工作人员对实践肯定也有一定的感受与反思。实践中的可取之处可以继续发扬，欠缺之处需要在反思后弥补。居委会和社工站之间虽然会对某一项具体工作的策划、实施和效果进行交流讨论，但对为期一年的试点项目缺乏整体、系统、深入的总结和反思。

（二）对G社区"三社联动"社区治理所遭遇困境的思考

在2013年的政府文件《民政部　财政部关于加快推进社区社会工作服务的意见》中指出，要建立健全社区、社会组织和社会工作专业人才联动服务机制，探索建立以社区为平台、社会组织为载体、社会工作专业人才为支撑的新型社区服务管理体制。该意见把"三社联动"作用的发挥与国家治理体系和治理能力现代化的要求联系了起来。从社会大环境来看，"三社联动"首先是作为一项政策被提出来的。在对其进行解读时，即存在着认识模糊、不足的情况，相关方大概地了解了"三社"指的是什么后，把社会组织和社会工作者引进社区再加上社区居委会就是三社在"联动"了。其实现如今很多地方"三社联动"的实践很大程度上只是居委会的工作人员和社会工作者的分工而已。社区居委会履行行政职能的角色更彻底，社会组织和社会工作者们承担了丰富居民社区生活的责任。"三社联动"政策的制定者和实践者对其都存在着认识不到位。就好比工厂里的一件产品，产品设计者缺乏对产品进行明确清晰的阐释说明，流水线上的工人只负责自己手上的一个小部件，缺少对部件之间关系的认识或部件对产品有何作用的思考，并且"三社联动"的实践又是先于理论的，客观社会环境中的诸多不利因素也影响着实践过程。

L社会工作机构以社会组织的角色参与到G社区的社区治理中，其目的是想通过"三社联动"试点项目的运行，与G社区居委会及其他社区主体共同探索出一条符合G社区情况的治理模式，并在此基础上加以推广。但是，在项目实际执行进程中，遇到了很多困境。只有对这些影响"三社联动"社区治理模式发挥成效的困境进行反思，分析困境产生的根本原因，并提出解决方案，才能让"三社联动"在促进社区治理中切实发挥其机制性作用。本文将从"三社联动"实践的三个主体、客观环境两个层面对昆明市西山区G社区在运用"三社联动"机制促进社区治理的实践过程中遭遇的困境进行原因分析。

1. 对"三社联动"实践中三个主体的思考

社区治理主体多元化是社区建设和发展的趋势，是政府职能转移回归社区居民自治的重要手段。但要实现治理主体多元的一个前提条件是参与基层社会治理的各方需要有足够的积极性，并认清自己的角色定位，各司其职，互相配合。虽然"三社联动"主要强调的是社区、社会组织、社会工作专业人才三个主体的联动，但在实际的实践过程中，还有很多相关方都直接间接地影响着实践成效。从社会系统理论的视角来看，"三社联动"实践中的各个相关方构成一个系统，相关方自身又可以被当作一个子系统，系统内部存在矛盾，子系统之间也存在摩擦，彼此间的界限模糊或过度分明影响着多元治理主体的联动关系，也直接影响到基层社会治理的成效。

（1）对"三社联动"主体的思考

①社区居委会：过于全能，行政化色彩浓厚。城市居民委员会与农村村民委员会作为居民与村民自我管理、自我教育和自我服务的基层群众性自治组织，《中华人民共和国宪法》和《中华人民共和国居民委员会组织法》对它们的性质和法律地位已经作出了明确清晰的规定。但在现实中，作为自治组织的居委会在角色扮演中几乎长期都处于角色不清的尴尬境地。造成这一问题的原因很大一部分要归咎于在行政体制改革过程中政府及其各部门对职能转移的认知不到位，在创新社会治理的过程中也存在不完全科学的认识。特别是街道办事处是我国行政部门中的最后一级行政部门，但因体制传统，街道办事处一直把社区居委会当作自己的下设机构，居委会"被"称为中国行政部门的第四级。作为"全能管家"的政府原本承担着所有社会事务，在政府需转变自身职能的当下，街道往往把大量的事务下派社区，社区的自治地位受到一定的干扰，工作任务有增无减，组织设置也走向行政化，几乎完全要迎合政府基层管理的需要。当然，这种付出不是无条件的，居委会能从街道获得各种支持（特别是经费上的），这种相互依赖的互动模式长此以往使人形成一种固化思维，街道把居委会当作下属机构，居委会也在日益增多的行政性工作中遗忘了自己原来的角色，而居民更是习惯并接受了居委会的新角色。作为群众性自治组织的居委会实际上已经和群众形成了一道隐性的鸿沟。政府及相关部门观念转变困难，角色定位不明，为社区治理的推进增加了障碍。

G社区是一个省级单位住宅小区，昆明西山区"三社联动"项目试点的第一批试验田选定在G社区也是基于这一点的考虑,社区居委会和居民对政府相关政策能有更多的认识和较高的支持度。G社区居委会的党委书记兼任居委会主任,现另有社区工作人员11人(有3人是新入职成员)。社区居委会负责的工作内容繁多冗杂,涉及党群服务、人口计生服务、扶残助残服务、民政社会事务、社会保障事务、兵役登记服务、企业经济服务等方方面面,绝大部分是政府委托或交办的。社区居委会几乎包揽了所有社区内外事务,过于全能,而每项功能要得以发挥其实需要工作人员之间有明确的分工和良好的配合,但这种高效有序的工作状态并不容易实现,既要承担政府下达的众多行政性任务,社区的各个方面也要全面管理,有时候多项工作可能都交付给同一个社区工作人员来处理。处理行政性事务花费了他们大量的时间和精力,社区自治方面的本职事务反而难以顾及,作为自治组织的功能并没有真正得到发挥。G社区下辖5个小区,社区居委会办公地点设立在其中一个小区内,这种状况很大程度上增加了远离居委会的小区居民获取社区的服务和信息的难度。到2016年,G社区居委会已经成立3年多(2013年6月成立),但笔者在实习过程中发现,很多居民都不知道居委会的位置,有些居民踏足居委会还是因为取快递(在一家科技公司的支持下,社区建立起一个社区公共服务信息平台,借助设立包裹领取点进行平台推广)。

从笔者上文的阐述中可知,G社区和省市政府关系密切,社区服务工作的质量和效率可能直接被政府部门领导看在眼里。社区居委会在工作上很依赖街道,使得居委会和街道的接触过于紧密,在处理社区事务时往往带有浓厚的行政化色彩,而在开展社区服务时居委会关注得更多的是服务或活动场面是否热闹以及上级的反应和反馈,缺少了对居民身为个体人的考虑与关怀,相对偏离了居民,无形之中让居民对居委会产生了心理上的疏离,影响到居民社区参与的主动性和积极性。

②社会组织：自治不足。当下，社区居委会还承接了从政府部门和企事业单位转移出来的社区管理和服务职能，这让其不堪重负。"三社联动"机制运用于社区治理，社会工作机构和社工被引进社区，在很大程度上为居委会减负。但要实现社区自治不能只靠居委会与社会工作者的力量，通过激活和培育社区社会组织也可以让其共同参与到社区公共事务的管理中。社会组织是社区治理多元主体中的重要一极，在社区建设中发挥着非常关键的作用，它可以带动居民社区参与的积极性，随之形成的市民社会成为政府与市场之间的缓冲地带，可以有效弥补政府或市场的失灵状况，特别是社会组织作为社会力量加入社区建设的队伍中，在挖掘整合社会资源方面，能发挥出其特有的作用。但实际上，社区社会组织在促进社区治理的实践中发挥的作用与功效十分有限，自身能力偏弱，影响了"三社联动"的实践效果。

"三社联动"项目在 G 社区进行试点以来，该社区的社会组织培育工作才开始起步。经过近两年的发展，G 社区社会组织从无到有，其独立性和自主性也在一步步增强，但要发挥自身功能实现自我服务、服务社区还有很长的一段距离。就整个社区社会组织的发展状况来看，虽然数量与类型都在激增，作用亦愈发明显，但还是存在以下问题，要完全满足社区居民的需要还十分困难。一是城乡社区社会组织发展表现出不平衡的现象，城市社区社会组织的数量远远高于农村。二是种类不齐全。社区社会组织中文化类和社区服务类较多，居民维权类凤毛麟角，而且文体类社区组织多数都是以兴趣小组的形式存在，要真正成长发展为有较大影响力的社区组织是比较困难的。三是发挥作用较小。在多个社区社会组织中总有一两个是发展得相对成熟的，但和居民群众对服务需求的增长速度相比，其发展依然是比较滞后的。四是缺乏独立自主性，社区社会组织的社区行动很多时候都需要外部力量的主导和推动，缺少内部驱动力，大多数的社区社会组织其实只是一个有着共同兴趣爱好或理想目标的团体，在社区的公共事务中发挥的仅仅是配合协助者的作用，很难真正实现居民成为社区主人翁的愿望。

G社区目前初具雏形的社区社会组织有3个。其中社区和社工站投入精力最多的是对社区巾帼志愿服务队的培育，但就其发展状况来看，也并不理想。组织没有规范完善的管理制度和激励机制，也缺乏内部驱动力，组织成员的行动具有很大的主观性和随意性，对某些公共事务和社区服务的参与热情不高。在居委会和社工站的带领推动下，可以协助一些社区公共事务，但自治能力还很弱。

③社会工作专业人才：专业水平总体偏低，需求缺口大。随着现代社会的发展，城市化、人口老龄化等社会问题越来越多，社会大众的需要也日益复杂，对社会工作服务的需求也会越来越大。中国内地的社会工作事业起步晚，在前期发展相对缓慢，近几年在国家政策的推动下发展速度才得到飞快提升。一方面，学校社会工作教育逐渐受到重视，为社会工作实务领域输送的专业人才在逐年增加；另一方面，从事社会公共服务（事务）的工作者通过社会工作者职业水平考试成为持证人员，壮大了社会工作者的队伍。随着政府职能转移、社会力量崛起，社会工作的作用得到越来越多的肯定与认可，影响力增强。2008年，在全国范围内举行的社会工作者职业水平考试让社会工作者拥有了一个正式、官方认可的身份，随着专业影响力的不断增强，在政府的大力支持和推动下，相关部门加大政策保障和宣传力度，指导各地民政部门采取加强考前培训、报销考试费用、职业等级挂钩工资补贴等措施，社会工作实务领域的从业人员（非专指专业社会工作者）报考热情日渐高涨。

人力资源和社会保障部人事考试中心公布的数据显示，2016年全国社会工作者职业水平考试的总人数为35.14万人，通过报考条件审核且成功报名的人数为29.93万人。从江苏省民政厅官网公布的数据来看，截至2016年，江苏省通过全国社工考试的人数达37590人，约占全国的 13%，由此可推算，截至 2016 年全国通过社会工作职业水平考试的人数约有 28.9 万人，也就是说全国持有社工证的人数已经接近 30 万人，其中 2/3 以上在社区。

目前我国社会工作实务领域的社会工作者其实主要有两种类型，即科班出身和半路出家。对于第一种类型的社会工作者，他们接受过较为系统、正式的社会工作专业教育，具备社会工作者所应该具备的价值操守和专业技巧，相对来说专业水平较高。但因为一直以来在社会工作人才队伍建设中面临的困境始终难以解决，如缺乏健全的保障制度、社会认识不够、社工自我认同感偏低、薪酬待遇低下、晋升空间较小等，导致这一类型的社会工作者队伍流动率和流失率都很高。对于第二种类型的社会工作者，他们所在的岗位、负责的工作从性质和功能上看很大一部分是和专业社会工作者相通的，都是为提高大众的福祉。他们大多都积累了较为丰富的群众工作经验，也具有乐于助人的精神。在政府的支持倡导下，通过职业资格考试跻身于社会工作者的大军之中。但这一类型的工作者大多是社区居委会的工作人员，参加社会工作者职业水平考试多是来自外部推力，证书考取直接与福利待遇挂钩，通过考前培训取得资格证，但实际上大部分的人连社会工作的专业价值观都没有形成，只是成为社工证的持有者，还是待在原来的工作岗位，并未成为真正意义上的社工，很多工作原则依旧带着行政化色彩。这一类型的工作人员和第一种类型的社会工作者相比，资本投入相对较小，对回报的期望值偏低，流动率和流失率极小。他们被纳入社会工作者队伍的大数据中，但其实并没有怎么壮大社会工作者特别是一线实务社工的队伍，社会工作专业人才的需求缺口依旧很大。

按照"三社联动"项目购买方对人员配置的要求，G 社区社工站需要配备至少 3 名全职工作人员。在项目第一年试点中，这个要求达到了。在第二年，负责运营社工站的 L 社会工作机构业务扩大，机构人员不足，配备到G社区社工站的专职社工实际上并没有达到要求。在人员不足的情况下，社工站的社工很难做到明确职责定位、分工，缺乏实务经验的社工担负起项目负责人的工作，在项目运行过程中明显遭遇多种困境，如项目统筹推进困难、开展具体社区人群服务时缺乏专业方法……而且，有针对性的职业培训也很少，对社工参加职业培训的支持力度薄弱。机构或社工站在志愿者队伍建设方面也缺乏经验，加剧了人员不足的危机。种种因素综合作用，影响到"三社联动"项目试点工作的效果，也不利于服务对象和其他参与社区治理的多元主体对社会工作者的肯定与认可，认为社工并非完全没有可替代性，产生一种对社会工作者专业性的质疑。

(2) 对"三社联动"主体之间联动关系的思考

虽然"三社联动"机制的相关研究学者和实践者都对"三社"如何联、如何动做了理论指导和经验总结，但因为实践环境不同，"三社联动"机制要促进基层社会治理具体应该如何操作并没有形成一种统一的模式，让各地方都可以搬来套用。自"三社联动"提出以来，各地的探索与实践如火如荼，发展到如今，有些地方抓住国家在推动社会治理时强调的多元主体的要义，当初的"三社"早已经不复流行，"四社联动""五社联动"已经成为社会工作实务领域新的流行词，一些地方在探索创新社区治理的模式中甚至开始提出要"六社联动"。社区志愿者、社区基金、社会企业等"社"代表着社会力量纷纷被"联"到社区治理的主体大家庭之中，响应国家对"多元"的号召。勇于探先的精神确实值得肯定与鼓励，但在普遍对"三社联动"都还存在"消化不良"的情况下，这种做法可能多是出于地方政府追求政绩或社会组织迎合社区治理创新的需要，各地铆足劲头争当排头兵。这种创新是一种实践探索还是"新瓶装老酒"的造词运动是值得反思与思考的。很多地方的"三社联动"实践可能还没有厘清其内涵、积累下丰富经验、总结出"三社联动"机制促进本土社区治理的实现路径就立即跟风，唯恐落后。

其实，在探索创新基层社会治理模式的过程中，无论是"三社"联动，还是"四社""五社"或"六社"联动的提出，都体现出国家在建立现代化治理体系中要动员社会多方力量共同参与的思想。但无论是多少个"社"的联动，要发挥这种模式机制性的作用，首先顶层设计者要对主体的具体指代、角色定位、功能职责等内容有明确清晰的界定和认识，对主体之间的界限、在哪些方面"联"、具体如何"动"等内容有科学的理论指导；其次基层实践者要通过各种渠道加强学习，不断提高专业水平，使自身具备承接能力并在实践中积累、收获并能总结提炼经验。当然，这些都少不了政府在政策制定等多个方面的支持和保障，可以说这是一个前提和必要条件。

但就目前"三社联动"的情况来看，其运用于社区治理在多数社区并没有对实现社区自治发挥明显的作用，在很大程度上只是丰富了社区活动。"三社"存在各自的功能障碍，角色定位不明，对"联动"关系的认识过于简单化，很多地方把三社的"联动"简单地实践成居委会和社会工作者的合作与分工，主体各方很难从以往行政性思维及办事风格中完全走出来，导致角色转化缓慢、协调状况较差。作为群众性自治组织的居委会功能过度膨胀，在联动中与社工站关系不对等，社工站相对属于弱势的一方，联动关系很多情况下变成一种从属关系。

在 G 社区的"三社联动"实践中，社区居委会与政府相关部门的关系紧密，其给予社工站很多方面的支持，而且居委会的主任有自己独特的工作作风，处事雷厉风行，主导性强。虽然名义上是"三社联动"，但实际上只是居委会和社工站在链接整合资源、开展社区活动等方面的分工合作，社会组织的建设和载体作用明显发挥不够。双方进行沟通的内容大多时候局限于工作层面，就双方之间的联动关系、效果及困境等内容则很少交流，导致对对方理解不够，在联动过程中容易发生摩擦。

2. 对"三社联动"运作环境的思考

良好的社会环境和社区氛围是社区建设发展的保障,"三社联动"社区治理模式以项目化方式推进,也存在一些不良因素会直接影响到社区治理的成效,主要包括相关政策法规滞后、居民参与意识淡薄、社区社会组织发育不健全等。

（1）社会环境：相关政策法规滞后

当前,在基层社会治理方面没有完善的法律制度,没有政策指引的社区治理新观念新想法很难得到相关部门领导的重视,自然也就不会将其付诸实践。虽然有法律法规对社区居委会的性质和职责进行了明确规定,但对具体的工作内容没有作出细化,在政府职能转移的过程中,居委会承担了街道下派的大量行政事务,面临着严重的体制性困境,如今社区居委会承担的职责与负责的工作任务太过沉重烦琐,致使其不堪重负、功能错位,却没有新的政策法规出台来对社区居委会的职责进行重新界定。同样,社会组织的发展也需要健全的法规政策来支持,但这方面的法律法规也明显处于滞后状态,如政府的购买服务政策以及税收优惠政策等落实不够。虽然有政府职能转移、权力下放、费随事转等政策,社区居委会依然承接了较多的行政性事务,社会组织基本上没有在社区事务中发挥作用,更不用说社区社会组织了。它们几乎得不到太大的发展空间,致使很多社会组织有心有力而没有施展机会。另外,社区建设、社会组织发展和社工人才队伍建设都有不同的管理部门,虽然进行了分工,但没有形成高效联动,使得助推"三社"的职能管理部门间的联动也未曾出台相关的支持政策。

目前,昆明市西山区关于"三社联动"的推进,主要依靠中共西山区委组织部和区民政局统筹,鼓励和引导街道与社区积极参与。区政府相关部门更多的是在发挥传达国家宏观政策、工作指示的作用,对"三社联动"与社会治理的关系缺乏深入的了解,通过"三社联动"如何推动基层社会治理也没有很明确的思路和把握,对于"三社联动"的实施并未形成较全面、完善的规范性政策文件。

(2) 社区氛围：社区居民参与意识淡薄，社区社会组织发育不健全

激发社区发展的活力，为社区治理营造良好的社区氛围，关键在于社区居民的参与。社区居民自治是社区居民依据法律，对社区公共事务和公益事业进行决策、管理与运作，需要社区居民积极主动地参与到各类社区事务中，提升社区居民的主动性与自主性，充分调动社会的各种力量，合理利用资源。社区治理中社区居民作为重要的一个主体要发挥其力量与资源就要让他们能够主动参与其中，使得每个居民在享受社区建设成果的同时，也分担社区发展的责任，最大限度地满足自己更高层面的需求，使自身的素质不断提高。但是在"三社联动"项目执行过程中，社区居民的参与意识不强，主要体现为社区居民参与率低、被动参与、参与的层次不高。居民的社区参与要依靠物质刺激和外部力量推动。

居民的社区参与和社区社会组织的发育直接相关，社区社会组织的发育程度也会直接对社区治理氛围产生影响。任何一个组织的发展都离不开人力资源的建设，社区组织也是如此。在多数社区社会组织的培育过程中，都容易出现缺少专业社会工作者的指引、组织成员年龄偏大等现象。人员匮乏和非专业性致使组织活力不足、动力不强。此外，社区社会组织容易受到社区居委会的影响，一些社区社会组织是为了迎合社区居委会工作需要而成立的。在培育和运行社区社会组织的过程中往往会因为资金匮乏使其得不到良好的发展，组织的合法性普遍得不到认可，内部管理制度与规范比较随意，很难引导社区社会组织发展，社区社会组织很难实现自我管理、自我服务，对外服务的目标更难以实现。

在G社区，社区居民的整体生活质量水平较高，对社区公共服务提出的需求相对也是偏高的。所以，推动社区治理过程中出现居民参

与度偏低的困境除了居民自身的主观因素外,还与社区事务对居民利益没有影响、提供的社区公共服务不符合居民的实际需求等有很大关系。

(三)提高 G 社区"三社联动"实践成效的建议

要发挥"三社联动"在促进社区治理过程中的机制性作用,真正实现多元主体参与社区治理,提高 G 社区"三社联动"的实践成效,同样需要从多元主体的视角进行思考。

1. 国家和政府:优化"三社联动"的客观环境,加强领导

从政策制定上说,首先,国家作为顶层设计者,应当对"三社联动"参与社区治理的客观环境进行政策设计,提供制度保障。建立健全"三社联动"参与基层社会治理的相关法规制度,对参与社区治理的多元主体的角色功能有清晰合理的细分,畅通"三社联动"的工作机制,让"三社联动"的实践得到政策上的引导,有法可依,有据可循。其次,应当进一步优化社会组织培育发展的大环境,做好支持社会组织参与社会服务项目的管理工作,出台项目评审及运作、资金监管等方面的制度法规,完善社会组织的激励机制;加大对社会工作专业人才队伍建设的支持力度,增强社会工作人才岗位开发,从国家制度层面对社会工作专业人才的合理权益给予保障落实。再次,国家应致力于推进社区居民参与机制建设,在创新参与载体渠道,建设社情民意的收集、反映和解决通道,创新自治组织工作机制,创新社区民间组织参与机制,建立居民互助机制等方面进行制度建设和创新。最后,国家应当从制度层面理顺三大部门(政府、市场、社会组织)的关系,对社区居委会的性质和职能进行再次确认,用法律确保社区社会组织作为群众性自治组织的角色定位,归还社区居委会的本职。

在政策执行方面，包括"三社联动"在内的基层社会治理的领导机制亟须健全。在"三社联动"实务实践中，政府及相关部门应丰富相应的文化知识，增强其行政责任感，充分发挥其领导作用。相关部门需要成立"三社联动"领导小组，从而形成从基层贯彻落实、小组领导承担总责的领导机制。各级政府部门联合部署，从实际出发，稳步推进，充分发挥其领导作用。各级政府部门应服从党的领导各尽其责，加之各方社会组织的力量配合、人民群众的积极主动参与，方能确保有效地推进"三社联动"机制。从民政部门到街道办事处以及社区服务站需要以社区建设总体要求为指南来指导自身工作，增强自身的责任意识，主要领导人承担总责任、各级人员深入基层，齐心协力落实"三社联动"社区治理机制，充分发掘使用各方面资源，促进社区、社区社会组织和社区工作站的建设，共同推进"三社联动"。

目前昆明市西山区"三社联动"的实践还处于起步试点阶段，对于"三社联动"的实施并未形成全面完善的规范性政策文件，这项工作也没有引起相关领导和社区足够的重视，西山区正在进行"三社联动"实践的社区仅有10多个。完善"三社联动"发展机制，要围绕试点成果和问题，从项目购买程序、购买流程、资金使用、社工人才培养、服务具体指南等多个方面进行大量的政策补充，确保"三社联动"的运行机制畅通、运作规范。

2. 社区：加强基础设施建设，营造良好社区氛围

社区在"三社联动"处于基础地位并具有至关重要的作用。它为社工人员以及社会组织提供了参与基层社会治理、服务人民群众的机会。因此，要推动"三社"的稳步发展，需要进一步加强社区建设，增强以社区为支撑"三社联动"基础功能。首先，改善社区硬件设施，包括社区办公服务场地和公益性服务设施，提升社区的载体功能，从而在社区治理过程中为社会组织以及专业社工参与提供良好的外部

条件。其次,重视社区信息化建设,完善宣传方式,拓展社区居民接受信息的渠道,让远离社区居委会或社工站的辖区内小区居民也能时时获悉社区动态,从而在社区治理过程中,从科学技术方面为社会组织及专业社工提供良好的工作条件。这也是在社区治理过程中,居民参与、社区公共服务质量水平提升的关键所在。

除此之外,在社区治理中,要保持居委会功能不缺失不膨胀,在社会组织有所发展、社会工作专业人才队伍日益扩大的过程中确保社区自治健康可持续地推进,需要厘清社区居民委员会与政府、社会组织的关系,合理清晰地对社区居民委员会功能予以界定,使其职责权限与社区自治本质相互吻合。

3. 社会组织:加大扶持与自我提升相结合

优秀的社会组织是"三社联动"得以有效实施的重要保障。西山区目前专业社会组织数量较少,种类比较单一,服务力量较为薄弱。承接"三社联动"试点工作的社会组织大多都是新注册的小机构,在组织管理和运营上相对缺乏经验。作为非营利性组织,其运作的经费主要来自政府购买服务和基金会支持,组织自身大多没有造血功能,对外部力量有很强的依赖性。如果失去政府和基金会的支持,组织很容易面临发展困境。所以,要壮大社会组织作为第三部门的力量,需加强西山区社会组织培育基地的功能,采用引进、扶持、培育等多重举措,给予政策、资金、项目、管理、专业技能等多个领域的扶持,持续抓紧对社会组织的培育,让社会组织能尽快具备承接"三社联动"项目的能力。对于已经参与项目的社会组织,则要突出强调其专业化、精细化和品牌化的发展方向。建立区级、市级、省级的优秀社会组织或项目评选制度,对优秀社会组织和项目加大宣传与表彰奖励力度,充分调动社区组织参与社会治理的积极性、主动性和创造性。丰富目前西山区"三社联动"服务项目的采购方式,让社会组织平等参与、良性竞争，从而推动社会组织不断提高自身的资本，实现能力成长。同时，社会组织也要通过公益创投等方式，提升自身的管理水平和造血能力，依托政府购买服务，设置社区发展基金，建立以财政性资金为支撑主体、社会性资金为补充力量的多元投入机制，走上可持续发展的道路。

4. 社会工作者：人才培养、岗位开发、加强激励

社会工作专业人才是推动"三社联动"实践的骨干力量，加大社会工作专业人才培养有利于提升"三社联动"项目的服务质量。政府在促进社工人才队伍的建设工作上主要是采取考试培训、福利补贴等措施，但这些措施的大部分受惠者其实是社区工作者而非专业社工，考前突击培训通过社工资格证考试的社区工作者虽然可能有较丰富的社区工作经验，但存在专业技能不足、事务经验较少、理念掌握不牢等问题，而且这些社区考证通过人员大部分都不会转职成为一名专职社工，社会工作专业人才需求缺口依旧很大。建设社会工作专业人才队伍，国家和社会工作机构都需要有自己的人才发展战略。从国家层面来讲，要加大培养力度，提供再学习的机会并给予一定程度的支持，助力提升社会工作者的专业素质；加强社工岗位开发，让社工有事可为；建立对社工人才的激励机制，对优秀社工进行评选、表彰，发挥社工的主动性、创造性和积极性。

昆明市西山区G社区2016年"三社联动"试点项目工作在2017年春节过后便开始慢慢走向尾声。G社区社工站的工作人员也出现了很大的变动，笔者结束实习，项目负责人因休产假暂时离开岗位，只剩下L社会工作机构的负责人，人员不足的情况已经严重影响到项目的正常运行。亟须引进优秀社工人才，吸纳专业实习生和志愿者，或从现有的社区巾帼志愿服务队中挖掘骨干力量，朝培育本土社工的方向努力。

结　语

本文对G社区运用"三社联动"机制进行社区治理取得的成效和面临的困境进行了分析，并尝试思考"三社联动"在运行中遭遇诸多困难，取得成效有限的原因，在此基础上，提出了一些可行性建议。当然，"三社联动"在各地的实践取得的成效和面临的困境肯定是不同的，因为本土的客观现实情况及社区治理主体等都有自己独特的"个性"。所以，在进行反思性行动时，需要根据各自实践的具体情况随时制宜。

基于多元主体共同参与的社会治理理念，"三社联动"首先是作为一项政策被提出来，在具体实践中各地以项目化方式进行探索。其被赋予了促进基层社会治理、实现社区自治的期望。但实践为多数社区实际带来的只是社区公共服务与社区活动的增加和丰富，在社区服务的质量上没有实现太多的突破。面临着参与社区治理的主个体之间建立关系及提升社区公共服务质量水平等方面的困境，如居委会和社工站的关系不对等、居民总体参与度不高、社工提供服务专业性不够等。"三社联动"政策传达社区治理主体多元化的信号，确实是对基层社会治理模式的一种创新，但在实施过程中，并没有收获理想中的效果，造成这种尴尬局面的原因是多方面的：其中主要的原因一方面是"三社联动"缺乏一个良好的客观环境；另一方面是社区、社会组织、社会工作专业人才等社区治理多元主体的自身功能障碍以及相互之间的联动机制还存在诸多不足。一个良好的客观环境必然会减少"三社联动"实践中遇到的阻力,而客观环境的优劣与本土的上层建筑或顶层设计有直接关系。因而,要突破"三社联动"的实践困境也需要从这两个维度着力。这种研究思路适用于对"三社联动"的探索,对强调更多社会力量加入基层社会治理的"四社""五社"联动实践的探索同样具有重要意义。因为,在推动我国基层社会治理多元主体参与的过程中,无论是"三社"的联动,还是"四社""五社"甚至是"六社""七社"联动,都传递了治理理论中整合各方力量,通过共同努力,改善社区环境、优化社区管理、满足居民需求的社区治理新理念。